# 情感教育的体验与引导

肖 芙 王林发◎编著

向名师借智慧丛书　　丛书主编：刘海涛

教育科学出版社

·北 京·

出 版 人　所广一
责任编辑　何　蕴
责任校对　贾静芳
责任印制　曲凤玲

**图书在版编目(CIP)数据**

情感教育的体验与引导 / 肖芙，王林发编著. —北
京：教育科学出版社，2013.3
　（向名师借智慧丛书 / 刘海涛主编）
　ISBN 978-7-5041-7293-8

　Ⅰ．①情… Ⅱ．①肖… ②王… Ⅲ．①情感教育—研
究 Ⅳ．①G44

中国版本图书馆 CIP 数据核字(2013)第 007667 号

向名师借智慧丛书
**情感教育的体验与引导**
QINGGAN JIAOYU DE TIYAN YU YINDAO

出版发行　**教育科学出版社**

| | | | | |
|---|---|---|---|---|
| 社　　址 | 北京·朝阳区安慧北里安园甲 9 号 | 市场部电话 | 010－64989009 |
| 邮　　编 | 100101 | 编辑部电话 | 010－64989443 |
| 传　　真 | 010－64891796 | 网　　址 | http://www.esph.com.cn |
| 经　　销 | 各地新华书店 | | |
| 印　　刷 | 莱芜市东方彩印有限公司 | | |
| 开　　本 | 177 毫米×240 毫米　16 开 | 版　次 | 2013 年 3 月第 1 版 |
| 印　　张 | 14.25 | 印　次 | 2013 年 3 月第 1 次印刷 |
| 字　　数 | 230 千 | 定　价 | 33.00 元 |

如有印装质量问题，请到所购图书销售部门联系调换。

# 向名师借智慧丛书编委会

# 那些名师经典教育中闪闪发亮的智慧

在当今教育改革与转型的大背景中，对教师职业的全面理解和对名师教育智慧的深刻挖掘，是这套向名师借智慧丛书的追求和编撰理想。

何谓教师？《中华人民共和国教师法》说："教师是履行教育教学职责的专业人员。"教师承担着教书育人、培养社会主义事业建设者和接班人、提高民族素质的使命，教师应当忠诚于人民的教育事业。何谓名师？按通俗的说法，名师就是出了名的教师，就是在社会上有着较高的知名度并得到了同行认可的杰出教育工作者，是具有先进的教育理念、娴熟的教育艺术的教育精英。研究、总结名师的教学方法、教育策略以及他们的教育智慧，可以让我们更深刻地理解新时期新阶段的教育目标和教师的任务，更全面、更充分地运用教育规律，实现教育改革的理想和目标。

教师不能仅仅限于做知识的传递工作，实际上，教师是在从事着培育人的事业。名师不仅在知识的传递过程中进行研究性的、创造性的工作，并且从事着培养具有创造精神和创新能力的优秀学生的事业，同时也在这个育人的过程中育己，将外在的知识、外在的文化、前人的创造成果转化为自己发展和成长的养分。他们努力地追求并实现着教师职业的快乐境界。教师不能只做知识的"二道贩子"和把自身职业看作是无奈选择的"生存型教师"，教师应把学生的成长看作是自己最大的快乐和成果，体验到教育的成就感，做一名真正的"享受型教师"，在全身心地投入到研究性、创造性的教育教学工作中收获幸福的体验，成为一名"发展型教师"。

教师在职业生涯中有师德规范的要求，而名师在这个方面用自己的师德形象、自己的教学境界、自己的工作业绩实践着、弘扬着教师的高尚师德。他们在一点一滴的教育生活中用高尚的思想品德熏陶感染学生，用自己的激情来激活学生，用自己的心灵来唤醒学生，用自己的大爱来滋养学生，用自己的人格来影响学生。他们引导和告诉学生怎样学做人、学做事。他们在追求和实现着一种"不教之教"的境界，教的是人生经验和人生智慧。这就是名师,他们不是被动地落实师德规范,而是主动地、创造性地塑造着师德形象,闪烁着符合教育本质和本义的师德光辉。

一个合格的教师应该有自己教书育人的方法和技能,而一个优秀的名师让平凡的、技术性很强的教学工作呈现一种美的教育智慧。他们可以让专业性很强的课堂贯穿一种类似游戏般的自由自在的快乐精神;他们可以通过有声的和无声的方式、借助于多媒体的、包括自己的体态、口语和文字等方式来开展一种具有审美性质的课堂教学和课外实践。他们课堂内的教师语言、课堂外的文字语言已上升为一种悦耳悦目的语言艺术和教育艺术。他们在课堂内外绝不把学生看作是被动的接受者,而是努力让学生们用主动的精神、积极的情绪来参与教学活动和科研活动。他们使学生在主动参与中成长,在愉快的研讨中飞翔,在自主自立的发展中成熟。他们像苏步青那样,以教出超过自己的学生而感到荣耀。这就是名师的教育智慧。

这套向名师借智慧丛书,就是以各个层次、各个领域的名师的教育智慧为研究对象,彰显、推广他们富有艺术性的教育理念、教育策略和教育人生。读者将从名师的经典教育中发现许多对自己的专业成长富有教益的专业智慧,并且获得许多使自己不断进步的人生智慧以及不断创新的职场智慧。"独乐无乐",我们历经艰辛向名师们借得智慧,不敢独享,特与教育战线的同行分享。让我们都能从中获得成长的智慧和创新的智慧!

刘海涛

# 目 录
Contents

# 导语　掘一条情感奔涌的生命之河

　　教育是一条长流不息的生命之河,日夜不停地流淌在每一个人的心中,有波澜壮阔、万顷碧波的盛况,也有浅塘干涸、小桥流水的样子。而情感恰是滋润河道的甘霖、让生命之河奔腾的雨露。教师用求真务实的态度与无悔的忠贞,让一条条生命之河奔涌不息。

　　师生间的信任一旦形成,托付就变得十分坚定。我们明白:自己所有的耕耘,已经超出了土地的含义。三尺讲台下,有众多的目光期待与老师接触,有众多的心灵期待与老师融合,有众多的思想期待与老师交流。因为热爱,江河连通了湖海;因为热爱,高原连通了山地;因为热爱,花朵连通了蝴蝶。在我们的课堂里,我们已经能够听出灵魂的欢呼,看到思想的澎湃,感到生命的激情。

　　名师让每个学生在其天赋所在的领域充分表现自己,促进他们全面和谐发展。他们践行着情感教育的理念,关注着学生的情感层面如何在教育的影响下不断产生新质、走向新的高度;他们根据学生生命发展的需要,提供有层次的教育策略与智慧,让学生自然而然地对美的事物产生追求,在充满爱的教育里,享受他人的爱,同时学会爱他人,爱世界。

　　名师都是挖掘生命之河的艺术家。李镇西老师用爱的力量将学生置身于一种自然约束状态中,构建一个积极向上的环境,让生命体自由呼吸;魏书生老师如春风般走进学生的内心,让每个学生敞开心灵之窗,迎进春风和阳光,从而健康茁壮地成长;李希贵老师最大限度地尊重学生的情感需求,尊重学生的个性差异,尊重学生的自我选择,做一个懂得播种希望的使者,让学生拥有自由呼吸的幸福;管建刚老师了解每个学生内心深处的渴望,帮助他们发现自己的长处,尊重他们,欣赏他们,让他们从老师那里获得自信和勇气;董一菲老师构建文化视野下的生态课堂,用丰厚的人文底蕴和广阔的文化视野在孩子"清浅的心灵池水中投下了一枚小小的石子,荡起了层层涟漪,在孩子纯净的心灵土壤中埋下了一颗颗美丽的种子";孙建锋老师用平等对话启发学生的思维能力,引导学生善问,并且将主动权交给学生,让他们自己去发现问题、解决问题,将教育从"知识"转为"智慧",真正促进学生创新性思维的发展,激发学生主动探究新知的热情;关承华老师用真情呵护学生,营造和谐师生关系下的情感环境,从管学生到帮学生,从哄学生到知学生,让师生间充满理解与信任……名师们用自己的教育智慧为我们揭开了情感教育的面纱,为我们提供了情感教育的策略,让我们有机会与他们一样,奔腾在情感之河中,努力成就孩子的未来。

理想的教育是把孩子培养成有信、有成、有爱、有德、有为的人才,而情感教育则深入细致又合理地满足了这样的培养目标,让老师、家长与孩子一起在快乐中培养积极乐观的生活态度,拥有丰富的情感体验和幸福感。我们希望本书能为读者提供切实有效的情感教育的策略与方法,期望老师、家长,还有每一个热爱教育的人,都能掘出一条情感奔涌的生命之河。

孩子是民族的未来,我们希望他们不但掌握科学知识,而且懂得人生道理,更要担当时代责任,而这些都需要孩子用爱来完成。我们要为孩子创建爱的氛围,收获爱的体验,分享爱的快乐,给他们表达爱的机会,传递爱的热度,修炼爱的心灵。让爱不经意地流进学生心灵的缝隙,融入生活中的点点滴滴,让孩子心中充满爱,让爱在孩子心中生根发芽,这是我们义不容辞的责任,也是我们编写本书的初衷。

# 第一讲　探寻情感教育的奥秘

孩子们需要成人为他们搭建一座能让生命体自由呼吸的快乐城堡,在这座城堡里,他们吸取养分、激扬生命,从而拥有独特个性,树立一个健康向上的愿景。情感教育为孩子们搭建的正是一座这样的快乐城堡。

朱小蔓教授在《情感教育论纲》中提出:"情感教育,就是关注人的情感层面如何在教育的影响下不断产生新质、走向新的高度,也是关注作为人的生命机制之一的情绪机制,如何与生理机制、思维机制一道协调发挥作用,以达到最佳的功能状态。"[1]显然,情感教育是一个辐射教育活动全域、全程的理论问题与实践问题。

现代技术将人的劳动过程极度压缩,给孩子锻炼的机会越来越少;而原有的社会共同体(家族、村落)的解体使原有的社会约束机制的作用越来越小;社会和家长对孩子的溺爱,让孩子们变得越来越冷漠,他们往往只要求别人爱自己,而忽略了自己也应该爱别人。现代儿童和青少年生活方式的改变,让教师大发感慨:现在的孩子虽然知识丰富,但是缺乏爱心与同情心以及一些最基本的道德规范。情感教育是孩子成长的空气、清水和面包,让孩子拥有情感体验,用情感去引导孩子的行为,很是必要。

我们经常谈论教育,从机智的教学设计到精彩的教学方法,但往往忽略了教育的本真就是情感——让孩子生活在爱和关心中,让孩子拥有希望,让孩子懂得他们的责任。爱,是教育的基本责任,也是教育的终极目标。这一讲,我们探寻情感教育的奥秘,其实也是在教育中探寻爱的真谛。

## 名师故事

### 爱的教育,让爱升华

李镇西[2]教初 84 级(1)班的时候,有一段时间发现姜茹、王琦、彭霞、杨虹几个女

---

① 朱小蔓.情感教育论纲[M].北京:人民出版社,2008:4.
② 李镇西,特级名师,成都武侯实验中学校长。

同学在课间神情、动作异常，好像总在密谋着什么。一次语文课上，他正在讲课，突然发现一张纸条正在学生课桌下悄悄地传递着：由姜茹传给毛利，再经过许艳、文丽的手传给男生班长马庆，马庆正要接的时候，他一步跨过去，将纸条截获！他当场打开纸条一看："这事一定要保密！千万不要让李老师知道！"

李镇西大吃一惊：女同学给男同学传纸条就够让我担心的了，何况又是这样神秘的语言。他把这几位女生请到了办公室。

"你们说实话，上课为什么传纸条？"李镇西严肃地对她们说。

她们都一言不发。李镇西说："那好，我请你们的家长来和我一起帮助你们！"

"李老师，我……"许艳刚说了一句，另外几个女生迅速朝她悄悄摆手，于是她便把话吞了下去。

其实，李镇西心里已经明白，传纸条与他最初怀疑的"男女同学之间的敏感问题"并没联系，但现在他故意以此来狠狠批评她们："哼！男女同学上课传纸条，还说什么'千万不要让李老师知道'！有什么见不得人的事怕我知道？你们这种年纪啊，思想就是容易变坏！"

这一句让她们急了："不是，不是……"

姜茹嘀咕了一句："我们真的不是要干坏事！"

"哦！是好事？"李镇西故意装出不相信的样子，"那你们就说出来呀！说出来，也让李老师和你们一起做嘛！"

沉默了一会儿，她们终于吞吞吐吐道出了原委——

来自农村的伍建同学，家里最近遇到了严重的困难：父亲不幸病逝，欠了一大笔债，现在家里除了体弱的母亲，还有一个 16 岁的姐姐，责任田也缺人种……

前些时候，同学们偶然听说伍建流露出不想读书的念头。他对他的一个好朋友说："现在，我是家里唯一的男子汉，应该回去种地！"同学们知道这件事后，都决定帮伍建一把，为他捐款，希望他留在我们班上继续学习。于是，这几天，大家便暗中想办法，并希望班长马庆来组织这次对伍建的捐助活动……

听了几位女生的诉说，李镇西首先感到的是内疚：以前我只知道伍建学习成绩较差，却不知道他竟有这么大的困难！

他又问她们："这的确是件好事啊！为什么怕让我知道呢？"

她们说："我们想自己做成功一件好事，让您高兴高兴。再说，您太忙了！"

李镇西又跟她们开玩笑了："哼，这么好的事就把李老师给忘了，还说喜欢李老师呢！"

她们天真而不好意思地笑了。师生开始商量起来……

伍建平时住校，周末才回到乡下家里。这个星期六下午的班会课前，李镇西借口伍建回家路途太远（得步行 30 多里山路），便叫他提前离校了。然后，李镇西和全班学生一起开了主题班会："让伍建因为有我而感到温暖"。

在班会课上，马庆同学向大家讲述了伍建家的不幸之后，号召同学们向伍建伸出援助之手。他在发言中说："李老师最近刚为我们读完《爱的教育》，大家都很感动。同学们想想，资本主义国家的儿童都知道关心同情别人，我们社会主义新中国的少年更应关心别人，富有同情心。"

班会的气氛极为热烈，大家一致决定为伍建下学期的学习费用捐款。很快，讲台上便堆积了一座钞票的"小山"。经过清点，学生们和李镇西共捐款 37.76 元钱！

这笔钱在现在看来当然是微不足道的，但在 20 世纪 80 年代初，这几十元钱是一笔不小的资金。下学期伍建的学习费用只需 8 元钱，大家决定把其余的钱拿来为伍建购置生活用品。

韩军同学说："为伍建买一个闹钟吧！他家里没有钟，有一次星期一早晨他估计着时间从家里出发，走到学校时，大门都还没开，因为天都还没亮。"

张海波同学说："还应该给他买一个开水瓶。他平时住校经常喝自来水。"

张春银同学说："还应该为他买些学习用品。我看见他的钢笔都坏了，可他还在用。"

……

李镇西提醒学生们："除了生活上、经济上的帮助，伍建还需要什么帮助？"

周涛同学说："伍建的数学比较差，从下周起，我帮助他的数学！"

王红川说："我帮助他的英语！"

更多的学生纷纷举手："我帮助他语文！""我帮助他物理！"……

在这以后一直到放寒假的两个星期里，伍建的桌子上、抽屉里经常出现一些物品，老实的伍建每次都要拿来交给李镇西："李老师，不知谁把新钢笔丢在我桌上了。""李老师，我在我的抽屉里拾到一个新笔记本。""李老师，这文具盒不是我的，请您帮查一查是谁掉在我座位上了。"

李镇西心里当然明白是怎么回事，但又不好说明，只好含糊地说："嗯，我在班上问问。你暂时先用着吧，等找到失主，你再还他。"

两周以后，学校放寒假了。在春节前的一个冬日高照的上午，李镇西和马庆、吴蔚、姜茹、龚驰群、何静红、韩军、王红川一起，带着为伍建捐的款和许多生活用品，用了半天时间跋涉30多里山路，来到伍建家所在的小山村。刚拐过一个山坳，就远远地看见他在地里劳动着。他们悄悄地一直走到伍建面前时，他仍在弯腰劳作，竟没有觉察到老师和同学们。

他们在田埂上站成一排，齐声大喊："伍—建—你—好！"

他猛然抬起头，惊呆了的脸上泪水夺眶而出……

【资料来源：李镇西. 爱心与教育[M]. 成都：四川少年儿童出版社，1998：7.】

李镇西老师的教育有一个核心，那就是"感动"。这份感动，不仅仅改变了伍建，更改变了一个班的孩子，让他们学会了去爱。这些孩子是幸福的，他们能够爱别人，也能接受别人的爱，更拥有了爱的能力。李镇西成功地完成了一次情感教育的引导，他引导学生去体验如何关爱别人，同时也让伍建在自尊中收获了这份爱。

对学生来说，爱不仅是更好地促进学习的精神必需，更是组成完满人格以及幸福生活的重要因素。李镇西借助一件发生在班集体中的事情，让学生逐渐清晰而深刻地认识到爱的力量，从而将学生置于一种自然约束状态，构建一个更积极向上的环境，让生命体自由呼吸。

平常，李镇西将《爱的教育》与"班规"作为学生的情感导向，在伍建这件事情上，他智慧地将自己放在一个"引导者"的位置上，帮助学生确定目标，并确认和协调达到目标的最佳途径，让学生在一种接纳的、支持的、宽松的氛围里去达成目标，并与学生一起分享他们的情感体验和成功喜悦。在这个过程里，"爱"是整件事情的基础，"爱"实现了学生的自我教育。

莎士比亚说："爱，可以创造奇迹。被摧毁的爱，一旦重新修建好，就比原来更宏伟、更美、更顽强。"师生之间的爱存在巨大的潜在教育价值，能够有效地提升学生的活动水平。师生之间的爱，能让冷漠、冲突、紧张、厌恶减少，宽容、理解、信任、热情增多，学生学习和成长的积极性也随之增强。在情感教育中，我们不仅要拓展一条自上而下、由外而内的支持爱生长的途径，还要构建一种自下而上、由内而外的生命体发展的方式,即由生命体自身逐渐生长发育的情感方式,只有这种内外兼有的情感教育模式,才能让学生顺利地获得爱的能力。

## ❖── 智慧解码 ──❖

### 策略一 让生命体自由呼吸

在教学过程中,我们常常遇到这样的场景:孩子们带着兴高采烈的情绪接触一个新的知识点、一篇新课文时,或者充满兴趣地与同学讨论问题时,满脸洋溢着求知的渴望,教师却用精心准备的教案开始逐层分析、逐字讲解,这时孩子们脸上的笑容越来越少,兴趣越来越小,到最后连看一眼的心情都没有了。而教师的情绪也随着孩子的兴趣减小而越变越坏,一个恶性循环就此形成。我们经常思考这样一个问题,为什么教师那么充满热情地教育学生,却无法达到预期的效果呢?

## 放 回 原 处

今天,对于小豆豆来说,可是一个辛苦日。因为她把自己最珍爱的钱包掉进了学校的厕所里。虽说钱包里一分钱也没有,但是这个钱包本身却是小豆豆的心爱之物,是连上厕所也舍不得放下的宝贝。钱包是缎子质地的,有红色、黄色、绿色的格子图案,形状是平平的四方形,有一个三角形的舌头一样的盖子,在应该缝按扣儿的位置,缝的是一枚银色的苏格兰小猎犬扣子,像胸针一样可爱。总之,那是一个非常漂亮的钱包。

小豆豆上完厕所后,总是习惯往下面看一看,这真是一个奇怪的坏毛病,但她从小就这样。因为这个毛病,小豆豆上小学之前,已经掉了好几顶麦秆草帽啦、白色蕾丝帽啦什么的到厕所里。那时候的厕所不像现在这样是抽水式的,还都是掏取式的厕所,下面就是水槽,帽子就漂浮在水槽里面。所以,妈妈总是提醒小豆豆,"上完厕所以后,不要往下看"。

"啊——"

再看的时候,下面黑糊糊的,钱包再也看不见了。

但是小豆豆没有哭闹"怎么会这样呢",或者干脆放弃,不要那个钱包了,而是立刻跑到校工(即现在的学校里的勤杂工)叔叔放工具的库房里,扛了洒水用的长把舀子出来。小豆豆还很矮小,舀子的长把足有两个小豆豆高,但这没有关系。小豆豆在校园深处转来转去,寻找厕所的掏口。本来以为会在厕所外墙的附近,但怎么找也找不到。好不容易,小豆豆发现在离外墙有一米左右的地面上,有一个圆形的混凝土盖子。这个无论如何该是掏口了吧,小豆豆这么判断。总算使劲地把盖子移开了,下面出现了一个深深的洞口,果然就是厕所的掏口。小豆豆趴下看了看,说:

"好像有九品佛的水池那么大啊。"

于是,小豆豆开始了她的浩大工程。把长把舀子伸到掏口里面,开始向外面舀起来。一开始,小豆豆估计了一下钱包掉落的位置,尽可能地舀那附近的,但是便池又深又黑,而且厕所是用三扇门隔开的,而下面却只有一个池子,可以想见便池非常大。所以,如果小豆豆的头探得太深了,就有掉进去的危险。于是小豆豆也不管是哪个方位了,只顾挖起来。挖出来的东西,就堆在掏口周围。当然,每挖出一舀子,小豆豆都要检查一下钱包会不会混在里面。本来以为很快就会找到钱包,但是钱包好像藏在什么地方了,总是不肯露面。这时候,上课的铃声响了。"怎么办呢?"小豆豆想:"好不容易赶到这里了……"索性又接着干了下去。而且,她比刚才更加卖力地舀了起来。

舀出来的东西已经堆成了一座小山。这时候,校长小林宗作①先生走过这条小路。他看到小豆豆正在忙活着,问:

"你在干什么呢?"

小豆豆顾不得停下手里的活儿,一边舀一边答道:

"我的钱包掉到池子里面了。"

"是吗?"

说着,校长先生把手背在身后,就像平时散步那样,又走开了。

又过了一会儿,钱包还是没有出现,地上的小山却越来越高。

这时,校长先生又走了过来,问:

"找到了吗?"

小豆豆满头大汗,脸上也红彤彤的,被围在小山当中,回答说"没有"。先生稍微凑近了小豆豆的面孔,像好朋友似的说:

---

① 小林宗作,巴学园的创立者,日本最受欢迎的教育家。因著名作家黑柳彻子的回忆小说《窗边的小豆豆》而被大众熟知。

"弄完以后，要把这些全都放回去啊。"

说完，他又像刚才那样走开了。

"嗯——"小豆豆精神十足地回答，又继续干起活儿来。突然，小豆豆想起一件事来，她看了看那座小山：

"干完以后，会把这些都弄回去的。但是，地上的水怎么办呢？"

确实，"小山"里的水分不断地向地里渗下去，已经看不见了。小豆豆停下来，思考着怎么样才能把渗到地面里的水分，按校长先生嘱咐的那样全部放回去。思考的结果是：把渗进了水的土也放回去一些，就可以了。

结果，地面上堆起了一座挺高的小山，而便池却几乎被掏空了，但那个钱包仍然无影无踪。也许钱包紧紧地贴在了便池的边上，或者是池底了吧。但是，这时小豆豆已经觉得"即便钱包没有了也挺满意的"，因为自己干了这么多的活儿。实际上，在小豆豆的满足之中，还有一点是因为"校长先生对自己做的事情没有生气，很信任自己，把自己当作一位很有人格的人来尊重"。不过，当时的小豆豆还意识不到这么复杂的心理活动吧。

一般来说，大人们要是看到了小豆豆在做的事，会说"在干什么蠢事呢"或者"太危险了，快停下"。或者也会有态度截然不同的大人说"我来帮你吧"。但是，只说一句"弄完以后，要把这些全都放回去"的除了校长先生，不会再有第二个人了。所以，当妈妈听小豆豆说了这件事之后，由衷地赞叹校长先生"真是一位了不起的人"。

经过这件事之后，小豆豆上厕所的时候，再也不往下看了。而且，她觉得校长先生是一位"可以真心信赖的人"，因而，她比以前更加喜欢校长先生了。

小豆豆按照和校长先生约好的那样，把那座"小山"完全放回了原来的便池中。往外挖的时候非常吃力，但是往里送的时候却很快就干完了。然后，小豆豆用舀子铲下一层渗进了水分的泥土，也送进便池里。最后，把地面弄平整，把混凝土的盖子盖上，一切都像原来一样，把长把舀子也照样送回工具房里。

那天晚上，睡觉之前，小豆豆又想起了掉进黑暗中的那个漂亮钱包，还是觉得有些可惜。但是白天干了好多活儿，已经十分疲倦了，所以很快就睡着了。

那时候，小豆豆奋战过的地面，还有些潮湿，在月光下，好像是什么美丽的东西那样，闪闪地发着光。

那个美丽的钱包，也一定静静地待在某个地方。

【资料来源：黑彻柳子.窗边的小豆豆[M].海口：南海出版公司，2010：3.】

　　小林宗作校长的一句"弄完以后，要把这些全都放回去啊"看似轻描淡写，可是在那种情景下，还能那样淡定的人，必然懂得营造一个让生命体自由呼吸的空间，让孩子从接受走向探寻，走向个体的主动的生命体验。一般来说，大人们要是看到了小豆豆做的事，就会说"在干什么蠢事呢"或者"太危险了，快停下"，或者也会有态度截然不同的大人说"我来帮你吧"。如果这样，便不会出现小豆豆后来的思考："干完以后，会把这些都弄回去的。但是，地上的水怎么办呢？"更不会出现小豆豆最后把地面弄平整，把混凝土的盖子盖上，一切还原成原来一样，把舀子送回工具房。要知道小豆豆那个时候仅仅只是一个 6 岁的孩子。

　　小林宗作校长的话语简洁但不简单，淡定但不淡漠，宽容但不放纵，我们从中看到了一个师长的温厚、宽宏和明智，他轻轻敲开学生的心扉，渐渐走进学生的内心，以微风拂面般的教育方式，让学生产生情感共鸣，从而更健康茁壮地成长。

　　那么，我们该如何营造让生命体自由呼吸的空间呢？

**一、善于倾听，让自由之花尽情绽放**

　　在情感教育的引导中，我们最不能忽略的一个环节就是倾听。孩子是教育的主体，我们应该去了解他们要做什么，而不是按照成人的思维想当然地认为孩子应该怎样。让孩子诉说，在这个过程中，给他一个亲近柔和的表情、一个认真倾听的姿势，让孩子在轻松自由的环境中释放自己、表达情感，展露出他的秘密城堡。

　　在法国巴黎一座教堂的广场上有个石雕颇为醒目：一个微倾的头，耳朵显得特别大，面部表情平和专注，一只大手做掩耳状，仿佛在倾听着巴黎的心跳。这就是倾听，一个简单的动作，可又不仅仅是一个简单的动作。倾听是一种尊重，是情感教育中沟通的桥梁；倾听更是一种相信，让我们怀着一种开放的心态去看待孩子成长中的问题。

　　在孩子的成长过程中，我们需要做个好听众，全神贯注地倾听，并不时用语言和眼神鼓励他们继续说下去。每个人都有被倾听的欲望，尤其是孩子，他们需要诉说他们成长中的喜怒哀乐；孩子也是敏感的，当他们发现你不愿意听其诉说时，就会缄口不言。倾听，这个貌似简单的动作，做起来其实非常不容易。

　　一个著名主持人问一个小孩子："你长大了想做什么呀？"小孩子说："我要当飞行员。"接着，主持人继续问道："如果有一天，你的飞机飞到大海的上空，忽然燃料不够了，怎么办？"小孩子想了想说："我要先告诉飞机上的人系好安全带，然后我拿上降落伞,先跳下去。"听到孩子的回答,现场的观众笑得东倒西歪,而主持人继续注视着这个孩子。没想到,孩子的热泪夺眶而出,主持人觉得孩子的想法并非如此简单,于是,他问孩子:"为什么要这样做?"孩子的答案让全场观众为之动容:"我要去拿燃料!我还要回来!我还要回来!"

若是这个主持人不懂倾听,我们永远无法了解孩子的真实想法,从而给他下一个错误的判断,孩子也许就此被烙印上了"自私"的标签。教育是塑造心灵的艺术,情感教育更是从心与心之间的对话开始的,倾听就是用一颗心去感受另一颗心的跳动,用一种爱去共鸣另一种爱。如何倾听?我们需要注视着他们的眼睛,最好是面带微笑,这样即使你一言不发,他们也可以感受到你的真诚;我们还需要与孩子互动,鼓励他们讲下去,从他们的话语中,我们会发现一个不同的世界。我们懂得了倾听,才能了解孩子的心灵,为孩子营造一个自由的空间,让他们发挥特长,在自由与快乐中学习成长。

## 二、改变身份,做孩子成长的"旁观者"

我们常常以"传授者"和"管理者"的身份介入教育,我们不断地干涉学生的行为,明确地指出什么该做,什么不该做。在自认为学生得到了良好教育的时候,全然不知学生已经失去了自我成长的空间。改变身份,做一个学生成长的"旁观者",静静地在学生身边注视着,适时地为他们指引方向,让他们自己去思考、去探索,去实现目标。

美国华裔女童邹奇奇,2008 年被美国媒体誉为"世界上最聪明的孩子"。3 岁时开始阅读各种书籍,4 岁时开始用笔记本电脑写作,8 岁时出版 12 万字的故事集《飞扬的手指》,轰动美国。按照我们的理解,这样的孩子无疑会被树立为标杆,以神童的形象出现,但她的父母不那么认为,他们觉得女儿并没那么神奇,只是因为女儿很小的时候就喜欢看书,父母觉得这是女儿的爱好,既然孩子喜欢,就不要给她太大的压力,所有的一切都由孩子自己把握,父母更多的时候是旁观者。邹奇奇的母亲邹灿说:"在她很小时,约翰就对她念柏拉图的著作,后来她竟自己开始读书。我们只想让她自由发展,不想给她施加太大的压力。"可以看出,邹奇奇的成功一切都是那么的顺其自然,父母并没有给她太大的压力,强加太多的东西。我们不是天才,为什么要求孩子是神童呢?如今有太多的家庭将自己的孩子按照神童模式去培养。从幼儿园就开始给孩子报美术班、音乐班、跆拳道班、心算班、英语班……到了小学中学，又为孩子报各类培训班、强化班、奥数班、补习班……我们希望孩子上知天文下知地理，还要德智体美全面发展，有超强的综合素质，而这恰恰违反了孩子的成长与成才规律——春天开花，秋天结果，成长需要过程。而我们很多孩子的童年被你方唱罢我登场的所谓"特长班"毁了。

无独有偶。美国内华达州的一个 3 岁女孩告诉妈妈，她认识礼品盒上的字母 O，是幼儿园老师教的。这位母亲一纸诉状将幼儿园告上法庭，理由是幼儿园剥夺了孩子的想象力。因为此前，孩子能把 O 说成是苹果、太阳、足球、鸟蛋之类的圆形东西，自从认识了 26 个字母，这种能力就丧失了。法庭判决这位母亲胜诉。试想，如果这件事情发生在我们身边，也许我们会为了孩子认识 26 个英文字母而欢呼雀跃。教会学生认识 26 个英文字母无可非议，但我们在教育过程中不可包办孩子的想象力，不可包办孩子的自由思想。

做一个懂得播种希望的旁观者，让学生拥有自由呼吸的幸福。李希贵在《为了自由呼吸的教育》一书中这样说："最大限度地尊重学生的情感需求，尊重学生的学习差异，尊重学生的自我选择，这是教育的永恒！"在情感教育的引导中，我们要全面理解自己的位置、作用，正确地认识自己和孩子之间的关系，将教育引向自主、和谐、多元的境界。做一个孩子成长的"旁观者"，与孩子一起分享他们的情感体验和成功喜悦。

在改变身份，成为学生成长的"旁观者"时，我们需要注意，这里的"旁观者"并不等同于持放任态度的"老好人"，在适时地表示理解和支持的同时，也要指出学生的过失与错误，帮助他们建立正确的人生观、价值观和世界观。

### 三、拥有爱心，懂得激励与赏识孩子

苏霍姆林斯基认为，教育成功的奥秘在于对孩子的热爱，这是教育的高超艺术，我们应该重视用爱的力量去感化、激励孩子。

坚决不做教书匠的管建刚老师说："每个学生内心深处都有一种渴望，渴望得到老师的重视和赏识。上天给每个人一份才能，有些人看似没有才能，是因为那份才能隐藏得深，隐藏在不为人知的某个角落。教师，无疑是学生生命中最重要的潜能开发者。无数失败的教育案例向我们表明，对后进生，越是用粗暴的教育方式，得到的教育效果越是令人失望，这就是所谓的'破罐子破摔'效应。对后进生，要做的是帮助他们发现自己的长处，尊重他们，欣赏他们，让他们从老师那里获得自信和尊重的信息。帮助他

们找回做人的尊严。基于这样的教育,是学生喜欢的、向往的教育。"①用心去发现孩子身上的优点,学会欣赏他们,尊重他们。美国心理学家威廉·詹姆斯说:"人性最深刻的原则就是希望别人对自己加以赏识。若与我们的潜能相比,我们只是半醒状态。我们只利用了我们的肉体和心智资源的极小一部分而已。往大处讲,每一个人离他的极限还远得很。他拥有各种能力,就看能不能唤出它们。而慷慨的赞美就是唤出它们一部分的一个有用方法。"

有一个普通的父亲叫周弘,他用了20年的生命探索出了一套赏识教育的方法,他双耳全聋的女儿周婷婷在他赏识理念的培养下,成长为一名留美博士。这个被誉为"第一位发现孩子没有错"的教育家,认为"赏识理念能促进每个人的自身和谐,夫妻间的婚姻和谐,家庭中的亲子和谐,企业中的团队和谐。它是和谐社会的细胞工程"。

当然,我们应该承认个体间的不同,存在着很大的差异;但是,我们应该在尊重差异的同时,帮助孩子获得自我价值感,贴近孩子的生活,去了解他们的爱好、他们的需要,让他们充满自信,让他们自我满意,这样才能获得教育的满足感。赏识与激励的奥秘在于让孩子觉醒,认为自己能行,使他们在激励与赏识中获得自由与不竭的动力。

## 策略二 让认知与情感协同发展

让孩子的认知与情感协同发展,我们需要唤起他们对生命的关注,唤醒他们的情感,并且给予他们正确的评价。教育的过程就是以心理活动为基础的认知与情感过程的统一。认知活动总是在情感活动的调节下进行的,它们互相促进,也互相制约。如果要让孩子健康成长,就需要认知与情感的协同发展,让孩子有感情地学习。积极的情感会激发出巨大的潜能,给孩子向上的力量。

教育的对象是有生命的人,教育是社会化的活动过程,我们需要回到情感的原点去探求教育真正的意义。人的生命在于超越最原始的状态,具有自我认知和幸福感,从这一点来说,生命是可贵的,而不是泛化的,每一个生命都有其存在价值,生命的存在是一种状态,但不同于一般动物的状态,因为人能够认识自己的状态。② 我们需要让孩子的认知与情感协同发展,让他们自由地成长,启迪他们的天性,否则,他们会以另一种面孔面对我们。

---

① 管建刚. 不做教书匠[M]. 福州:福建教育出版社,2012:176.
② 李秀伟. 唤醒情感——情境体验教学研究[M]. 济南:山东教育出版社,2007:20.

# 难忘的一课

在完成了对《难忘的一课》的重点研读后,窦桂梅①老师放了一段《思乡曲》。在悠扬婉转的乐曲声中,窦老师动情地说道:"同学们,让我们来共同朗诵台湾著名诗人余光中先生的《乡愁》。"

在窦老师深情朗诵的带领下,师生共同朗诵起这首描写思乡之情的诗:"小时候/乡愁是一枚小小的邮票/我在这头/母亲在那头/长大后/乡愁是一张窄窄的船票/我在这头/新娘在那头/后来啊/乡愁是一方矮矮的坟墓/我在外头/母亲在里头/而现在/乡愁是一湾浅浅的海峡/我在这头/大陆在那头"

读完后,乐曲也结束了,窦老师望着沉醉于诗中的学生们,激动地说道:"看得出,此时此刻,大家的心已经沸腾,还有什么话能足以表达我们的这份心情呢?只有那一句——"她停顿了一下,望了一眼全班学生,学生们立刻领悟,自豪地大声回答:"我是中国人,我爱中国!"声音铿锵有力。

"对,放声朗读,来表达你们此时的心情吧!"窦老师激动地挥了下手臂。

早已被激发出情感的学生们再次大声喊道:"我是中国人,我爱中国!"声音一遍一遍在教室里响起。

"下面,请大家拿起笔,再写一写这句话,并将这句话永远地镌刻在你心灵的深处。"窦老师表情凝重地用红笔有力地在黑板上写下了这句话。学生们也一个个庄严而又饱含热情地随着老师写下了这句话,并铭记于心中。

"想读就读吧!"窦老师指着黑板上的这句话,激昂地说道。

"我是中国人,我爱中国!"

"我是中国人,我爱中国!"

……

学生们一个个满怀高昂的情绪一遍遍读着这句话。

"很好,语气虽然不同,但感受和认识却是一样深刻!"窦老师夸赞着,然后又充满激情地说:"同学们,通过这堂课,相信你们一定记住了'我是中国人,我爱中国!'这句话。世界上什么都可以选择,但唯独不能选择的就是自己的母亲、自己的祖国。或有

---

① 窦桂梅,特级教师,全国模范教师,全国师德先进个人。

一天,你身在国外,请你别忘了今天的这堂课,更不能忘了这堂课里你记住的'我是中国人,我爱中国!'现在,让我们大家再读一读这句话吧!"

受到强烈感染的学生又铿锵有力地读起了这句振奋人心的话:我是中国人,我爱中国!

"读得太好了!同学们,咱们今天上的不是普通的语文课,而是一堂人生的感悟课,因此,这也就称得上是——"

学生马上接口:"难忘的一课!"窦老师在课题后加上感叹号,至此,一堂充满激情的课结束。

【资料来源:胡涛.拿什么调动学生——名师生态课堂的情绪管理[M].重庆:西南师范大学出版社,2011:73-75.】

窦桂梅老师的这一堂课首先从情感上打动了学生,震撼了学生。"感人心者,莫乎于情"。教师的深情投入,调动了全班学生的情绪,学生在学习了知识之后,经历了一次刻骨铭心的情感体验,完成了认知与情感的协同发展。

教师全身心地投入,激情洋溢,将学生的情感带入感动之中,开启心智,振奋人心。教学中的情感迁移让学生获得了一种情绪感染、美的享受。

那么,走向认知与情感协同发展的教学应该具备哪些要素?

## 一、对生命的关注

现行的教育太过于"急""功""近""利"。"急",是一种态度,主要表现为不能顺应孩子的成长需要,不能耐心等待一个生命慢慢地成长。"功",把成功的标尺定格在分数上,让孩子体会到的往往是令人窒息的竞争压力。"近",对于教师来说,就是教育孩子的这短短几年;对于家长来说,就是考试和升学。如果每个教育者都是"近视者",就很容易制造出"童年恐慌",即使孩子长期面临巨大的压力而形成一种强烈而持久的焦虑心态。"利","最标准"的表现是我们平常所说的"好孩子"。当我们去追逐教育的"利"时,"好孩子"往往会变得片面起来,会被一些现象所迷惑。[①] 对于教育中的急功近利,教师需要反省,人究竟是为了什么而活?对于孩子来说,他们究竟需要些什么?仅仅是所谓的优秀成绩和所谓的"好孩子"吗?

---

① 隋悦华.回到对生命的关注[N].中国教育报,2011-11-16(11).

学习生涯仅仅只是孩子人生中的一个片段,在这个过程中,他们学会了生活需要的品质了吗?一个人不仅是生命的自然存在,还是生命的精神发展,我们需要给予学生回归真实生命的环境,唤起他们对生命的关注。

对生命的关注是教育本真的存在。特级教师李镇西对每一个生命个体都给予无限关注。他认为,师生之爱、同学之爱,都不应仅仅止于班级内部,而应该有爱的扩展和升华。这种爱的扩展,是对周围其他人的爱——同学、邻居,以及一切素不相识但需要帮助的人;这种爱的升华,是对我们祖国的爱。

# 慰　藉

1990 年 1 月,我发现班上一名叫胡国文的农村同学情绪低落,精神不振。一了解,原来他以前就有肠胃病最近复发了,同时,由于学习紧张,他患上了失眠症。这使本来就性格内向的他更加郁闷了。虽然我找他谈了几次心,安慰他,鼓励他,但他终于没有坚持到期末考试就回家养病去了。

放假的那一天,我和同学们给胡国文写了一封慰问信,然后,全班每一名同学都给他寄了一张明信片,上面写满了温馨而真诚的话语。我们希望,班级的温暖不但能使他过个好年,而且能使他乐观起来,振作起来,战胜疾病,回到我们这个可爱的集体。

寒假后开学第一天,见到胡国文来报到了,我还挺高兴,热情地问他:"病好了没有?"他却不说话,低着头,泪水渐渐从脸上滴到地上。在我的一再安慰和追问下,他才向我断断续续地诉说了春节期间他家里遭到的不幸——家里失火,房子被烧成一片灰烬!

最后,一向不善言辞的胡国文居然说了一句让我感动的话:"最让我心痛的是,同学们给我寄来的明信片没抢出来,全被烧了……我本来是要终生珍藏的。"

接下来事情的发展究竟怎样?

第二天下午读报课,胡国文刚走进教室,就觉得气氛有些异样。抬头看黑板,几个大字映入眼帘:"国文兄,我们永远在你身边!"一股暖流闪电般传遍胡国文的全身,泪水模糊了他的双眼。原来同学们正在我的主持下,举行安慰胡国文的主题班会。胡国文没想到同学们这么快就知道了他的困难,也没有想到他们会用如此庄严隆重的方式来给他以慰藉。黑板上,还有何英同学写的一段话:"一份痛苦,两人分担,便只有半份痛苦;一份欢乐,两人共享,便有双倍的欢乐。你只有 1/60 的痛苦,却拥有 60 倍的欢乐。"同学们给其欢乐,驱其痛苦,胡国文深受感动。王英浩同学还深情地朗诵了一首他专门为胡国文写的诗:"哦,国文/不要悲伤/让我们温馨的友情/在你心间,投下一丝金色的阳光/带给你更多的温暖,更多的坚强……"他的诗,像是给胡国文注射了兴奋剂,让他浑身热血沸腾,充满了力量。接着,团支部书记郑洁同学把60张明信片(包括我写的)送给胡国文,她说:"大火烧毁了我们以前给你写的明信片,但烧不毁我们的真诚友情。今天,我们每人再给你写一张明信片!"胡国文看到每一张明信片上都写有鼓励他的文字,每一名同学都有一段暖人的话语鼓励他,安慰他,带给他一片真诚,让他本来压抑的心情轻松起来,又获得了勇气和希望。随后,班长周强把几百元钱送到胡国文手中。这钱是同学们决定这学期不看电影而捐给他的,这真让他感动得不知该说什么好!同学们用真诚的心抚慰胡国文,让他重新对一切充满希望。班会结束时,我和同学们给胡国文送上了慰问信、钱、粮票、笔记本、衣物、脸盆……胡国文的桌上堆满了东西……胡国文昨天回到学校时那种伤感和悲痛,这时已烟消云散了,他的一颗冰冷的心已被同学滚烫的真情融化了!

【资料来源:李镇西.爱心与教育[M].成都:四川少年儿童出版社,1998:27-28.】

何为爱的教育应该达到的最高境界?关注生命。李镇西以学生的心灵为起点,他的关注不仅在胡国文这名需要帮助的学生身上,还把目光放在所有学生的身上,让他们去关注生命,唤醒了他们的情感,努力让他们成为有感情、有思想、有爱心的人。每一个生命的诞生都意味着一个奇迹,尊重生命、热爱生命、关注生命,是我们每一个教师的职责所在。让我们从关注学生生命意义开始,关注学生生命的成长与价值的提升,遵循学生生命成长的规律,与学生一同创造丰富的生命内涵,拥有情感丰富的内心世界。

## 二、对情感的唤醒

陶行知说:"真的教育是心心相印的活动,唯独从心里发出来的,才能达到心的深处。"要想唤醒学生的情感,教师应该首先是一个富有情感的人。德国教育家第斯多惠说:"谁要是自己还没有发展培养自己的情感,他就不能发展和培养好别人的情感。"教师与学生的关系应该是自然亲密的,教师与学生的言语交流应该是心灵交流的外化,教师先动情,学生才会动情。

教育的过程应该是体验生命价值的活动,展现自由精神的舞台,在成长过程中学生需要人生的感悟，需要精神的自由，需要情感的呵护。美国明星教师罗恩·克拉克就是一位非常善于唤醒学生情感的教师，他能让怯场的学生获得前所未有的自信。

# 消灭"怯场"，人生才有机会大放光彩

不管是运动社团、才艺展示秀、辩论大赛，还是其他活动，我们都需要尽全力为孩子们提供表现机会。这些活动不仅会建立学生的自尊和自信，而且还能使学生更加放松地面对人群。怯场是成人中常见的一种恐惧，最好的办法莫过于在怯场没有成为真正的问题之前，就让孩子参与这些活动，让孩子在年龄很小时就去面对恐惧。

罗恩·克拉克学校的每个周五，我们都让学生去他们的"家"——"助人之家""梦想之家"，还有"勇敢之家"举行"家庭喝彩"活动。他们有30分钟时间设计一个音乐剧，并且在全校表演。各个"家"的组织者们通常会想出一首歌和出一些主意。一般来说，他们会唱流行歌曲，把歌词改编成表现他们对自己"家"的自豪感和希望，赢得加分。

我们第一次开始"家庭喝彩"活动时，真是一团糟。学生们看起来很害怕，对自己没有信心；活动表演很差劲，也没有任何创新。学校职员只允许待在教室里维持纪律，而不能对表演提供任何帮助。取而代之的是，每个周五的表演之后，我们会告诉他们，我们如何失望，他们怎样才能做得更好，鼓励他们演唱自己的歌曲，并且提前几天就开始计划，周五之前就把歌词发给自己"家"的其他成员，这样他们就可以练习。我们鼓励他们尽力让老师发出"哇"的惊呼。我们还会继续批评，但是当他们表现好的时候，我们会站起来鼓掌、欢呼和大夸特夸。不久学生就开始领会什么是"哇"，他们的表演也越来越精彩，越有创意，越能打动人。

只给学生30分钟准备，我们没有占用太多上课时间；而且，我们强迫他们快速思考，进行团队合作，令自己没有束缚和恐惧地去展现自己。我们看到那些安静内向的学生在他人面前变得自信，大方地在前台面对观众。这是一份将会陪伴他们终生的珍贵礼物。

在学年末的时候，学校举办了一场完全由学生完成的音乐会。所有的场景和音乐曲目都由他们撰写，最终成为一场由孩子们完成的长达2小时的表演，包含幽默短剧、歌曲和舞蹈。学生们用了整整一周的时间来表演这个节目，总是受到大家的欢迎。

整个过程最让人惊奇的是，直到节目演出的前两周，我们都完全没有提到音乐剧。

我们再次提出要求,让学生们头脑快速转动起来,合作设计出一个能够让观众激动兴奋的最巧妙有趣的节目。

每年,这种活动都会有一点儿疯狂,但是学生们总是能找到满足我们要求的方式。最大的问题就是他们会写出大量的不够精彩的音乐剧,我们会否定这些剧本,然后告诉他们"你能做得更好"。这需要我们花很多时间确定他们所需要的场景,但是一旦确定了剧本,学生们就会立刻开始排练舞蹈、背诵台词、熟悉整个音乐剧的流程。首演结束,人们站起身来,持续地鼓掌欢呼,学生们终于露出了笑容。学生们会比你想象的还要自豪,因为这一切活动完全是他们自己完成的,是他们自己写出的场景,背诵音乐台词,创作音乐舞蹈,并在舞台上表演出来。这是他们做的,他们能永远以此为傲。

如果你有机会看一次这样的表演,你肯定会喜欢上它。对我而言,最重要的在于你可以一直与他们用罗恩·克拉克学校的招牌式眼神交流。在他们唱歌期间,我鼓励学生们看着观众的眼睛,直到观众目光转向他处后才移开。我教他们保持热烈的情感,展示他们的自信,透过自己的眼睛流露骄傲。坐在前排的人都很震惊,这绝对是绝无仅有的经历。学生们的微笑、喜悦、自豪和眼神交流都令人印象深刻。

然而,我最看重的则是,我知道,我们的学生将会把这种精神带到董事会、商业会议、政治会议,以及其他数不清的场合,在这些场合,他们将扮演领导者的角色。他们能够掌控局面,因为他们知道不必恐惧,他们拥有大放光彩的机会。

【资料来源:罗恩·克拉克.罗恩老师的奇迹教育:点燃孩子的学习激情[M].李文英,等,译.北京:中信出版社,2012:311-313.】

不管是"助人之家",还是"梦想之家",或者"勇敢之家"举行"家庭喝彩"活动,罗恩·克拉克学校教育的落脚点始终是唤醒学生的情感,正如罗恩老师所说:"我教他们保持热烈的情感,展示他们的自信,透过自己的眼睛流露骄傲。"当学生的情感得到唤醒时,我们会发现他们的创造力是无限的。

教育应该有"人情味",教师只有把学生当成完整的人看待,才能唤醒学生的情感,让学生的思想得到自由呼吸,让学生的个性之花能自由绽放。教师应该放下架子,走进民主化教育的殿堂,在实践中,还学生以"人性",唤回学生的情感,完善人格塑造。

情感,是人对客观事物的一种态度,是人对客观事物是否符合主观需要的内心体验,反映着客观事物与人的需要之间的关系。心理学研究表明,情感因素是影响教学质量的一个重要因素。积极丰富的情感能促进认识过程、意志过程,使个性品质得到全面发展。教育过程中蕴含着丰富的情感因素,教师需要帮助学生树立正确的人生观、世界观、价值观,对学生进行养成教育,也需要我们教师使自己的课堂洋溢生机,燃烧激情,成为师生互动激情的情感舞台。

课堂内,教师应怀揣一颗热爱学生的火热之心,用声情并茂的教学语言,演绎故事的悲欢离合,剖析教学内容的深刻内涵,引领学生去讨论、去探究、去思索、去感悟,让学生自由驰骋于课堂。课堂外,教师们要用人格影响人格,用情感唤醒情感,将对学生的爱自然融于情感之中,激活智慧的种子,点燃情感的火把,在师生情感互动中,让学校成为情感流动的磁场。

当学生在学习中有了一定的情感体验和情感要求时,就会开始相应的智力及非智力活动,就可能以极大的热情投身学习。学生有了一定情感体验,才能有效地接受教师传递给他们的信息,才能准确理解所学内容的思想感情,才能真实地表达自己的思想感情。所以,情感既是一项重要的教学内容,又是我们促进和优化教学的重要途径和手段。教育的艺术不在于传授本领,而在于激励、唤醒和鼓舞。我们要与孩子亲近,促使他们懂得何为真善美,引领他们在学习的道路上健康成长。这也要求教师不仅要有扎实的教学基本功、精湛的教学艺术,而且还必须具有良好的心理素质和积极、健康、丰富的情感。只有这样,才能实现情感教育,面向全体学生,因材施教,促进学生的全面发展,培养出适应未来社会发展需求的人才;才能在师生情感的迸发中,共建情感的家园,让师生的情感在课堂上互相鼓舞,在情感的多维交流中互动对话,使情感的分子充盈课堂的每一个角落,真正实现认知与情感的双赢。

### 三、唤醒生命中的无限潜能

潜能是指人类原本具备却没有被使用的能力。每个孩子的生命中都蕴藏着丰富的潜能,如果加以挖掘,就能爆发出巨大的力量。中国赏识教育第一人周弘的女儿周婷婷是双耳全聋的残疾人,但她是留美博士。周弘是如何唤起女儿的潜能,将其培养成才的?

## 欣赏的力量

为唤起女儿生命中的无限潜能,周弘教育女儿的第一招是"塑造"感觉。他相信她是天才还不够,关键是让她自己找到天才的感觉。

感觉对了,才会跟着感觉走,生命在好感觉中提升,才会越走越顺。

你有了天才的感觉,你就会成为天才;你有了英雄的感觉,你就会成为英雄;孩子找到了好孩子的感觉,他就会成为好孩子。

周弘在教育女儿的过程中,深深体验到"塑造"感觉对孩子的成长至关重要。受铃木镇一的启发,他首先"塑造"她是天才的感觉。

怎么塑造呢?

美国 19 世纪有一位又盲又聋的女伟人——海伦·凯勒。六岁半一个字不会说,18 岁会五国语言,全世界轰动。有一天周弘在看《海伦·凯勒传》时,无意中发现海伦的生日是 1880 年 6 月 27 日,他女儿的生日是 1980 年 6 月 29 日,看到这里他脑子一闪,精神为之一振,天下竟有如此巧合的事! 他按捺不住心中的喜悦,箭一般地冲回家,兴奋地抓住婷婷。

"婷婷,太好了,天大的好消息被老爸发现了。我一直在纳闷,你为什么这么聪明,这么有灵性,原因终于找到了。搞了半天原来你是海伦的转世啊!"

"怎么证明?"婷婷不解地问。

"你看,你的生日跟海伦相差整整一百年。"

"真的吗?"婷婷瞪大了眼睛。"白纸黑字,一天不差。"周弘把书递给婷婷。

婷婷连忙凑过来,一看,有点失望。"她是 6 月 27 日,我是 6 月 29 日,相差两天。"

周弘不慌不忙地解释道:"据我了解,一天不差,海伦妈妈生她时是顺产,你妈妈生你时难产,刚好耽误了两天。"

顿时,婷婷两颊绯红,两眼放光,仿佛海伦的血液在血管里奔腾,海伦的灵魂在脑海里游荡,"天才"感觉找到了!

许多年后,婷婷自己讲,海伦给了她无穷的力量,小时候做事遇到困难时,就想象自己是海伦·凯勒。

【资料来源:周弘.父母会赏识　孩子最优秀[M].广州:广东经济出版社,2011:26.】

其实周弘的教育模式并不是不可复制,转变原有的教育方法,改变简单的教育模式,通过引导,开发学生身上蕴藏着的潜能,使之转化为学习的动力、生活的热情、理想的风帆,学习就充满希望,生活就充满活力,对未来就充满信心,将遇挫更坚,遇难更强。

激发每一个人的优势潜能,会使教育变得更加人性化、个性化和终身化,让潜能变成显能。教师应该注重发掘学生的潜能,发展学生的个性,发挥学生的力量,发展学生的价值,注重培养学生的兴趣爱好和发展学生的特长。学生的发展在于生命自我觉醒的潜能开发和活力激发,学生不是接收知识的容器,而是具有自我生长力的鲜活生命。

教师应该让学生的个体尊严得到实现,用心关注学生个体生命的成长,多一点耐心、多一点细心、多一点真心、多一点决心,就会发现"学困生"是如此优秀,成长舞台是如此精彩,学生的喜怒哀乐会变得鲜活,学生的个性会变得无可替代。好的教育须懂得唤醒,唤醒学生内在的生命潜能,使之以最适合自己的方式奔跑;每个孩子都有权利走向成功,好的教师创造条件,搭建学生走向成功的跳板,使之无限满足学生内心自我实现的需要。

潜能一旦被激发,学生就会由被动学习转为主动学习,学习生活就会由枯燥乏味变得多姿多彩,知识汲取就会由机械记忆变为自主实践、自主体验,生命成长就会由个性压抑变得自主奔放。

## 四、可持续发展的未来路径

为每一个学生设计可持续发展的未来路径是对"以人为本"理念的理性认识和价值追求,体现了素质教育的要求。素质教育意味着完整的、活生生的人的发展。从本质上讲,人的素质即身心组织的要素、结构及质量水平的系列变化,是一种可持续发展,不仅有量的积累,更重要的是质的变化。为学生设计可持续发展的未来路径,这不仅是一种教育策略,而且是一种教育理念,其理论支撑是人的可持续发展。教师要为促进学生可持续发展而教,遵循人本身发展各阶段的特点,始终把人的发展的最大化作为追求的目标,让学生在未来的境遇中得到终生发展。

北京师范大学教授肖川认为,"要提高一个孩子的成绩更有效的办法是促进他的情感和社会意识方面的发育,而不是单纯集中力量猛抓他的学习。"为学生设计可持续发展的未来路径,要满足人的发展需要,促进人的全面、协调、可持续发展,在教育过程中要关心人、尊重人、理解人,使教育真正服务于人的整个生命。首先,教师要以学生为中心,实现"学生本位"的教育实践,将教育的重心转到以全面协调发展为主要内容的轨道上来,将学生的利益作为一切工作的出发点和落脚点,不断满足学生的多方面需求。其次,要以人为本,将目光放远,改变以考为本的局面,注重素质和能力的培养,对学生的长远发展负责。再次,教师要以德育为先,因材施教,面对不同的学生,我们应该使学生的理性与非理性、自然科学与人文科学、知识与品德、智力与人格、个性与潜能、精神与文化等方面获得全面发展。最后,教师更要重视学生的心理健康,帮助学生疏导心理困惑,建立正确的人生观和价值观,引导学生正面疏导和自我教育,促进学生的可持续发展。

## 策略三 让良好的情绪机制发挥作用

情绪是人各种感觉、思想和行为的一种综合心理和生理状态,是对外界刺激所产生的心理反应。情绪跟心情、气质、性格和性情有关,是个人的主观体验和感受,影响着人的喜、怒、哀、乐。良好的情绪机制能促进学生成长。我们需要通过个体和群体对自身情绪和他人情绪的认识、协调、引导、互动和控制,充分挖掘和培育个体和群体的情绪智商,培养驾驭情绪的能力,从而确保个体和群体保持良好的情绪状态,并由此产生良好的情绪机制。有学生家长向魏书生老师请教如何使孩子快乐起来,魏书生老师认为快乐是一种性格,也是一种胸怀;快乐是一种能力,也是一种技术。经过培养训练,人可以建立良好的情绪机制,获得快乐。

## 引导孩子笑对人生

### 1. 多做实事

忧虑常常源于无事可做,每次期末考试前,杨慧很少忧虑,因为她忙着备考,而考完之后,她忧虑的时间就明显增多。这时您可引导她做简单的事,如背一个单词,背一首短诗,算一道简单的题……人在不断做一件又一件实事的过程中,心里会产生自豪感、快乐感。至少在忙着做实事的时候,没有时间烦恼、忧虑。另外,对别人、对集体、对国家有益的实实在在的事做得多了,无愧于人生,无愧于他人,无愧于集体,无愧于国家,才能笑得起来。

### 2. 对别人要一片好心,与人为善

杨慧的心地很善良,她忧虑的是有的人心地不善良。其实世界这么大,恶人也在培养"接班人",社会主义又是在初级阶段,怎么可能大家都善良?我们只要自己有一

颗好心,宁可人负我,不可我负人,这样便活得堂堂正正,问心无愧,自然容易笑起来。

3.看到自己的长处,少想自己一些无法改变的弱点

杨慧的长处非常多:学习好,聪明,爱帮助人,唱歌好……可她也有明显的短处:个子虽高,但长得瘦弱,体育不及格,跑不快,投不远。杨慧常常忘了自己的长处,专门静下心来想自己这点体育方面的短处,想多了,似乎短处很多似的。其实她若常想自己90分的长处,淡化那10分的短处,然后满怀信心,高高兴兴地练跑步,推铅球,不出半年,体育就能达标。人必须发展自己的长处。个子高就想个子高的长处,个子矮就想个子矮的优点。实在有难以改变的弱点,如先天耳聋,则努力发现自己视觉、触觉方面的长处。或取长补短,或扬长避短。眼前事业受挫时,就想想过去自己取得成绩时的心态。这样就有可能由悲观转为乐观,进而激发新的开拓进取精神。

4.要看到自身的渺小

人若把自己看得太重,便会产生过分的自我保护心理,在乎名誉、地位、财产、别人的议论等,就容易产生重重苦恼。这时不妨采取一点虚无主义的态度,想一想银河系有两千多亿颗恒星,宇宙中有千亿个星系。我们不妨夜间仰望星空,看到很小的牛郎织女星,就会想到我们生存的地球,只不过是一颗比牛郎织女星还小得多的星星,那么生存在这颗小星星上的50多亿人,不就更像尘埃了吗?从漫长的人类历史长河的角度来看,一个人活一辈子,八九十岁,也仅是整个人类历史的几万分之一,不是短暂得很吗?人生这么渺小,这么短暂,才更应该善待自己,善待别人,淡化个人的兴衰荣辱。为了实现更高的人生价值,不要去跟低层次的人比官、比富、比虚荣,而应当把这些时间节省下来,高高兴兴地多做于己于民有利的实事。

5.对待人生的不幸要用笑来使它减半,学会在不幸中得到学问

杨慧到目前为止还没遇到过什么不幸,可引导她这样思考:许许多多不幸的人还能高高兴兴地面对生活呢,我们这么幸运还有什么不高兴的?许多革命先烈为了人民的解放事业抛弃高官,离开家庭,投身革命,不幸被捕之后,在敌人的监狱里照常学习、锻炼、唱歌、办报……列宁为俄国人民的解放英勇奋斗,不幸被捕,可他在监狱里还乐观地学习、写作,一天吃掉过6个"墨水瓶"。

有人说:戴着镣铐跳舞是阿Q精神。我认为阿Q精神胜利法的本质是用自我安慰来为自己的软弱与无能辩解。如果我们为了使自己坚强起来,为了使自己减少忧

虑,多做实事,而对眼前的不幸采取幽默和无所谓的态度,那有什么不好呢?戴着镣铐跳舞显然比戴着镣铐哭泣更有利于自己的健康。若遇到不幸,还可以反过来思考,万事万物有一弊必有一利,有一失必有一得,自己在不幸中能得到点什么益处呢?亡羊补牢,可增长人生经验,磨炼自己的意志,开阔自己的胸怀。这样想来,不幸减半,还可能变不幸为幸事。

### 6. 做感兴趣的事

学习中,工作中,生活中常有一些猝不及防的烦恼事,好友间偶然产生矛盾,考试失误,别人误会……明知烦恼不对,可又笑不起来,心被烦乱缠绕,怎么解脱?有效的办法是挑一件自己平时感兴趣的事做。爱美术,此刻就画画;爱书法,此刻就练字;爱看书,就挑一本最感兴趣的书看;爱打拳,就去打拳;爱下棋,就去下棋。这样,一件或几件感兴趣的事做过之后,负责烦恼的脑细胞失去了工作机会,不知不觉处于抑制状态,快乐的心境重又恢复,重又笑对人生。

### 7. 唱几支歌

看到孩子愁眉不展的时候,便鼓励她听听音乐,唱唱卡拉 OK,可以先唱凄苦的歌。几支抒发愁闷情绪的歌,全心全意地唱过之后,胸中愁闷往往也随之排遣出去。接着,再唱几支欢乐的歌,唱的时候要努力做到全身心都沉浸在歌词描绘的境界里,大脑中想象歌词中的丛林、鲜花、奔马、海浪、阳光、山谷等,这样很容易使人重新快乐起来。

### 8. 拖拉法

世人用拖拉法,贻误了不少该做的事,我们也可以用这个办法把愁闷拖少拖无。遇到杨慧生气的时候,您不妨这样告诉她:"这些闲气一小时以后再生吧!"烦闷向孩子袭来时,你这样引导她:"上午先做几件事,等下午再抽时间烦闷吧!"拖到下午,还能拖则再往后拖。再比如杨慧想发脾气,当您看到她脸色不对,气满胸口时,您可以用双手向她做一个暂停的手势,然后提一条建议:"数 15 个数再发火好吗?"15 个数数完了,倘还能抑制住,则 5 分钟、半小时以后再发火。这样一拖,杨慧就容易想出比发火更高明的处理问题的方法,也变得富有幽默感。

### 9. 冥想

遇到杨慧忧虑的时候,可以引导她进行冥想:微闭双目,内视鼻尖,以鼻对口,以口问心,气沉丹田,浑身放松,大脑入静,能静则万念皆空;不能空则开始冥想,以一念压万念。可以想她以前到过的印象最深的、曾经流连忘返的风景区,如桂林阳朔的大榕树、月亮山、漓江水、九马画山……再细一些,置身于桂花丛中,桂花的叶,花瓣的色彩,花蕊的形状味道……还可以冥想自己骑着黄鹤,悠然自得地云游于蓝天白云之间,这时再低头看沙盘一般的江河大地,于是顿感宇宙之浩茫,人生之须臾,便容易心自安详气自宁。这样想来,常常能使烦恼愁闷一扫而光。当然这个方法也不是每个人第一次用就百分之百灵验。第一次可能只管一两分钟,练的次数多了,就会随时做随时灵了。

10.善于寻找欢乐

生活中不是缺少欢乐,而是我们缺少发现欢乐的能力。就说杨慧体育达标测试不及格,回家流眼泪的那一天吧,要找欢乐不是很多吗?家长都为她排忧解愁,她不该欢乐吗?她的家庭这么富裕,她要的钢琴、电脑、影碟机都放在她书房里,她不该欢乐吗?她的学习成绩在全年级是最突出的,她不该欢乐吗?她心地善良,乐于助人,体育不达标,那么多朋友鼓励她,安慰她,她不该欢乐吗?尽管体育不达标,但她长得亭亭玉立,一副大家闺秀的容貌,她不也应该高兴吗?天这么蓝,草这么绿,花这么艳,都是该高兴的,为什么偏要找那一点不痛快呢?越不痛快不是越不能达标吗?快快寻找欢乐,恢复快乐的心境,笑对体育不达标这点憾事。心境好了,会有一种压倒困难的信心和意志。她那修长的身材就是缺少锻炼,练上半年,达标是没问题的。

【资料来源:魏书生.家教漫谈[M].桂林:漓江出版社,1996:94.】

赞科夫曾说:"教学法一旦触及学生的情绪和意志领域,触及学生的精神需要,便能发挥其高度有效的作用。"只有真切的感受,才能在教育教学中缩短教师和学生的距离,引起学生的关注,使学生产生细致的情感体验,在短时间内激发学生的情感。良好的情绪机制有利于学生的认知活动,让学生的情感驱动学生的主动发展,以情动情,充分调动学生学习的主动性。教师应该由认知出发,进而达到理性与感性的协调,让学生学会控制自己的情绪。良好的情绪机制能让学生获得安全感,也能让他们在将来的人生中具有社会适应力、挫折容忍力,克制人性的弱点,发展出自我激励与自律、自爱的能力。

那么,如何建立良好的情绪机制?

### 一、掌握心情,帮助学生自我调节情绪

情绪从不同程度影响着我们的生活,只有掌控情绪,才能使其发挥积极作用。一旦情绪产生波动,个人就会表现出愉快、气愤、悲伤、焦虑或失望等各种不同的内在感受,假如负面情绪经常出现而且持续不断,就会对个人产生消极影响,如影响身心健康、人际关系或日常生活等。一个在情绪上受到过多压抑的人,个性通常不够开朗,而且可能产生不合作、不合群,甚至反群和反抗权威的行为,这自然会使个人在社会适应和人际关系方面大受影响。

在教育中帮助学生进行自我调节,是非常重要的一个环节。帮助学生建立良好的情绪机制,教师需要学会辨认情绪、分析情绪和管理情绪,帮助学生疏导消极情绪,激发学生的学习热情,让他们有更大的存在感和自豪感,更加自信地面对生活中的一切,让快乐的心情成为生活的不竭动力。

要使学生能够自我调节不良情绪,就要加强他们的心理素质教育,正确引导学生掌握、控制和调节心理情绪的方法。可以选择如下方法帮助学生自我调节情绪:一是注意力转移法。为学生设定一个注意力焦点,当学生感到情绪低落、烦恼、苦闷时,就让他将注意力转移到感兴趣的活动和话题中去。二是合理发泄法。允许学生在适当的场合放声大哭,排遣烦恼和郁闷、痛苦的情绪;充当学生的知心人,倾听他们的述说,让他们发发牢骚,吐吐委屈,将消极情绪发泄出来,精神就会放松,心中的不平也就渐渐消除。三是自我暗示法。采用这种方法也可以抵制不良情绪,不断为自己设计成功的场景,暗暗提醒自己,自我激励,通过自我暗示给予自己精神力量。

### 二、排解矛盾,拥有乐观上进的心态

学生的成长阶段,不只是长身体、长知识、长智慧的时期,同时也是其道德品质与世界观逐步形成的时期。在这一时期,中学生面临着生理、心理上的急剧变化,加上紧张的学习和陌生的环境,很容易产生心理上的不适应,引起心理矛盾。学生的心理矛盾是复杂的,其产生有生理的、心理的,有社会的、家庭的、自身的,还有教育工作上的疏忽等原因。教师学会处理这些矛盾,有助于我们有的放矢地做好教育工作。

学生的心理矛盾是复杂的,建立良好的情绪机制,有助于我们排解矛盾,拥有乐观上进的心态。俗话说"心宽体胖"。情绪畅快时,人会愈来愈健康。如果有人跟你说"最近怎么面黄肌瘦",就意味着他最近常常情绪低落,茶不思、饭不想,导致脸色愈来

愈差,这是身心不健康发出的信号。如果我们过度焦虑、情绪不安,就会导致身体素质下降。一个人常常有负面或消极的情绪产生,如愤怒、紧张,人体内分泌就会受到影响,并导致内分泌不正常。建立良好的情绪机制,有助于增强活力,让教育充满幸福,拥有乐观上进的心态。

学生身心发展同宇宙中的一切事物一样,都是在矛盾中斗争和发展的。如何使学生成长过程中的各种矛盾沿着科学的轨道运行、向着理想的境界发展是教师及学生面临的一个相当现实而又重要的问题。当学生美好的愿望与现实脱节时,我们要教育学生处理好理想与现实的关系,使他们明白美好的理想需要艰苦奋斗才能实现;当享受意识和劳动观念发生冲突时,我们要教育学生懂得爱劳动是人的美德,通过劳动得来的享受是正当的、光荣的,不劳而获是一种可耻的行为;当学生一方面封闭心灵,另一方面渴求理解时,我们要和学生交朋友,对他们的行为表示理解,并帮助他们排忧解难,把他们从苦闷与孤独中解脱出来;当学生的独立意识和依赖心理产生矛盾时,我们要有意识地培养学生的自立能力,让他们自己的事情自己办,逐步消除其依赖心理;当学生的情感与理智产生矛盾时,我们要教育学生学会用理智控制感情,遇事能不急不躁,冷静处理;当学生的成才欲望与厌学心理同时存在时,我们要告诉学生,要成才就得有知识、有本领,否则将一事无成……让学生认识到学习是件苦差事,但只要有决心,有毅力,一定会苦尽甜来。

对于学生成长中出现的矛盾,一要重视,二要科学地、慎重地处理好。在矛盾的发展中寻找解决问题的契机,在和谐的氛围中化解矛盾,使学生带着健康的心态、健全的人格步入新的人生历程,开拓出属于自己的一片天。

### 三、改善个性,获得良好的人际关系

人际关系取决于一个人情绪表达是否恰当。倘若常在他人面前任由负面情绪发泄,丝毫不加控制,乱发脾气,久而久之,别人就会视我们为难以相处之人,甚至将我们列为拒绝往来对象。反之,倘若常面带微笑,多赞美他人,以亲切的态度与别人和谐相处,人际关系自然会和谐顺畅,充满快乐。

在处理人际关系过程中,重要的是能否正确地向他人展示自己积极的情绪,让他人看到友好与和善。我们情绪的感染力、影响力以及个性的吸引力,将影响社会对我们的接纳度与欢迎度。

　　心理学家曾经做过一个有趣的对比实验,在两间墙壁嵌着许多镜子的房间里,分别放进一只猩猩。一只猩猩性情温顺,刚进到房间里,就高兴地看到许多"同伴"对自己的到来持友善的态度,于是它很快和这些"群体"打成一片,时而奔跑嬉戏,时而耳鬓厮磨,彼此和睦相处,关系十分融洽,直到三天后被牵出房间时还恋恋不舍。另一只猩猩则性格暴戾,从进入房间的那一刻起,就被"同类"那凶恶的态度激怒了,于是它马上冲过去与这些"群体"进行无休止的厮斗。三天后,它被拖出房间,这只性格暴戾的猩猩早因气急败坏、心力交瘁而死亡。

　　和顺的猩猩看到的是和顺的同伴,变得更加和善、快乐;凶恶的猩猩看到的是凶恶的同伴,愤怒、暴躁,充满攻击性,最后死亡。很多时候,我们的人际关系就像上面的实验一样,如果我们对他人报以平和的微笑,就会得到他人的认同和友善;如果我们挑剔、刻薄、富有攻击性,毫无疑问,与他人的关系必然是紧张的、争斗的。交流双方友善的姿态和良性的互动,传递的是一种彼此理解、鼓励和欣赏的信息。这也就是良好的情绪机制。我们应该善于掌握自我,善于调节情绪,改善个性,对生活中的矛盾和事件给予恰当的反应,以乐观的态度、幽默的情趣及时缓解紧张的心理状态,让教与学充满幸福、快乐。

**智慧点津**

## 如何用爱给教育一片绿荫

　　教育家苏霍姆林斯基说:"没有情感,道德就会变成枯燥无味的空话,只能培养出伪君子。"[①]情感教育作为辐射教育活动全域、全程的理论问题与实践问题,统一了教育中的真、善、美,为孩子撑起一片绿荫。在这片绿荫下,孩子自由地生活,爱成为了孩子成长中的不竭动力。

### 一、让爱的阳光普照每一个角落

　　现代教育的方法与模式越来越多,不断从外在制度、方法上,走马灯似地更变迎

---

① 　苏霍姆林斯基.公民的诞生[M].黄之瑞,等,译.北京:教育科学出版社,2002:88.

合,但是内涵越来越缺失。当教育只剩下知识和练习时,学校成为了工厂,孩子成为了整齐划一的产品,这是多么可怕的一件事!

教育是教书育人,教育者和被教育者都是平等的,在教育的过程中,我们不仅传递知识、技能、治学、研究和看问题的态度和方法,更重要的是传递如何做人的价值观。教育者首先要尊重和热爱被教育者。只有在和谐的教育氛围之下,才能让教育达到最大的效能;只有在爱与尊重的前提下,才能营造出自由民主的学习气氛。

让爱的阳光普照每一个角落。儿童的心中一旦充满爱,就会用爱去实现自我。教育思想家蒙台梭利说:"儿童在敏感期中那种对周围物体不可抑制的冲动,实际上就是他对所处环境的爱。这种爱不仅仅是情感反应,更是智力发展的需求,它能促使儿童去看去听,进而不断地成长。儿童必须服从某种自然的需求,但丁称这种需求为'爱的智慧'。"①教会孩子去怜悯、去感受、去同情、去感恩,激励他们,使他们拥有崇高的精神,教育他们把自己的精神力量同成年人的精神力量相连接,去从事一种高尚的活动,并且在帮助别人中实现自己人格的完善。

美国心理学家吉诺特曾对从事教育者谆谆告诫:"亲爱的老师们,我是集中营里的幸存者。我亲眼目睹了一般人看不到的事情:毒气室由有学识的工程师建造;孩子们被受过教育的医生毒死;婴儿被训练有素的护士谋杀;妇女和孩童被受过高中或者大学教育的毕业生射杀……我的请求是:希望你们帮助学生做一个有人性的人。永远不要用你们的辛勤劳动,去栽培孕育出学识渊博的怪兽、身怀绝技的疯子,或者是受过教育的纳粹。阅读、写作、数学等学科,只有在用来把我们的孩子教育得更有人性时,才显得重要。"②我们需要用爱去关心学生的心灵,让他们懂得爱,懂得感恩,懂得敬畏生命。对学生的爱需要覆盖到学生生活的方方面面,让他们自己去察觉。如果你仁慈地对待他们,他们也会学着去善待别人,而他人也将报以友好。要知道,真诚的爱心才是温暖的,因为它会产生不可抗拒的魅力,并引起所期望的反应。懂得用爱的力量去感化、激励学生,这将是教育成功的奥秘。

---

① 玛利亚·蒙台梭利. 童年的秘密[M]. 金晶,孔伟,译. 北京:中国发展出版社,2006:17.
② 海姆·G.吉诺特. 老师怎样和学生说话[M]. 冯杨,周呈奇,译. 海口:海南出版社,2005:239.

### 二、将心比心，以情换情

将学生教好，是教师与家长共同的美好愿望，但有时效果并不尽如人意，这时埋怨、牢骚都无济于事。为什么我们美好的愿景无法得以实现？为什么我们确确实实为孩子想，孩子却不理解？为什么孩子就是无法接受我们的意见？这样的"为什么"困惑着很多教师和家长。

其实这些"为什么"并不可怕。教师和学生毕竟是两代人，所思所想存在差异，分析问题、解决问题的方式不一样，并不奇怪。如果多一点理解，换位思考，问题就变得简单多了。放下成人的"架子"与他们一同享受快乐，一起承担苦恼，重视他们的心理需要，尊重他们的个性，与他们进行心的交流，理解就不是问题了。

有时我们在惧怕，若是误入了学生的心，他们会不会从此就筑起一道防线呢？其实不怕误入，因为那是美丽的藕花深处。我们应该用爱心滋润和温暖孩子的灵魂，让他们因为拥有了一片新的天地而窃喜，这难道不是我们想看到的吗？

魏书生老师曾说："尊人者，人尊之。"在一次开学典礼上，魏书生老师告诉学生，在生活中，要懂得尊敬人、理解人、信任人、帮助人、关怀人、包容人，一个具备这样品质的人，一定是一个备受他人尊重、信赖的人，也一定是一个国家、社会、单位、集体所需要的人。

怎样才能获得别人的尊重？有没有获得别人尊重的秘诀呢？魏老师的秘诀就是："首先从自己做起，培养自己尊重人的品质，首先向对方、向他人输出尊重的信息。"魏老师还诙谐幽默、形象地举了一个例子，说："人心与人心之间，像高山与高山之间一样，你对着对方心灵的大山呼唤'我尊重你——'，那么，对方心灵高山的回音便是'我尊重你——'；你喊'我理解你——'，对方的回音便是'我理解你——'；你若喊'我恨你——'，对方的回音能是'我爱你'吗？"[1]

这就是将心比心，以情换情的良好范例。一旦教师和学生的言行都是用积极的情感去维系，这个集体将会产生不可估量的凝聚力，每个生活在这个集体里的人，都会感到幸福，从而发挥出巨大的潜力。[2] 情感教育最好的方式就是不求事功，润物无声。我们不需要先框定模式，让学生去钻，而应顺应孩子的天性，将心比心，用情换情。

---

① 魏书生. 班主任工作漫谈[M]. 桂林：漓江出版社，2008：95.
② 伯特兰·罗素. 教育论[M]. 靳建国，译. 北京：东方出版社，1990：33.

### 三、教给孩子幸福生活的方法

多年前,一些诺贝尔奖获得者在巴黎聚会,有人问其中一位:"是哪所大学、哪所实验室里让你学到了你认为最重要的东西?"出人意料,这位白发苍苍的学者回答说:"在幼儿园。""在幼儿园里学到了什么?"学者答:"把自己的东西分一半给小伙伴;不是自己的东西不要拿;东西要放整齐,饭前要洗手,午饭后要休息;做了错事要表示歉意;学习要多思考,要仔细观察大自然。从根本上说,我学到的全部东西就是这些。"这位学者的回答,代表了与会科学家的普遍看法。把这些看法概括起来,就是他们认为终生所学到的最重要的东西,是幼儿园老师教给他们的生活态度。我们往往在教授知识的过程中,忽略了最重要的东西——品质的塑造。殊不知,这些才是让孩子幸福生活的法宝。

#### (一)懂得感恩,活得阳光

一颗种子的成长,离不开阳光和雨露,离不开土壤和养料,而得到这一切也都需要感恩。古人云:投之以木桃,报之以琼瑶。只有让孩子懂得感恩,他的生活才会充满阳光。

现在的孩子大都是家庭的中心,以他们的意志为"最高指示",久而久之,他们心中只有自己,没有别人。

我们不禁发问,我们的孩子怎么了? 我们的生命教育呢? 我们的感恩教育呢? 要让孩子学会感恩,其实就是让他们学会尊重他人,让他知恩感恩。感恩教育需要我们有意识地去做,如果我们只知道奉献,而不知道把自己的劳动和付出呈现给孩子,孩子就无从感受社会和他人对他的关爱。特级教师窦桂梅说:"心存感激,才能使高度修养的心灵结出果实,在低俗之辈中你根本找不到它。你真诚,世界也跟你真诚;你直率,世界也跟你直率;你微笑,世界也跟你微笑。那么,请越过习惯、世故、冷漠、麻木……心存感激吧! 其实,生命给了每个人微笑。我们,也应报生命以满怀的感激。"[①]我们应该这样教育我们的学生,让他们明白,生活给予他们的一切,都要感恩。

#### (二)懂得责任,活得从容

在孩子的早期教育中,我们很多时候只注重孩子的智力和爱好的培养,只注重拓宽孩子的知识面,学会某种技能,而往往忽视了诸如责任心这些重要品质的培养。自

---

① 窦桂梅.玫瑰与教育[M].上海:华东师范大学出版社,2006:2.

然教育的倡导者斯特娜夫人认为,一个孩子再聪明、有知识、有技巧,但缺乏应有的责任心与综合能力,也不可能成为健全的人,有时责任心与能力比知识性技能更为重要。如果不从小培养孩子的责任心,即使她将来有了丰富的知识和很好的技巧,也不可能充分地将自己的能力发挥出来。① 我们应当要求孩子勇于对自己的言行负责,只要他具备承担责任的能力,就要让他去勇敢地面对,不能让他逃避和推卸,更不能由大人越俎代庖。《中国教育报》曾对200多家用人单位的人事主管进行调查,结果发现用人单位在挑选大学毕业生时看重的十大因素中责任感被排在第一位。这向我们教育者发出了警示:具有竞争力的并不是高学历,而是责任心。

责任是一块砖,也许看起来微不足道,但它垫起了每个人明天的高度。让孩子懂得责任,才能让他们将来的生活变得从容。

### (三)拥有理想,活得充实

苏格拉底说:世界上最快乐的事,莫过于为理想而奋斗。可是又有多少在教室里埋头苦读的学生能说出自己的理想是什么? 很多学生缺乏对自己理想的规划,这个时候,就需要家长和教师,帮助他们树立正确的世界观、人生观,进而拥有远大的理想。

《中共中央关于加强社会主义精神文明建设若干重要问题的决议》指出,"加强青少年思想道德教育,是关系国家命运的大事。要帮助青少年树立远大理想,培养优良品德",向教育者提出了加强青少年理想教育的重要任务。具有远大的理想,把个人利益与国家利益有机结合起来,并能脚踏实地地去为理想而奋斗,这种理想最符合时代精神。理想是指路的明灯,拥有了理想,就有了坚定的方向和充实的生活。学生的理想是以自己对社会的认知为基础的,个人理想升华到高层次阶段,表现为对社会理想有着内在的体验和行为上的追求。低层次理想的发展孕育着高层次理想的萌芽,是高层次理想产生的基础;而高层次理想的产生是低层次理想的升华。对学生的理想教育必须根据这一特点,欲高先低,循序渐进。

教育是一个充满挑战且充满希望的过程。20世纪五六十年代,有一部苏联电影叫《乡村女教师》,主人公是一位年轻的女教师,她带领学生在艰苦的教学环境中寻找快乐和幸福,获得了别人无可比拟的幸福感和成就感:

---

① 斯特娜.斯特娜的自然教育[M].张艳华,译.北京:京华出版社,2005:68.

挺起了胸膛向前走

天空、树木和沙洲

崎岖的道路

嘿,让我们紧拉着手

挺着胸膛

光着两只脚

身上披着破棉袄

向前看,别害臊

前面是——光明大道!

我们教育者应该像这位女教师般富有朝气,孜孜不倦地"向前看",等待着孩子的成长,让每一个孩子看到美丽的心灵,让他们热爱生命,热爱生活,拥有进取之心,懂得感悟生活中的点点滴滴,去寻找幸福的真谛,用爱给教育一片绿荫。

## 名家锦囊

**之一:[苏]阿莫纳什维利**(当代儿童心理学家,教育家,苏联教育科学院院士,曾任苏联教师创造协会理事长)

1. 在一个人道主义的社会里,教育只能是人道主义的。使儿童对教育过程产生好感,使他们成为我们在教育他们中的自愿助手——这是人道主义教育的主要原则。

2. 交往——是人们生活的主要支点。使儿童得到与我们交往的快乐:共同认知、共同劳动、游戏、休息的快乐——这是人道主义教育的主要方法。

3. 成人的日常生活和相互关系的性质——这是未来的人的个性赖以形成的环境。因此,极为重要的是,要使我们的日常生活、我们的相互交往,尽可能在更大程度上符合我们力求使儿童树立的那种理想。80年代的教育者应该是21世纪人的榜样。

4. 人对人们的信赖,人对自己的生活立场的信心——这是人与人之间富有人生乐趣的交往和使个性升华的本源。因此,我们必须爱护和发展儿童对自己的教育者、对自己的同学、对人们的信任感和对自己的信心。

5. 社会主义社会是一个平等的和互相关心着的人们的社会。我们的教育过程应该贯穿对每一个儿童个性的尊重,应该使儿童养成关心同学、亲人和一般的人们的感情。

6.只有在使人能感到自己是社会所需要的人,是自己人,只有在他既不人为地被抬高,也不人为地被贬低的社会里,人才能显示和发展自己的一切才能和天赋,并成为幸福的人。在对儿童的教育中,也应该使他们感到自己是所生活的社会中的这样的一员。

7.儿童是感情容易冲动的人,他们很难理解我们。但我们教育者有义务去理解儿童,应该在考虑到儿童内心活动的情况下拟定我们的教育计划。

8.教育是一个长期的潜移默化的过程,因此,我们在解决教育任务的一切具体场合,都应该表现出明智、有远见、合情合理和耐心。

9.对儿童富有同情心、体贴入微、心地善良、爱、温和、直爽、乐于帮助、休戚与共,这一切应该是我们教育者的行动指南。同时,还应该把这一切与对自己和儿童的严格要求,对年轻一代的责任感和关心祖国未来结合起来。

10.我们应该坚决摒弃与人道主义教育相对立的和抑制儿童个性发展的权力主义、强迫命令及其种种表现形式,如训斥、辱骂、伤害自尊心、讥笑、粗暴、恐吓、暴力等。

我们没有把这些"箴言"付诸实践的现成处方。因此,尊敬的家长们:我们必须发挥创造精神,孜孜不倦地去探索以人道主义的原则教育儿童的方法! 这乃是我们对每一个儿童最大关怀的体现!

**之二:[意]蒙台梭利**(意大利幼儿教育学家,蒙台梭利教育法的创始人。她的教育法建立在对儿童的创造性潜力、学习动机及作为一个个人的权利的信念的基础之上)

爱并不是原因,而是结果。它像一颗行星,得到了太阳的光芒。爱的动力就是本能,是生命的创造力,并在创造的过程中产生爱。儿童心中充满了爱,并且他的自我实现也受到了爱的影响。儿童在敏感期中那种对周围物体不可抑制的冲动,实际上就是他对所处环境的爱。这种爱不仅仅是情感反应,更是智力发展的需求,它能促使儿童去看去听,进而不断地成长。儿童必须服从某种自然的需求,但丁称这种需求为"爱的智慧"。正是爱使得儿童能以一种敏锐和热情的方式去观察环境中的特征。这一点对成人来说也相当重要,何况他们还缺乏儿童的活力。爱难道没有使我们对别人没有注意到的事物敏感吗? 爱难道没有向我们提示一些别人尚未认识的细节和特性吗? 正因为儿童热爱他的环境,而不是对它漠不关心,才使他们能看到成人视而不见的东西。儿童热爱他的环境,这在成人看来,似乎是因为儿童天生的兴趣和活力,但是成人没有认识到,这种热爱是一种精神上的能力,它能够创造美丽的心灵。

之三:[苏]乌申斯基（俄国教育家,十分重视劳动在人的培养和教育中的作用,赋予劳动教育以重要意义,认为劳动是使人在体、智、德上日臻完善的源泉）

根据我们对感知的分析可以确信:对于自己的情感,人并不是随意的。由此得出一条对于教育者来说是很重要的规则——千万不要因为孩子产生了某种情感而去责备他,更不要为此去惩罚他。有的教师很喜欢探究孩子的情感,但探究出来以后,就为这些情感而去折磨他;如果一个孩子落入这样的教育者手中,他就会受到特别有害的影响。但是,这绝对不是意味着,教育者对于孩子心中发展起来的各种情感可以漠不关心;相反地,他应根据孩子的情感来判断道德教育的成效。

# 第二讲　创建平衡的生态教学环境

在塑造以"科学"和"理性"为核心时代精神的今天,人们在具体而丰富的生活世界之外设置了一个抽象的科学世界,它压抑了人的"丰富性""差异性""独特性"。在这种科学理性和工具理性的支配下,我们的教学面临着多重危机,教学的生态平衡被打破,教师、学生甚至家长的关系处在一种极度不平衡的状态。课堂常常不乏这样的情景:教师在讲台上语重心长,而学生坐在下面无动于衷,教室如一潭死水;教师批评指正,学生固执己见,教室里充满着"火药味"。我们的教育走进了教师拿家长出气,家长跟孩子生气,孩子跟老师赌气的怪圈,这是恶性循环,谁的气都不顺。

教师希望将学生塑造成一个"知识人""理性人",学生则希望能体验到学习的快乐,而家长望子成龙的心更加迫切,谁错了呢? 其实,谁都没错,只是方法错了。教师作为教育的主导者,需要为学生创设一个生态平衡的教学环境,重视对学生的人文关怀和完满精神世界的构建,而不是片面地去培养"考试机器"。当然,教学生态平衡是一种相对平衡而不是绝对平衡,教学生态系统对外界的干扰和压力具有一定的弹性,其自我调节能力也是有限度的,这就更需要教师的智慧。

教育家陈鹤琴认为,我们需要活的教育。教材是活的,方法是活的,学生也是活的。我们大家一起振作起来,研究儿童的切身问题,为儿童谋福利。尽量利用儿童的手、脑、口、耳、眼睛,打破只用耳朵听、眼睛看,而不用口说话、不用脑子思考的教育。我们不能再把儿童的聪明、儿童的可塑性、儿童的创造能力埋没了,我们要效法狂风暴雨的精神,对教育也要用同样的手段纠正过去,开发未来。[①] 这就是"活"教育。我们的教学急需这种充满理解与信任的教学环境,为学生搭建一个情绪出口。

教学环境要求是指教育者和受教育者对课堂教学环境所需要的条件因素。其中

---

① 陈鹤琴.活教育[M].南京:南京师范大学出版社,2012:138.

包括自然环境与社会文化心理环境,本讲我们来看看名师们是如何创建平衡的生态教学环境,让教师的"教"和学生的"学"都充满幸福。

## 名师故事

# "有点落叶怕什么?"

一天,李希贵①老师收到一封信。

李校长:

昨天,我们班主任给我们说了卫生区一天四查的制度,今天我们班就因中午卫生区有树叶扣了1分。老实说,我们对这事有几分愤慨。我班的卫生区从车棚一直到工地小屋,可以说是全校最大的卫生区了;叶子随时在落,不可能保证没有一片树叶。今天上午课间操,我们出动了两个最能干的同学,结果下了课间操她们还在打扫,多亏其余同学帮忙才打扫完。即使这样,第三节课还是耽误了几分钟。

校长,有点落叶怕什么。我们都已经高三了,没有多余的时间耽误在学习之外的事上,更没心情去为几片叶子忧心忡忡。我想不仅我们班,所有班级打扫卫生区的同学都会有这种感觉。这种一天四查的制度是在浪费我们的时间,极其不合理。

......

九五·九宠帅

李希贵刚接任校长时,一位老领导曾告诉他,一所学校只要班级乱不了,学校也就不会有大问题。于是,他把班主任工作紧紧抓在手上,一日常规考核、每周综合评价、按月兑现奖惩,用老师们的话说,就是把班主任折腾得"死去活来"。学校倒是没乱,表面上学生蛮守规矩,可班级生活质量每况愈下,师生关系高度紧张,在一次"我最爱戴的老师"评选活动中,一半以上的班主任老师纷纷落马。

后来,李希贵发现在学校制定的十几项乃至几十项扣分项目的"关照"下,一个个学生在校园里如履薄冰,学校给班主任的压力,在班主任的手里已经变为压力的平方压到了学生的头上。迟到一次扣两分,对学校来说是不问理由的,因为学校没有更多的精力

---

① 李希贵,名师,北京十一学校校长。

去弄清理由，于是在班主任手里也就不分青红皂白。尽管班主任知道学生有一个合理的理由，但仍然是讥讽、挖苦、恶语相加。"把学校办得像监狱一样，这实在是教育的悲哀。"

正是在这样的教学环境下，李希贵收到这封学生来信，这让他不得不静下心来对班级工作进行比较深入的思考，以找到问题的症结。

"问题的根源竟然都在我们学校管理者的身上。我们的确和班主任太计较了。班级的每一项检查评比，都要周通报、月汇总，张贴得人人皆知，大事小事都要和本来微不足道的班主任补贴挂钩。换位思考一下，我们给老师的压力太大了，于是他们只好把这个压力再转嫁到学生身上。斤斤计较、相互猜忌的师生关系代替了宽容、和谐与健康向上的班级生活，只看眼前、不问长远的班级建设的短期行为，只重治标、不重治本的顾此失彼的工作方式，都在班级管理中'淋漓尽致'地表现出来。"他开始思考怎样与这种我们已经习以为常的管理机制告别，不再和老师们在狭隘的小圈子里计较。他决定实行班主任职务聘任制，把班主任的级别分为 5 个档次，每年进行一次聘任，对班主任工作的评价，以模糊代替了"精确"。虽然照常要关注学生迟到、早退、校服不整等这些管理工作中不可回避的小事，但不再以此和老师们日清月结地"算账"，而是让它成为学校、老师包括同学们的参考。而提高班级生活质量，建设良好校风，为学生创造充满成长气息的精神家园就成为衡量班主任工作的首要条件。班主任在学生中间的威信，则是一项最重要的考查指标。

【资料来源：李希贵.为了自由呼吸的教育[M].北京：高等教育出版社，2005：121-123.】

这是一种以生为本的改变，这种改变为教学环境带来一阵清新，班主任开始变得宽容起来，他们不再和学生计较。他们的思考也显得更加深邃、更加长远，从盯着学生一天的一举一动，到关注学生的发展潜能；从急躁、喜怒无常中走出来，变得大度、自信、宽容。机制的变化，带来了可喜的局面。

学校是学生学习、生活的主要场所，为学生营造一个人文、和谐、愉悦的学习、生活环境是每个教师的职责。这就是生态平衡的教学环境，教师和学生重新回到那个宁静、祥和、书声琅琅的教室中来。在校园里，他们可以开心地学习和生活，快乐地成长。平衡的生态教学环境，最重要的一个环节就是拥有人文视野中的生态课堂。

# 智慧解码

## 策略一 营造人文意味的生态课堂

2003 年,温家宝总理在哈佛演讲时谈到:"中华民族的祖先曾追求这样一种境界:'为天地立心,为生民立命,为往圣继绝学,为万世开太平'。今天,人类正处在社会急剧大变动的时代,回溯源头,传承命脉,相互学习,开拓创新,是各国弘扬本民族优秀文化的明智选择。我呼吁,让我们共同以智慧和力量去推动人类文明的进步与发展。我们的成功将承继先贤,泽被后世。这样,我们的子孙就能生活在一个更加和平、安定和繁荣的世界里。我坚信,这样一个无限光明、无限美好的明天,必将到来!"温总理的话是莫大的激励,同时,为我们提供了生态课堂中应有的文化视野,那就是选择本民族的优秀文化,回溯源头,传承命脉,互相学习,开拓创新。营造人文意味的生态课堂,需要从优秀的文化入手,引领学生的认知与情感协同发展,让学生拥有自己的学习智慧,自主构建生命体的精神内涵。

人文意味的生态课堂应该力求实现"教与学、知识与方法、认知与情感、体验与内化"的统一,致力于建构一种有情感的教学、有文化的教学、有智慧的教学。[①]

### 仰望语文的星空

初夏的午后,窗外丁香花开得正艳,董一菲[②]老师和他的"徒弟们",开始了关于语文课的一次长谈……

张玉惠:这学期我们开设了"先秦诸子选读"选修课。孔子、孟子、荀子、老子、庄子……这一系列听起来很熟悉的人物,当我要以专题的形式进行解读的时候,却发现自己对他们的了解却那么少。像墨子,好像除了"兼爱""非攻"的主张和"墨攻"这样的故事外,我很难再说出什么与他有关的事情来。后来看了余秋雨《黑色的闪亮》一文,才对他有了更多的了解。

---

① 李秀伟.唤醒情感——情境体验教学研究[M].济南:山东教育出版社,2007:76.
② 董一菲,中学语文特级教师,首批国家级骨干教师。

董一菲：这是一种文化深度的缺失，先秦文学是中华文化的基石和源头，而完整地呈现"先秦诸子"的文化内涵将有助于整体把握先秦文学的文化意义。

皇甫彦革：现在"文化"一词受到语文教师的追捧，教学目标的制定也好，教学资源的开发也好，无不在"文化"上做文章，不过在我看来，真正富有文化意蕴的语文课并不多。

董一菲：如果"文化"只是语文课的华丽包装，那么包裹在里面的一定是文化的贫瘠。语文课承担着传播文化的历史重任，应该具有更为深邃而广阔的文化视野。我们每个人都应该学会从文化视野的角度处理文本、反思我们的语文课堂教学。

徐露：那么，什么是文化视野呢？

董一菲：文化视野应该涵盖文化现象、文人心态、人生的感喟、审美情趣的熏陶和培养等很多方面。我们的文化更习惯于从感性的、社会伦理的角度去理解问题，而西方学者对于社会、历史、生命有很多理性的思考。当我们去解读一些外国作品时，应该对作者生平、写作背景，乃至于西方的人文历史都有一定程度的了解。

张玉惠：我记得有一段时间董老师捧着一摞西方哲学方面的书说自己要用"西洋参"补补身体了。

董一菲：是，语文课讲究练内功，当我们自己都"有气无力"的时候，自然没办法教出"体格强健"的学生。

陆晶：王崧舟老师曾说"丰富的文化底蕴支撑起语文教师的特性"，语言是文化的载体，语文课应义不容辞地担当起传播文化的历史重任。

董一菲：好的语文教师一定是文化的"传经布道者"，好的语文课一定是超越时空的，是充满着人文关怀、洋溢着文化情趣的，也是与灵魂对话、与精神共舞的独有的空间。追寻文化的踪迹，触摸生命的脉搏，应成为语文课独有的亮色。

【资料来源：董一菲.仰望语文的星空[M].长春：长春出版社，2011：30-33.本文有改动】

董一菲认为，称职的语文教师应该是一位哲人、一位诗人、一位文艺理论家、一位美学家、一位历史学家，更是一位作家。只有这样，我们的语文课堂才可能具备一定的文化视野，才能引领学生去真正感知文化的韵味与魅力。其实，何止语文教师，任何一位站在讲台上的教师,要构建文化视野下的生态课堂都需要拥有丰厚的人文底蕴和广阔的文化视野,这样才能在孩子"清浅的心灵池水中投下一枚小小的石子,荡起层层涟漪;在孩子纯净的心灵土壤中埋下一颗颗美丽的种子"。

那么,教师应该如何构建文化视野下的生态课堂呢?

### 一、营造有情感的课堂

在教学过程中,教师应不断激发、调动和满足学生的情感需要,促进教学活动积极实施,以提高教学效率。古语有云:安其学而亲其师。在师生的对话中,教师应自觉追求与学生的人格平等,让学生产生亲切、愉悦、积极的情感,形成融洽的、富于情感的教学环境,这样才能促进教学的良性循环。

合肥市优秀教师薛瑞萍在《心平气和一年级》一书中说:"上课说话声音小而柔和。我的静和柔是会传染的,安静总会从一些孩子到达另一些孩子。"[①]这就是一种情感传递,从教师开始就给孩子营造一个安静、温和的环境,这样十分有利于培养孩子的品性,教学也达到了非常良好的状态。成功的课堂教学是基于真诚与尊重的师生关系之上的,在课堂上需要形成一种和谐安全的气氛,这样孩子才能产生积极的情感,教学活动才能顺利开展。

在课堂上,教师应该尊重每一个学生的人格,将学生视为平等、自由且有发展潜力的人,用自己的真情去感召学生,用积极的情绪去影响学生,这样才能构建一个充满积极情感的课堂。

### 二、建立有文化的课堂

课堂教学是一个双边活动,教师的主要任务是传道、授业、解惑,这要求教师有较高的文化素养,具备深厚的文化知识,精通所任科目的专业知识,以营造出课堂文化的气氛。特级教师盛新凤很注重文化课堂的营造,她在教学《如梦令》时就体现了这点:

同学们,刚才我们边读边想象,读出了那么多美的画面,有"溪亭日暮""藕花深处",还有"一滩鸥鹭"。其实整首词就是一幅流动的画,你们看,因为是观赏"溪亭

---

① 薛瑞萍.心平气和一年级[M].长春:长春出版社,2008:3.

日暮"陶醉得忘了时间,所以词人才会误入"藕花深处";因为是误入"藕花深处",急于"争渡",词人才惊起"一滩鸥鹭"。来,一起读整首词。我们一边读一边想象这幅流动的画。

这是盛老师教学《如梦令》的结束语,妙语连珠,诗歌的内涵被解释得淋漓尽致,语文的美在诗歌与图画的对接中得以呈现。这就是文化课堂的一种形式,教师让学生在开放、自由、和谐、富有智慧的环境中学习。

教无定法,文化课堂也带有一定的情境性,教师可以根据不同的课程进行不同的文化渗透,营造不同的文化气氛。这是一种人文的精神气象,建立在广博的知识之上,并且充分体现个性和人道主义精神,这样的课堂具有较强的聚合力,能促进学生人格的形成。

建立文化课堂最主要的方法,教育家陶行知先生早已给出了答案:"要想学生学好,必须先生好学。唯有学而不厌的先生才能教出学而不厌的学生。"伴随着现代化教学的进程,我们更需要不断充实自己,用新知识和新技术去建立自己的课堂文化,关注学生的发展,将重过程、重体验、重探究的基本理念深入课堂。

### 三、搭建有智慧的课堂

很多课堂都会出现这样的情境:教师讲完一个知识点,然后问学生会不会,学生就响亮而整齐地回答:"会了!"教师在黑板上解完一道题,问学生明不明白,学生又响亮而整齐地回答:"明白了!"就是这样"会了""明白了"的课堂,教师往往一言九鼎,造成学生人云亦云的盲从学习。这样的课堂有热闹,却没有智慧。

在智慧课堂里,教师更注重的是启发而不是灌输。我们来看看全国优秀教师孙建锋[①]在教学《做一片美的叶子》时的教学智慧:

学生初读课文,了解大意。

师(佯装):这样可以结束了吧。

生:不可以,理解得还不深刻。

师:怎样才叫深刻?

生:比如,叶和人、树和人之间有什么关系?

---

① 孙建锋,特级教师,国家级骨干教师。

师：这个问题比较深刻。好，把你的名字写在黑板上。

生：每一片叶子形态各异——你找不到两片相同的叶子。无数片不同的叶子做着相同的工作，把阳光变成生命的乳汁奉献给大树。这个句子是以树喻人的。

师：是吗？

生：你找不到两片相同的叶子，也找不到两个完全相同的人。

师：好！把这个发现写在黑板上，然后写上你的名字。

生：无数片不同的叶子做着相同的工作，把阳光变成生命的乳汁奉献给大树。比如，听课的老师不相同……

师：不相同的是——

生：他们的性别不同，年龄不同，衣着不同，长相不同……

师：相同的是——

生：他们做着相同的教育工作，把知识与智慧变成生命的乳汁奉献给学生。

……

【资料来源：孙建锋. 小学语文：享受对话教学[M]. 重庆：西南师范大学出版社，2009：10-11.】

在这个教学片段里，我们可以看到智慧火花的碰撞。教师不断地启发学生的思维，引导学生善问，并且将主动权交给学生，让他们自己去发现问题和解决问题。知识多并不意味着智慧多，在教学中，我们应该将智慧融入知识，给学生提供发现问题和解决问题的方法和思路，将教学导向从"知识"转为"智慧"，真正促进学生创新性思维的发展，激发学生主动探究新知的热情。

## 策略二 构建和谐关系的情感环境

卢梭说过：教育必须顺着自然——也就是顺其天性而为，否则必然产生本性断伤的结果。教师应该为学生创造和谐的情感环境，在学校中，还学生自由发展的空间，还学生真情洋溢的世界，还学生心向自然的情愫。

# 一封特别来信

关承华①是一位从教30多年的老教师、老班主任,深受学生和家长的爱戴,她收到许许多多的来信,每一封信都充满深情,蕴含着大家对她的肯定和信任。在众多的学生来信中,有一封是她看来最珍贵的。写信者不是关老师当时所带班级的学生,信也不是直接写给她的,而是在作文课上完成,由语文老师转交的。这个写信的学生叫刘勇,当时是育英中学初三(2)班的学生。

敬爱的关老师:

您好!您一定不会猜到这封信是谁写给您的,也许会猜是自己班的某个学生。其实这封信就是坐在您所带的(1)班对门的那个教室里的,一位您还算比较满意的学生刘勇写给您的。

关老师,您与我相识到今天,已经两年了,我们在一起度过了几百个充满快乐气氛的45分钟。每当上您的课时,我都感觉很轻松,对于知识的接受也很深刻很明朗。从您那慈祥的目光中我看出了您对学生的情与爱,当我遇到政治上的难题向您请教时,您不仅以一名政治教师的身份,而且又带着几丝母亲般的温柔,耐心地为我解答,使我攻克了很多政治上的难题。

记得有一次上政治课前,我一边起立向您表示问候,一边翻开笔记本看一看上节所讲的内容,这时候您突然让大家把目光投向我,我以为自己的行为是对您的不尊敬,所以心里十分害怕,但万万没有想到您却表扬了我,使我心中无比激动,我发现了您为人的宽厚、正直和对于学生的爱护。

关老师您一定记得,您第二次把我和刘卓从游戏厅拉出来时的情景。当时我的脸火辣辣的,您对我们的期望那么高,而我却辜负了您的一片苦心,踏进了罪恶的"泥潭"。您与我第一次在游戏厅碰见时您没有批评我,而是引导我走向正确的人生道路,可我再次违背了诺言,在同样的地点、同样的时间,又同样与您相见,当时我的心已并不是害怕您告诉我的家长了,而是怕您从此对我失去信心,因此从那以后我发誓:再也不进游戏厅的大门!

---

① 关承华,北京市海淀区优秀班主任,师德标兵,北京市海淀区班主任学科带头人,著有《凭什么让学生服你》《别和青春期的孩子较劲》等。

关老师,您虽然身材并不高大,可是您那正直的思想、仁慈的心灵、渊博的知识却使您在我心中变得如此高大。每当您踏上讲台时,我总要抬头仰望您,难道是由于我坐在第一个位置的原因吗? 不!您那用知识和情感垒起的高大身影把我的头牵引着,时刻不能低下。关老师,是您改变了我对政治这门科目的轻视,改变了我学习政治的态度,我将把您永远视为我政治学科的启蒙老师。

关老师,我就要毕业了,希望您今后能够记得曾经教过一个名叫刘勇的学生。

此致

敬礼

刘 勇

【资料来源:关承华.凭什么让学生服你[M].北京:中国青年出版社,2007:143-147.】

善于发现学生的闪光点,不吝啬表扬,用正面引导来达成良好的教学效果。关承华认为:"学生不仅需要老师的真情呵护,而且懂得老师的良苦用心,记得老师的无私付出,即使他们口头上没有更多的表示,但心中的愧疚、感激早已经酝酿多时了,这其实就是学生对老师最真实、最真诚的回报。"营造和谐师生关系下的情感环境,从管学生到帮学生,从哄学生到知学生,这不仅是教学方式的转变,更是教育理念的转变,是新课程教育理念的转变。

那么,如何构建和谐关系的情感环境?

## 一、让师生间充满理解与信任

美国心理学家罗杰斯曾说过:"成功的教育依赖于一种真诚、尊重和信赖的师生关系,依赖于一种和谐安全的课堂气氛。"在民主、平等、和谐的情感环境中,师生间才会迸发出思维的火花,创造出新鲜的事物。因此,让师生间充满理解和信任,在构建情感环境中起着至关重要的作用。

学生往往因为喜欢上一位老师而喜欢上他的课,喜欢他所教的知识。这种喜欢就是一种理解与信任。和谐的师生关系要求教师放下架子,从行动上关心学生、亲近学生。当学生遇到困难时,教师至少应从精神上给予关爱与支持,而非指责。尊重学生对建立良好的师生关系显得尤为重要。陶行知先生说:"你的教鞭下有瓦特,你的冷眼里有牛顿,你的讥笑中有爱迪生。"每一个孩子都有他的特点、他的长处,给予他们信任与理解、尊重与鼓励,他们的成长就会出乎你的意料。

要赢得学生的理解和信任,需要多与学生沟通,从班级管理到教学内容,从生活小事到人生态度,其实都是可以与学生商量和讨论的话题。教师只有将自己的想法与学生真诚交流,学生也才会坦诚说出他们的看法。这样才能教学相长,达到师生间认识的统一。

全美最佳教师雷夫·艾斯奎斯在开学的第一天,总是与孩子分享一个故事:多数人玩"有人向后倒,由一名同学接住"的游戏。这种游戏就算连续玩过一百遍,只要有一次朋友开玩笑故意不接住你,你们之间的信任就永远破裂了。不管他怎么道歉,承诺再也不让你摔倒,你就是无法不带一丝怀疑地向后倒了。这告诉我们,破裂的信任是无法修补的。为人师长的我们,有时孩子的确让我们很生气。然而,当遇到学生不懂的时候,绝对不该感到沮丧。我们应该用积极的态度和耐心来面对问题,打造出立即、持久,而且凌驾于恐惧之上的信任。[①] 我们应该提供给孩子可靠的肩膀,这也是建立信任的最佳方式。

在传统教育中,教师似乎高高在上,他们整天站在讲台上说教,维持着居高临下的形象。其实,师生间信任与理解是建立在平等对话的基础上的,拿掉头上的"光环",放低身段与学生交朋友,让学生有困惑时第一个想起你,这难道不是一种幸福吗?学生在与教师相互理解、信任的沟通交往中,得到情感的满足,最直观地去感受教师的魅力,生发出对教师的信赖,这才是情感教育希望达到的目的。

## 二、走到学生中去

作为教师,往往站在比学生课桌要高、要大的讲台上,这似乎象征着教师的高高在上,有着不可触碰的权威。我们常见这样的情境:讲台上,教师严肃提问;讲台下,则是一张张没有表情的小脸和零星举起的小手。有的学生知道答案不想说,有的学生不知道答案把头埋得很低,有的学生害怕说错挨批评。这时候,一个学生走神了,老师会说:某某某,怎么又是你,不认真听讲是吧?你给我站到前面来。谁再不听讲,给我上来和他做伴。接着,教室里鸦雀无声,连刚才举起的那几只小手也都放下去了,个个充

---

① 雷夫·艾斯奎斯.第56号教室的奇迹[M].卞娜娜,译.北京:中国城市出版社,2010:6.

满了惶恐。孩子们知道，接下来又是一阵狂风暴雨般的训斥……这样的情境可怕吧！可是这样的情境常常真实地发生在我们的课堂上。也许，你会说，这都是为了学生好，要教给他知识，希望他成才。对，这些都没错，可是我们要不要思考一下，我们所用的手段是否出了问题了？美国教育家杜威曾说过："教师不应该站在学生前面上课，而应站在学生的后面。"我们能不能走下讲台，摆脱高高在上，走到学生中去，了解他们的所想，用心观察每一个学生身上闪动的灵光呢？

教师应该走下讲台，全身心地融入到学生中去，与学生一起交流、一起活动、一起学习，让学生在一种自然、亲近的情感环境中学习，让轻松愉快围绕着我们的教学。我们呼唤新型师生关系的产生，我们要转变教育观念，变"师本位"为"生本位"，真正走到学生中去，听听他们的心声。李镇西老师说："教师应与学生走在一起，用心灵赢得心灵。"他和学生一起学习、运动、嬉戏，让学生感觉到与教师的零距离。作为一名教师应该始终有一颗童心，用童心去理解孩子，知道他们在想什么，真正需要什么。而要做到这一点，就必须走入学生中间。

教师应首先把自己摆在和学生平等的位置上，和学生做朋友，从关爱的心态出发，动之以情，晓之以理，用人格力量去感化他们，要让学生真正地从心底感受到老师对他们的关心和爱护。"爱学生"是一切工作的根源，而"爱学生"则先要为学生的将来着想，不能因片面追求学分，而忽略了学生德育、体育等方面的教育工作。他们所要学会的除了书本知识，还有如何生活、如何做人。

走到学生中间去，不仅仅是行为上的动作，更是一种观念上的更新和角色上的转换。在平时的学校生活中，教师就要尊重每个学生，注意观察学生的个体差异，对每个学生都有全面、细致的了解。在课余时间里要尽量多深入到学生中去，与他们一起交谈、游戏、活动，使他们与你无拘无束地相处，了解他们的所思所想，倾听他们的内心独白。当我们真正近距离地直接面对学生，我们就可以更深入地了解学生的特长，就会发现每一个学生身上都闪动着一种灵光。教育是师生共生、发现、创造的过程，我们要利用各种机会和学生沟通。沟通多了，就能了解学生的思想动态和行动表现，及时解决他们的思想困惑，纠正其不良行为。作为教师的我们应该俯下身来，倾听孩子的心声，走到学生中间，感受孩子们的童心。

## 三、将自由空间还给学生

将自由空间还给学生的出发点是促进学生全面、持续、和谐地发展，这是师生关系中的民主精神,为学生创造一个既严肃紧张又宽松愉快的学习环境。魏书生说:"民主像一座搭在师生心灵之间的桥。民主的程度越高,这座连通心灵的桥就越坚固,越宽阔。"

我们有的班主任对学生实行全天候管理,下课时间都在教室里批改作业和办公。虽然学生的打闹减少了,但是这极有可能扼杀学生顽皮的童真。试想班主任"虎视眈眈"地端坐于前,学生时时刻刻都处在高度紧张之中,虽然维持了纪律,但是禁锢了他们应有的自然与天真,久而久之,学生的活泼和生动就被谨小慎微、缩手缩脚所取代。

魏书生老师非常重视将自由空间还给学生,他经常向学生提出这样的问题:我们要做某件事,大家想想有多少种办法?比如,张军同学感冒了,大家想想,有多少种办法能治好?同学们七嘴八舌地议论开了:"吃速效伤风胶囊""吃感冒片""吃银翘解毒丸""打退热针""打消炎针""针灸也能治好""按摩也能治好""轻微的感冒,洗洗热水澡,一出汗就能好""喝姜糖水治感冒"……

"吃速效伤风胶囊需白开水送下,请同学们想一想,烧开水有多少种方法?"就容器而言,大家说"用锅""用壶""用盆""用盘""用饭盒""用杯"都能烧开水;就容器的质地而言,金的、银的、铜的、铁的、铝的、陶的、瓷的都可以;就燃料而言,天然气可以,没有天然气,可以用液化气、用煤、用木头、用稻草、用废纸、用酒精灯、用煤油炉、用电饭锅、用太阳灶。在魏老师看来,在教学活动中,人的思路开阔,做事时容易成功,不至于因缺少某一个条件,一种办法行不通了,就宣布此事没法办。[①] 自主探究在开放自由的空间里实现,学生的才气获得尽情展现。

给予学生自由表现的机会,培养他们主动创新的动机,让思维的火花在教学活动中燃烧。在课堂上,要尽量让学生多参与,给他们创造时机,营造自由学习的空间,让他们自由地去想象,发挥自己的个性,表现自己的特长。在课外,要学会适度放手,让学生学会自我管理、自我教育,还学生一个开放自由的空间,他们一定会给我们一个出人意料的惊喜。

教师若要引导学生学会学习、学会合作、学会生存、学会做人,就要改变传统的教学方式。可以不固守课前设计好的教学流程,不局限于教师教、学生学的方式,根据需

---

① 魏书生.班主任工作漫谈[M].桂林:漓江出版社,2008:107.

要及时改变、调整教学策略、教学内容,甚至变换角色,把学生请上讲台。这样才能真正做到关注学生的生活,关注学生的处境、学习的需要与感受,关注不同学生的经验背景;这样才能让学生更有收获,更能成为完整的人。只要学生认真学习,达成学习目标,至于他们是坐着、趴着、托着下巴、咬着手指,是不重要的。我们与其固守规则,不如为学生开放空间。

## 策略三 走向有序统一的空间环境

要创建生态平衡的教学环境,除了情感环境外,我们不能忽视空间环境。教室是学生学习最主要的空间环境。如何布置教室,让空间环境走向有序统一? 我们来看美国教师芭芭拉是如何做的。

## 奇妙的摆设

我总是把课桌摆成一组一组的,因为我要安排很多小组活动,但是也有学生要求单独一桌,我给他们这样的机会。我发现过一段时间他们往往还要回到小组中去。我从来不把学生单独放在一组,因为那样这个学生就不能成为我计划的活动的一部分。例如,根据课桌分组,写一个对句,描述本章的内容,或者编一个数学谜语让其他桌的同学猜。我想让这个学生成为小组的一员,但是觉得不行的时候他也有权要求退出。如果我看见一个学生在一个小组中有麻烦,就会说"看,如果你想自己活动,可以去,但是不要把整个小组都破坏了"。或者这个学生会问我可不可以单独活动,那么他/她就可以把自己的课桌搬到角落去,在地板上找到一小块封闭的区域。

芭芭拉借助课桌,在有限的地方将学生分为不同的空间;同时,根据儿童的学习心理特点及学科性质,让学生在学习中有张有弛。例如,她批准孩子单独活动,这对于易于分心和与同伴交往有困难的孩子来说,拥有一个独立的学习空间,更能进入学习状态。对一些注意力欠集中,听从指导有困难的孩子,我们可以安排他坐在远离噪声区,靠教师比较近的地方,这样他们既拥有相对独立的空间,又容易获得与教师交流的机会。

【资料来源:卡罗尔·西蒙·温斯坦,安德鲁·J.米格纳诺.小学课堂管理[M].梁钫,戴艳萍,译.上海:华东师范大学出版社,2006:25.】

　　构成有序的空间环境有利于促进师生之间、学生之间的交流。无论是教室桌椅的摆放、座位的安排，以及课外活动的队形，都需要考虑是否能让学生和教师心情愉快，促进学生成长。除此之外，黑板报、图书角、卫生角等一些主题活动中心，也可能影响学生的情绪，通过一些小小的改变能带来令人满意的变化。

　　那么，如何走向有序统一的空间环境？

## 一、考虑学生的数量及活动特点

　　在布置教室时，首先，要考虑学生的年龄特点和认知水平，根据学生的学龄、年段进行不同的设计和布置。如小学生的教室布置应突出活泼生动，而中学生则要突出知识与智慧。其次，要考虑学生的数量，不能让学生产生拥挤杂乱之感。最后，要考虑色彩的协调美观，它会影响师生的意识、情感和态度，从而产生不同的心理效应。无论是哪个年段的教室，一般都比较适宜采用柔和明亮、清新淡雅的颜色，给师生亲切舒适之感。

　　教室布置要本着美观大方、整齐清洁的原则，力求做到内容吸引人，形式生动，给学生创造一个良好的空间环境，使他们爱学习，更爱班集体。

## 二、让学生参与到教室布置中来

　　教室不仅是一个物理概念，更是一个心理概念，是师生、生生互动营造出来的心理空间。在布置教室时，教师不能包办独揽，应该让每一个学生都参与其中，以利于提高学生的主体意识，发扬主人翁精神，增强学生的归属感。学生是班级的主人，让他们自己动手，为美化自己的教室出一份力，让教室充满人情味，成为学生真正温馨的家园。通过师生共同参与，不仅有助于减少师生间的嫌隙，形成师生共同的理念和价值观，同时也能优化学生间的关系，提升班级的向心力，激发学生的学习意愿。这样的教室布置，是构成隐性课程的重要部分，将潜移默化地影响学生的发展。

## 三、设置主题活动中心

　　为教室设置主题活动中心，能让教室文化更加凸显。充分发挥墙壁、角落的功能，用细节活动组成教室文化。当我们的学生通过不同主题的活动感受教室文化的熏陶时，教室才真正成为学生求知的乐园和成长的沃土。在纽约一间小学教室的墙壁上，有一个名为"打电话给老师"的专栏,指导学生如何与老师联系,介绍相关老师的电话号码,这些老师可以"免费帮助家庭作业"。专栏分别列出了数学、阅读、写作、科学老师的电话。专栏还告诉学生,哪些老师会说西班牙语、意大利语、中文、法语、俄语等语言,打电话的时间分别是星期几到星期几的时间段。这个专栏非常详细清晰,透露出教师为学生服务的强烈意识。①

其实,这就是在教室里设置主题活动中心的意义,当学生觉得教室如家一样温馨时,他们便接受了教室文化的熏陶。

在设置主题活动中心时,我们可以设计图书角,让学生自由借阅学习;我们可以设置才艺展示台,展出学生的手工、绘画作品;我们可以办板报、壁报,凸显班级特色……学生在这个过程中不断地获取进步的动力和养分。

### 四、构建有特色的班级文化

班级文化是让空间环境走向有序统一的重要组成部分,是一种群体文化,是作为社会群体的班级所有或部分成员共有的信念、价值观、态度的复合体。班级成员的言行倾向、班级人际环境、班级风气等为其主体标志,班级的墙报、黑板报、活动角及教室内外环境布置等则为其物化反映。班级文化对学生的生活产生着潜移默化的影响。

特级教师杨一青将构建有特色的班级文化作为教育重点来抓,他认为,构建有特色的班级文化,应该从四个层面进行。一是中队名称命名体现文化,在每个教室门口,都有自己的班级创建的特色中队的名称和奋斗目标;二是教室物资管理体现文化,美化教室环境,让学生感受教室特有的学习氛围和班级荣誉感,从而培养学生的环境保护意识以及正确处理集体和个人行为关系的能力;三是组织制度建设体现文化,在班级目标的引导下,以学生的发展为本,发展人的潜能,焕发主体的能动性、积极性,激发他们向上的精神,唤起学生体内的需要,把动机与行为方式统一起来,学会自己当家做主;四是班风学风形成体现文化,健全班级宣传组织,以正确积极的舆论引导人。②

有效地运用空间资源,创设具有教育性、开放性、生动性和安全性的班级文化,对陶冶学生的情操、激活学生的思维、融合师生的情感有着巨大的积极作用。学生一旦

---

① 熊冠恒. 纽约市中小学的教室文化[J]. 教育,2009(9).
② 冯燕华,关文信. 课堂文化的生态哲学解读[J]. 兰州教育学院学报,2010 (1).

置身于班级文化氛围之中，他们的思想观念就会受到潜移默化的影响，日积月累就会形成与班级文化相融合的价值观。班级成员的群体意识、价值取向、审美观念和精神风貌是班级文化的核心与灵魂。

### 五、根据班级情况动态调整

教室的布置要根据班级情况进行动态调整，否则长期没有变化学生会失去新鲜感，久而久之，就不闻不看不管了，也就失去了原有的活力。教室的布置应该实时更新，让教室文化不断丰富多彩。可以根据重大事件、重要节日等来更新教室的布置，拓展空间环境的知识与技能的教学功能，让教室文化成为社会文化的缩影、校园文化的独特视角。

关注学生在教室里的成长和发展，在有限的空间中创造出教学的无限性，将空间环境建设成传承文化的载体，科学育人的平台。

## 智慧点津

# 如何创建平衡的生态教学环境

平衡的生态教学环境尊重生命发展的自然规律，顺应学生智慧的自主发展。强调生活是生态教学环境的源泉，真实是生态教学环境的生命，探究是生态教学环境的真谛。

### 一、生态教学环境的主要内涵

#### (一)文化是基石

从广义上来说，文化是指一个国家或民族的历史、地理、风土人情、传统习俗、生活方式、文学艺术、行为规范、思维方式、价值观念等的总和。教学与文化密不可分，教学的缘起就是文化传承的需要，没有文化就没有教学；但同时，教学又是在一定文化生态环境中实现的，离开了文化的教学就寸步难行。所以说，文化是创建平衡的生态教学环境的基石。

中国教育科学研究院副院长曾天山在《教育肩负传承创新引领文化历史使命》中

提出:"文化是以价值观为核心的精神生产,是最需要教育传承的领域。教育是为人之学,而文化则是教育的核心灵魂。教育的重要职责在于保留、传承、弘扬优秀文化,通过文化育人,促进青少年健康成长,成为社会的合格公民。"教育中的一切行为都是文化的传承、发展与创新行为。而教学文化,更是学校文化建设的重中之重,教学文化建设的关键在于课堂教学,在于不断增强课堂教学的有效性,在于创新以学论教,在于有利于学生更好地发展。

课堂文化是课堂教学的"土壤",是课堂教学存在、运行和发展的"元气",是课堂教学的活力之本和动力之源。① 在创建生态平衡的教学环境时,我们必须将文化渗透其中,为学生树立正确的理想与信念,传承与发扬我国优秀文化传统。

文化作为平衡生态教学环境的基石,我们要看到其人文性与科学性统一的特征。要实现教学最优化必然要实现科学性与人文性的融合,这里面既有严格理性的要求,又有开放、自由的人文关怀,使得教学环境既有科学的思维方式,又有有助于科学思维推进的人文环境。教师带着精心准备好的知识,走向学生,带领学生投身于广阔的知识海洋,去探求未知,掌握未知。②

### (二)生活是源头

朱熹曰:问渠哪得清如许,为有源头活水来。生活是生态平衡的教学环境的源头,离开了丰富多彩的生活世界,学生的认知便会出现断裂,更别谈情感了。对学生真实生命的关注,是建立在学生主体参与、全面发展的基础之上的。学者裴娣娜认为:"唤醒人的生命意识,启迪人的精神世界,建构人的生活方式(物质的和精神的),以实现人的价值生命……其基本活动特征是唤醒与引出、理解与体验、交往与感悟、创造与构建。"③

关注学生的生活,实际上就是关注个人的生命经历、经验、感受与体验。学生在教学环境中,能体验自己的生命活动,感知世界的存在,体悟自己的生存状态,进而不断地更新认知,产生丰富的联想和深刻的领悟。教育家梁漱溟曾说:"教育应该着眼于一个人的全部生活而领着他去走人生大道。"④我们的教学不能只强调理性知识和能力,

① 杨一青.搭建飞翔的舞台[M].北京:高等教育出版社,2005:248-249.
② 李秀伟.唤醒情感——情境体验教学研究[M].济南:山东教育出版社,2007:58.
③ 裴娣娜.现代教学论(第三卷)[M].北京:人民教育出版社,2005:49.
④ 梁漱溟.梁漱溟随想录[M].太原:山西高校联合出版社,1992:237.

导致学生远离感性世界,缺乏对生命的认知。学生的心灵不是一个需要填满的容器,而是一个需要点燃的火种,用生活的智慧作为燃料补给,才能让火种燃得更久。

生活是教学的源头,也是学生认识世界的重要途径。在生态平衡的教学环境中,我们应该将生活这一源头分为两个层次。在第一层次中,教师通过为学生创设生活化情境,走入学生的认知园地;第二层次则是教师将自主权还给学生,为学生创造一个相对自由的学习空间,将方法教给学生,让学生通过努力去达到目标。教育即生活,在生态平衡的教学环境中,教学不再是对未来生活的预备,而是学生现实生活的过程。在这一过程中,教师与学生通过情感的交流与沟通,一同增长知识,发展能力。

### (三)真实是生命

要创建平衡的生态教学环境,就应该保留住最真实的本色,这才是生命大真大美的至高境界。我们应该努力把教学环境变为生命绿洲,让自然、和谐、人性化的教育深入到教学环境中去,让学生拥有美的感受和幸福的人生体验。我们应该相信和解放学生、相信和解放教育者自己、相信和解放心灵。心与心自然、和谐地融合在一起,学生在人性美的感动中受到启发,心灵因此而得到升华。

# 生命的绿洲

一个国外建筑参观团要参观南方城市一个古老园林。接到通知后,园林管理局的人便忙了起来,想在参观团到达之前把园林拾掇得纤尘不染。但园林中的落叶成了他们的心病,园林中的参天古树太多了,并且都是些落叶乔木。一缕轻风,园林的天空便会飞满金蝶一样大大小小的片片黄叶。

管理处的负责人十分头疼,他吩咐员工每人负责看守一棵树,落一片叶子就马上拾起来,绝不允许地上有一片落叶。但是,任凭员工怎么努力,一眨眼,地上又落满了密密匝匝的黄叶。这时候有人向负责人建议说:"找老领导去,他在这园林里工作了一辈子,迎来送往的,从没有过一丝差错,对付这可恶的落叶,肯定有绝招。"

皓首白发的老领导在园林里转悠了一圈说:"别让大家捡落叶了,地上的落叶一片也不能再捡了,并且要把刚才扫走的叶子再运回来撒到园中的走廊和甬道上,越多越好,越厚越好。"

参观团来了,他们在落满叶子的园子里走了走,感觉特别好,甚至有几个还坐在厚厚的落叶上说:"太美了,古色古香,大树落叶,实在太迷人了。"

参观团走了,负责人问老领导:"园子落满落叶为什么比扫得干干净净更能让人满意呢?"老领导微微一笑说:"这叫境界。有山就有林,有树就有叶,到山上观树,在树林里赏叶,这是一种自然之美,自然之美才是一种境界,美是一种境界,境界才是美。"

【资料来源:陈立红. 把我们的教育场所变成生命的绿洲[N]. 中国教育报,2004-07-03(3).】

是啊,谁能扫净秋天大树下的落叶呢? 谁又能掩藏住自己生命里的那种种本真呢? 瑕从不掩瑜,一只虫子成就了琥珀,礁石和岛屿衬托海的浩渺和博大。"教师是学生生命发展的激活者,是学生人生的对话者,师生全身心地投入,他们的生命在课堂上涌动和成长。充满生命活力的课堂对师生来讲,具有无限的可能性。在这样的课堂上,师生不仅仅是在教和学,不仅仅是在认识世界,不仅仅是在利用已有的文化资源,不仅仅是在围绕着书本转,而且更为重要的是,他们的生命向着无限的可能性开放。"当我们用真实作为教学环境的生命时,我们会发现,师生生命开始多方面发展,课堂焕发出生命的活力,教学设计的僵硬外衣被脱下,真实的、生成性的资源充满每一个教学环节。

### (四)情感是真谛

德国教育家第斯多惠说:"我们认为教学的艺术不在于传授本身,而在于激励、唤醒、鼓舞,而没有兴奋的情绪怎么能激励人,没有主动性怎么能唤醒沉睡的人,没有生气勃勃的精神怎么能鼓舞人?"在教学环境中,情感具有调节、动力、感染、信号、强化和迁移等功能。它能促成师生双方的互相影响,让理性的知识与认知在师生之间交织流动。当师生之间的情感交流畅通时,最佳的教学状态就此产生了。

在生态平衡的教学环境中,师生以饱满的情绪进行情感交流,并在此基础上获得知识,形成能力。因此,教师在教学过程中要投入、倾注深刻的情感,以唤起学生丰富的情感。这样才能激励学生的情趣,启发学生勇于探究,鼓励学生获得成功的体验,使学生的学习情绪始终处于主动积极、兴奋活跃、集中专注、稳定持久的状态之中。

朱永新认为,理想的课堂,师生之间有愉快的情感沟通与智慧交流。课堂上可能是愉悦、欢乐和合作的,也可能是紧张、沉默和不快的,"情不通则理不得",良好的合作是教学成功的基础;理想的课堂,应该充满着自由轻松。但我们的课堂往往纪律严明,学生正襟危坐、战战兢兢,少了一些轻松,少了几分幽默,少了一些欢声笑语,少了几许神采飞扬。尤其不允许学生交头接耳、与师争辩等,这是违背自由原则的。① 一位教师正在上课,忽然一个学生恶作剧,放出一对抓来的蝴蝶。当蝴蝶在教室上空翩翩起舞时,学生的注意力都被蝴蝶吸引。这时教师并没有直接批评搞恶作剧的学生,而是问学生:"同学们,蝴蝶为什么向着你们翩翩起舞?"学生不由得一愣,一时答不上来。于是教师自己回答:"因为同学们是祖国的花朵,蝶恋花嘛!"学生听了个个脸上露出开心的微笑。教师又问:"同学们,祖国的花朵应该怎样呢?"全体学生包括那个搞恶作剧的学生一齐响亮地回答:"好好学习,天天向上!"这就是教师创设的情感环境,将视觉的快感转化为心灵的感悟,使学生获得真正愉快的情感。

教育不是技术训练与知识传授,在教育学生时,教师应该注入自己的情感,真正以学生为本,关心学生,这样才能改善学生的学习生活和教师的教学生活,让教师成为学生发展的探索者、组织者,更是与学生共同成长的伙伴。

### (五)平衡是标志

教学生态系统是一个开放式的系统,它包括人的因素、物质因素和精神因素。在自然环境、社会环境、规范环境、心理环境的综合影响下,多种因素同时并存并相互制约,不同程度地作用于教学,而这些因素的互相平衡是生态教学环境形成的最基本条件。教学的生态平衡体现为课堂各因素之间通过相互作用达到相对稳定的平衡状态,教师与学生和谐共进,人与环境相互应答,从而最大限度地实现学生个体的进步与发展。

平衡的教学生态系统要求课堂情境和谐自然、师生心态自由开放以及学生个性充分张扬。让置身其中的老师、学生享受到教学所带来的乐趣,让课堂真正成为师生生命体验的审美空间,在那里,理想与实践同步,传承与创新并存,科学探究与人文关怀相结合,课堂教学在生态平衡的发展中实现教育目标。

在平衡的生态教学环境中,师生之间是平等、民主、合作的关系。教师应该尊重学生、理解学生,公正地对待每一个学生,要把学生视为教学活动的主体,把自己作为学生学习的伙伴,让每一个学生都能积极、主动、平等地参与课堂教学。教师要与学生合

---

① 朱永新.论理想课堂[N].天津教育报,2002,5(23):3.

作探究、共同讨论,而不能只当"师爷",高高在上,这样才能形成一个"学习共同体",双方才能充分交流和互动,才能和谐共进、教学相长,才能促进学生思考和体验。①

平衡是生态教学环境的标志,是自然、和谐、人性的统一,它为学生创设一种自然、民主、人性的成长环境。在平衡的教学环境中,我们关注学生的生命,完成师生共同的生命历程;我们呵护学生的心灵,实现教与学的和谐。

## 二、生态教学环境的基本特征

教育是由教育的物质条件和教师、学生构成的生态系统。教育所依赖的设备以及为教育提供信息支持的物质(学习对象),可以视为支持这个生态系统的物质基础(相当于生态系统的无机组成部分)。教师把这些物质组成部分所蕴含的能量(知识、信息、能量)转化为学习者可以吸收的能量,相当于生态系统的生产者;教师和学生共同构成教育活动的主题,在教师的促进下,掌握知识、发展能力、养育人文精神,这个过程相当于消费教师所提供的能量,这个过程中的活动主体相当于生态系统中的消费者;学生在教学结束之后,要将教学活动行程的成果应用到自己的生活和社会实践中去,这相当于生态系统中的分解者。② 生态教育环境强调的是营造一种科学自然的情境。

### (一)自然和谐的课堂情境

从生态学的视角来看,自然和谐的课堂情境是富有感情色彩的场景和氛围,是感性、具体、情感与抽象、简化、实在的结合。当理性的场景和感情的氛围有机结合,才能创建一个平衡的生态课堂。

李镇西的课堂情境是自然和谐的,他在教学笔记《语文,请给学生以心灵的自由》中写道:给学生以心灵的自由,就要让学生在课堂上畅所欲言。特别是在阅读教学的课堂上,教师应该为学生提供一个思想燃烧的论坛:面对课文,教师和学生之间、学生和学生之间、师生和作者之间应该平等对话;在平等的基础上,交流各自的理解甚至展开思想碰撞。教师当然应该有自己的见解,但这种"见解"只能是一家之言,而不能成为强加给学生、强加给作品的绝对真理。教师可以说《荔枝蜜》以"做梦变成小蜜蜂"结尾是多么含蓄而巧妙,学生也有权利说:"这太做作,读起来别扭!"教师可以说《分马》

---

① 陈红.课堂教学中的"生态平衡"[J].教书育人,2009(22).
② 张远增.可持续发展教育[M].天津:天津教育出版社,2004:73.

中郭全海动员积极分子将自己所分的牲口都拿去让王老太太挑选是说明了郭全海的崇高无私,学生也有权利说:"郭全海不应该这样做,这不是迁就自私的王老太太吗?"少年的眸子往往比大人的目光更明澈,没有太多世故的心灵往往对课文有着比教师更独特、更深刻的理解。①

在自然和谐的课堂情境中,学生有权利质疑,有权利说"不"。可是很多的课堂容不得学生说半个"不"字。李镇西老师认为,在某些语文课堂上,不但没有师生平等交流、共同研讨的民主气氛,反而存在着唯师是从的思想专制——学《孔乙己》,学生只能理解这是鲁迅对封建科举制度的批判;学《荷塘月色》,学生只能理解这是朱自清对"4·12"大屠杀的无声抗议;学《项链》,学生只能把路瓦栽夫人理解为小资产阶级虚荣心的典型;写《我最敬佩的一个人》,学生往往会习惯性地写老师,而且多半会把老师比作蜡烛或春蚕;写《在升旗仪式上》,学生往往会先写"朝霞满天,红日初升",然后是对革命先烈的联想和对今天幸福生活的赞美,最后想到的是自己的"神圣使命";写景,只能是借景抒情;写物,只能是托物咏志;写事,只能写有"意义"的事;写人,只能写"心灵美"的人……在如此"崇高""庄严"的"语文教育"下,学生的心灵已被牢牢地套上了沉重的精神枷锁,哪有半点创造的精神空间可言?②

这样的课堂并不少见,它无法为学生创造一种自然和谐的氛围,在这样的课堂上,难以点燃智慧的火花。其实,在自然和谐的课堂情境中,理性已经不是唯一的标准,教师更不是知识的化身,我们不需要强制性的约束,师生在一种丰富、和谐、温暖的氛围中一同学习。学生自由发展,教师快乐教学,两者恰切。自然和谐的课堂环境告诉我们,我们面对的是一群个性鲜明的学生,在完成知识传递、能力培养和人格塑造的过程中,需要良好的师生互动和情感交融。

**(二)自由开放的师生心态**

师生的心态对教学过程和结果起着重要的作用。师生自由开放的心态可以使情绪高涨、思维活跃,课堂教学的动态生成得以形成,从而显示出生态课堂的生机与活力。反之,心态封闭、压抑的课堂教学环境必然带来课堂的僵化、沉闷,既影响学生的学习动机,又影响学生的学习过程和质量。

---

① 李镇西.我的教学笔记[M].桂林:漓江出版社,2012:104.
② 李镇西.我的教学笔记[M].桂林:漓江出版社,2012:102.

在教育过程中,教师要有自由开放的心态,允许学生发出不同的声音,这样才能让成长中的学生感到快乐。我们所强调的教学三维目标中的"过程与方法",就是要让学生感受到智力劳动的快乐,感受精神世界的充实。这需要教师为学生创造一个充满快乐、自由开放的学习环境。学习环境应该是宽松、宽厚、宽容、温情、温暖、温馨的,没有恐吓,没有威胁,没有强制,没有讥讽与嘲弄,有的只是欣赏、认同、建议、惋惜和同情,以及乐观的期待和真诚的信任。让学生的心灵可以自由地舒展,让学生的个性可以充分地张扬。自由开放的心态要求教师防范自身的"权威人格",少一点道貌岸然和煞有介事,多一点宽和与宽厚,要相信宽容比惩罚更有力量,自由开放比禁锢心灵更加利于孩子成长,只有在充满宽容与自由的环境中,才能发展出自尊、自律的人格品质。[①] 我们需要关注师生在课堂上的心态,鼓励学生积极参与课堂教学活动,有强烈的兴趣和主动性,有丰富的情感体验,主动地悦纳自己和同学,在课堂交流中善于倾听,乐于竞争,敢于创新,勇于接受批评。教师创造性地组织教学活动,以发展的眼光、宽容的态度处理课堂中的每一件事,使学生的个性潜能、品性、人格在民主和谐的氛围中得以发展。

### (三)充分张扬的学生个性

社会的多元化要求尊重每个孩子的个性发展,不能"千人一面"。在全面发展教育的基础上,我们需要重分数而不唯分数,为张扬孩子的个性和特色、彰显孩子的个性和特长提供丰富的舞台。我们需要在传授文化知识的同时,让学生拥有健壮的体魄、一定的艺术鉴赏能力和良好的终身学习习惯,重视学生综合素质的全面发展和个性化能力的培养,这就是素质教育的具体体现。既要有丰富的学识,又要有良好的道德观念和心理素养。基于此,在教育过程中,应当把对人的尊重和社会的需要两者协调起来,把教育的个性化与教育的社会化协调起来。

要培养学生的个性,我们要使学生认识自己的气质类型与性格倾向,培养学生的自尊心与自信心,有意识地进行自我形象的塑造。培养学生良好的性格,建立科学的人生观与价值观,使学生逐渐学会心理的自我调适。这其中包括挫折教育、人际关系的适应教育、正视现实的教育等。

每个人的遗传素质不同,经历的社会活动各不相同,在个性倾向和个性心理特征

---

① 肖川. 教育的使命与责任[M]. 长沙:岳麓书社,2007:61.

上各不相同,这形成了不同的个性。有人刚烈如松,宁折不弯;有人坚韧如竹,以柔克刚;有人粗豪爽朗,干脆利落;有人谦和儒雅,有理有节;有人能冲锋陷阵,虎口拔牙;有人能运筹帷幄,决胜千里。任何一种个性,都有可能成就一番事业。关键是要了解并认同学生的气质类型和性格倾向,发扬他们个性中的长处,以形成独特的良好个性。

## 三、构建平衡的生态教学环境

### (一)构建平衡的生态教学环境需要人文与自然的交互

人文科学和自然科学犹如"鸟之两翼"。在教学环境中,我们需要人文科学与自然科学的交互,学生借助人文思想形成正确的态度和价值观,通过科学知识提高收集和处理信息、分析和解决问题的能力。知识的学习不再是教学的唯一目的,学生需要在学习科学知识的同时,得到以和谐发展为终极目标的教育,因此,科学时代呼唤渗透人文精神的教育。

在构建生态教学环境过程中,我们需要在情感、意志、思想、世界观等方面对学生的人文教育提出要求,找寻人文教育的丰富载体,挖掘出深刻的人文内涵,融入人文精神教育。

构建生态教学环境,应该"让每一面墙都张口说话"。广泛深入校园的每一个角落,例如,在墙壁上呈现、张贴富有人文精神的名言、警句、经典故事、宣传画等,在树木草坪上挂放保护环境的小标语,在教学中创设民主、平等、和谐的师生关系;还可以在校园中设立展示平台,展示学习成果,评价学习活动,分享学习快乐。人文科学与自然科学的交互,是感性与理性的结合,是符合时代特点的教育。

### (二)构建平衡的生态教学环境需要进行多渠道的知识传递

生态教学环境需要我们进行多渠道的知识传递,而不是单一的传授。在知识传递时,我们要努力满足学生的需求,让学生的各种潜能得到有效开发,认识到学生是一个具有思想、意识、情感、欲望、需求以及各种能力的活生生的人。生态教学环境要实现教师与学生发展的真正统一,将学习要求融入到每一项爱的活动中,孕育出良好的情感状态,并迁移到整个学习活动中,乃至迁移到学生未来的生活之中。

如何进行多渠道的知识传递?苏霍姆林斯基认为,从开学的最初几天起,我们就要悉心培育儿童的智慧,必须小心翼翼地培养儿童敏锐的、"任性的"审美鉴别力。我们带领学生去欣赏朝霞和开着荞麦花的白色田野,欣赏准备过冬而入睡的树林和池面上最初的透明的冰层,欣赏秋天的灰蒙蒙的雨丝和晴朗的初秋的早晨,欣赏无边的田野和远处地平线上的小丘,欣赏云雀的歌唱和蜜蜂的嗡鸣。在宁静而明朗的初秋日子里,让学生注意观察空气是那么惊人的透明,天空是那么深邃,水是那么清澈。在秋天的树林里,让学生倾听各种鸟儿的叫声和落叶轻微的沙沙声。要使学生注意到这一切,倾听到这一切,教师就应该以鲜明的、充满感情的语言向他们揭示这种美。

通过特有的手段和途径,对学生施加潜移默化的影响,让学生在生态教学环境中,掌握知识并且塑造美的心灵。当我们将知识传递的途径多渠道化之后,我们会发现学生的感受和体验加深了,对知识的理解感知也得到了升华。这就符合"通过直观感觉直接把握客体以获得直观知识,然后再运用抽象思维将直观知识概括为某种概念。学习的顺序应该是直观认识在先,概念认识在后"[①]的学习规律,不会超出学生的心智容纳范围,达到生态平衡教学环境的要求。

### (三)构建平衡的生态教学环境需要营造民主的课堂环境

陶行知说:"民主教育是叫人做主人,做自己的主人,做国家的主人,做世界的主人。"教学中的师生平等,教师不是以权威者的姿态向学生灌输传递,而是以参与者的姿态与学生一起开展具有相互促进作用的交流。民主的课堂要求教师特别关注学生的个性差异,让每一个学生都有机会张扬自己的个性,展示自己的智慧才华。

李镇西老师的课堂就是一个以民主造就民主的课堂。他在教学邓拓的《从三到万》时,有学生提出疑问:"本文的中心论点是'学文化重在积累',可第 6 自然段是说老师应该从易而难、逐步深入地教学生知识。这一段明显游离于中心之外,与前后段落也联系不紧,可否删去?"李老师不但肯定了该生的钻研精神,而且当即表态:"我认为,这一段完全可以删去!"然而,多数学生并不把他的意见当作"最高指示",他们纷纷表示"不敢苟同",并且举手与他争辩:"这一段并非与前面联系不紧。实际上作者也是在从教学规律的角度继续阐述学习的规律。""作者的意思是说,教师教学是由浅入深,而那个富翁的儿子却不懂这一点,因此自命不凡,结果一无所得。"……经过唇枪舌剑的激烈辩论,李老师基本接受了多数学生的观点,学生也吸取了老师认识中的某些合理因素,最后他们一起将这一段修改为:"从教学的过程来说,不管学什么,教的人总要由

---

① 叔本华.叔本华:怎样读书才有效[M].杨春时,译.北京:中国画报出版社,2012:6.

易而难,逐步深入地把知识教给学生。因此,好的教师在开始的时候,总是给学生一个印象,觉得入门不难,往后才能越学越有信心。那位楚士正是如此。而学生如果看到入门很容易,就自命不凡,把老师一脚踢开,那么,他就什么也学不成。"在李镇西的语文教学课堂上,类似的争论是经常见到的,不管是谁说服了谁或者谁都没有说服谁,老师和学生都能感到一种思想交锋的酣畅淋漓和精神交流的兴奋愉悦。①

这就是民主课堂环境的最佳表现,学生是课堂的主人,是自己的主人。师生之间,没有人格不平等,有的只是对知识的渴求与思考。当然,民主课堂也需要井然有序,也需要一定的约束与引导,在平等和谐、开放自主的环境中,体现教师的主导性。在教学中教师要引导学生发现问题,启发学生思考问题、解决问题,从而更好地突出教学重点、突破教学难点,实现教学目标;而不是放手让学生想说什么就说什么,想怎么说就怎么说,不然,民主就成了"无主"。放手不放眼,收放自如,活而不乱,这样的民主课堂才能成为一个高效的课堂。

### (四)构建平衡的生态教学环境需要教师与学生进行平等对话

魏书生说:"我们不能把学生当成没有思想、没有感情的被动的受管理者,而应该把他们当作有思想、有意志、有情感的主动发展的个体。成功管理的前提是尊重他们的意愿,尊重他们的人格,把他们当作实实在在的'人',而不是'驯服物'。"②课堂是开展教学的特殊环境,其中的氛围对置身其中的学生有深刻的影响。教师应该放下架子,蹲下身子,和学生平等对话。这里的"对话",不是一般的"你听我说",而是一种思想交流。它是师生、生生之间共同学习的多向交流,是对话双方在真理探究、价值建构中的平等交流,是对话双方彼此敞开心扉的交流。这种对话是民主的、平等的、互动的,也是创造的、生成的。

在平时学习中,学生总是会不断犯错误,这是正常的现象。他们也正是在这个不断犯错和改正的过程成长起来的。教师在教育学生的过程中,就需要与学生对话。试想,如果师生间的对话建立在"训斥"与"告诫"之上,在这种条件下,我们怎么能真正走进学生的内心世界?学生的内心世界是丰富的,我们要放下架子做一个细心的劝导者,让学生敞开心扉;我们要蹲下身子,尊重学生生命的存在,让学生对

---

① 李镇西.走向理想课堂:新课程小学语文课堂教学细节解读[M].北京:高等教育出版社,2005:177.

② 魏书生.班主任工作漫谈[M].桂林:漓江出版社,2008:51.

我们展开双臂；我们更要以"尊重、理解、平等、宽容"为切入口，与学生平等对话，欣赏他们的七彩世界。

教学的生态系统由教师、学生、教材、环境等众多因素构成，各种因素既相互制约，又相辅相成，形成了一个有机的生态整体。创建平衡的生态教学环境，需要研究知识和能力、过程和方法、情感态度和价值观诸多因素的相互关系，协调好、把握好、保持好各要素之间的"生态平衡"，强化诸因素之间的"互补"功能，以提高教学效率。

## 名家锦囊

**之一：魏书生**（当代名师，全国中青年有突出贡献的专家）

教和学，教师与学生是矛盾的两个方面。解决这个矛盾，靠教师管学生、压学生、主观片面地命令学生，或靠学生批师道尊严，小将上讲台，都不能解决矛盾而只能激化矛盾。强调学生服从教师或强调教师服从学生都是极端的做法。真理常常在两个极端之间的某一点上，这一点就是用民主的方法，使师生之间获得最大限度的相互理解与支持，从而提高教学效率。

**之二：窦桂梅**（特级教师，全国模范教师，全国师德先进个人）

言语的智慧从哪里来？当然离不开教师的实践智慧。就语文课来说，语文教师的实践智慧，我认为概括起来有两个方面——教育学智慧，言语水平智慧。前者是后者的必要条件，后者是前者在语文教学中所要实现的重要目标之一。语文教师，通过自身对文本的深度解读，引导学生以语言为载体，结合教育学的智慧，创造性地设计和呈现以知识、情、思维为核心的课堂内容，如此，才能满足学生的生命需要，并实现个人实践智慧的提升。

**之三：[苏]乌申斯基**

儿童不善于掩盖自己的情感，这无疑是童年时代极好的一个方面。但如果由于孩子产生了某种情感而去迫害他，那么他也很快就学会这种可悲的本领，于是他的心灵就对教师封闭起来，使得教师只能在黑暗中摸索。为表现在孩子脸上或声音中的情感而去责备孩子，如同为了他脸颊绯红而去责备他一样，都是不合情理的。

# 第三讲　唤醒学生的主体情感

情感在教育中起什么作用？朱小蔓教授认为："情感，由于它的发动，所引发的全身性神经系统工作以及所携带的荷尔蒙能量，使其成为推动人定向行动的内在动力。有了以情感为基础的内在定向和动力系统，便能从个体内部监控、指挥人的行为。"①一个人要想真正持续、自主地发展，就需要以情感作为活动支撑。学生的主体情感是学生的活动指导；由于学生是发展的个体，他们的主体情感对外部环境、氛围的反应极其敏感，并且随外部环境及氛围的改变而改变。唤醒学生的主体情感，不仅是用丰富的教学题材调动学生学习的积极性，更重要的是用打动学生心灵的教学方式使学生成为学习的主人，让他们灵动起来，发展起来，让他们的生命价值得以实现。

我们经常有这样的经历：在学习上，对学生耳提面命地殷切教导，希望他们能有所领悟；在生活上，对学生苦口婆心地做思想工作，希望他能有所觉醒，但是，得到的结果往往不尽如人意。我们教学的积极性被大大地挫伤，认为教育无法取得良好效果。然而，我们是否思考过，这是什么造成的？也许我们的耳提面命、苦口婆心根本就没有触动学生的心灵。每个学生都有成为好学生的愿望，他们的心灵深处都藏着奋发向上的希望。对于学生，教师要做的是激发他们的主体意识，唤醒他们的主体情感，让他们用内部的力量来获得真正的成长。

全国优秀教师李希贵曾说："教育的本质是解放人——包括人的智力和心灵、思维和情感，而不是束缚人、压抑人、限制人。"在李老师曾经执教的高密四中，曾经由于扩招，有两个班没有语文教师，他联合其他班的教师帮助这两个班的学生拟订自学计划，然后让学生自学。学生自学课文太枯燥，李老师就把他们带到阅览室读书；有时候阅览室忙不过来，就把图书馆的书借出来，分发到学生手上轮流阅读。原本从学校领导到语文教师都为这两个班级捏一把汗，担心这样的自学式教学会让成绩差得太多，而

---

① 朱小蔓.情感教育论纲[M].北京：人民出版社，2008：7.

一学期结束,结果让大家大跌眼镜,这两个没有语文教师上课的班级,不仅基础知识部分不比平行班差,反而阅读和作文的成绩比平行班还略胜一筹。[①] 这不禁引发我们思考:没有教师,学生是如何学会的呢？没有了教师口若悬河的分析讲解,没有了教师的填鸭式机械训练,学生学习的主体意识被激发,从而有了自主学习空间,就像孩子真正学会行走和奔跑都是在大人松开扶持的双手之后。激发学生的主体意识,唤醒学生的主体情感在教学中尤其重要,这是学生的自我动力,教师需要做的是激发这种动力,让学生"自奋其力,自致其知",达到最佳的自我教育效果。

## 名师故事

# 三十五年后的班会

1979 年,魏书生老师所教的学生大都还是 14 岁的孩子,他们是小大人,他们总觉得自己已经成熟了,喜欢把自己说得大一些,都报自己的虚岁数,说自己 15 岁了。有的说得更大,他们渴望成熟,渴望长大。一天课后,不知怎么引起的,大家对长大,对自己长大以后干什么,谈得特别多,特别热烈。

魏老师想,有必要引导学生经常想一想自己的未来,想一想长大以后做什么,甚至想得更具体一些:怎样做。

学生的成长过程不可能一帆风顺,为使他们不至于一遇到小片乌云,便产生天昏地暗之感,引导他们经常展望一下自己的明天还是必要的。倘能跳出现实,让思维到未来游历一番,想一想几年、十几年以后人类的明天,想一想十几年甚至几十年之后自己工作学习的情形,便觉得坎坷、曲折、打击、磨难,所有这一切都算不了什么。

于是魏书生老师出了一个班会题目:三十五年后的班会。

时间:2015 年的某一天。注意:那时,各位同学都已是 50 岁左右的人了。

地点:我们的学校。注意:那时我校一定不像现在这样,只是两排平房夹着一个涝洼塘似的操场。

人物:在各行各业、各地区工作的当年的同学们。

---

① 李希贵. 为了自由呼吸的教育[M]. 北京:高等教育出版社,2006:24.

事件：大家从四面八方又聚到一起，班会从开始到结束的全过程。

为开好这次班会，同学们可以先认真写一篇作文。作文中写清35年后班会的全过程，然后在班会上宣读自己的文章，看谁的想象丰富、生动、形象，又符合逻辑。

同学们对这篇文章投入了真情，感动了自己，也感动了他人。

他们写道：35年后，国家已实现了现代化，同学们有的乘坐高速列车，有的自己驾驶着微型太阳能飞机，有的驾驶以海水为燃料的气垫船自渤海湾进入双台河口，来到学校。

校园面貌已使许多在外省工作的同学无法识别。当年的两栋平房，变成了造型别致的几座大楼；涝洼塘般的操场，东西两侧建起了假山、喷泉、花园。操场中间绿草如茵，四周已变成了塑胶跑道。

变化最大的还是同学们。大家都已是50岁左右的人了，但每个人还感觉正当壮年，看上去还很年轻；大家都在自己的工作岗位上做出了突出的成绩，有的成了知名的数学家、企业家、文学家……有的同学做了园艺工作者，精心培育出了能在盘锦盐碱地生长的枣树、梨树、桂花树、梧桐树，使我们连大棵杨柳都没有的盘锦也变得和江南城市一样，到处树木葱葱……

平时最爱溜号、学习成绩全班倒数第一的同学参加工作后，痛感没文化的苦恼，他刻苦自学专业知识，在一家文具厂成了发明能手。他拿着自己制作的无尘粉笔献给老师，同学们争着用这粉笔。粉笔的一端写字时输出荧光粉似的物质，写在黑板上色彩绚丽，用完之后，用笔的尾端对着字迹稍加扫描，那些物质便又回到了笔内……

每个同学写这篇文章时都带着笑，带着对美好明天的向往。

当这个班会开完，魏书生老师说："我体会到，当引导学生把目光投向自己的未来时，许多狭隘的、无原则的争论都自消自灭了。个别同学喜欢为鼻子尖下的一点个人名利而斤斤计较的事，也不知不觉销声匿迹了。"

【资料来源：魏书生.班主任工作漫谈[M].桂林：漓江出版社，2008：67-68.本文有改动】

这是一堂别开生面的体验课，让学生获得自我教育的机会。学生作为一个活生生的人，他们有自己的想法，教师应该帮助每个学生发现自己的特点和个性，引导他们去认识这个多元的世界,获得发展的本领。教育不需要整齐划一的产品,而需要不同特质的孩子去创造属于他们的未来。

魏书生老师组织的这次班会,让学生有了参与和体验的感受,在这个情感熏陶的过程中,他们有了感悟和思考,把目光投向了未来。就因为这样的班会,很多学生在未来更长的时间里为了自己的理想而努力奋斗。教师只有懂得激发学生心灵深处的能量和渴望,才能照亮学生的精神世界。

魏书生是一位非常善于唤醒学生主体情感的教师,他相信并不断挖掘每一个学生的无穷潜力。他认为,唤醒学生的主体情感是一个认识自我和认识他人的艰苦过程,需要做好八点:[①]

1.辩证地分析自己。看到自己是一个广阔的世界,尊重并忠实于自己真善美的观念,对自己负责任。做自己的主人,有战胜自己假恶丑的能力。牢记:自胜者强。埋怨环境,天昏地暗;改变自我,天高地阔。

2.尊重别人,对别人负责任。从对别人的尊重、理解、帮助、关怀、爱护、谅解中,得到别人对自己的尊重、理解、帮助、关怀、爱护、谅解;从对别人的尊重帮助中获得人生的快乐,从和别人融洽和谐的相处中感受人生的自豪与幸福。牢记人心与人心之间等量交换的定律,己所不欲,勿施于人;己所意欲,尽施于人。

3.尊重集体、国家,对集体、国家负责任。时刻想到自己既是集体、国家的一个成员,也是集体与国家的主人,决不能对集体、国家抱冷漠无所谓的态度。越是以集体、国家主人的身份思考问题、处理问题,个人的潜能越能得到发挥,个人能力增长也越快。牢记:为集体、社会做的实事越多,人的能力越强,才智越广。

4.充满信心。即使失败一千次,也坚信下一次的努力是走向成功。

5.意志坚强。有经受失败、打击、挫折、逆境的心理准备,真的遇到失败、打击、挫折、逆境能不退缩,不屈服,将此看作磨炼自己的机会。

6.胸怀开阔。不陷入鸡毛蒜皮的斤斤计较之中,更不陷入窝里斗的怪圈,大事清楚,小事糊涂,有吃亏思想,有容人之量。

7.除关注学校生活、教科书学习外,对社会、对世界的问题有较广泛的兴趣。善于

---

① 魏书生.班主任工作漫谈[M].桂林:漓江出版社,2008:55-56.

从政治、经济、教育、文化、科技的广阔信息海洋中，搜集有助于自己学习的教材、有助于自己勇往直前的信息。

8.能做实事，有潜心实干的精神。在没有更理想的实事可做时，先潜心做好眼前的、手中的实事。手中的实事虽不是最想做的，但一定能做成同类事中最好的。

这八点要求建立在学生"学会求知、学会做事、学会共处、学会做人"的基础上，涵盖了学生的行为、思想和处世态度等方面内容。让学生通过自我管理，实现主体情感的唤醒。这是灵魂的礼遇，潜能的呼唤。每一个教师都要有一颗人道的心、一份仁慈的爱，绝不轻弃一个学生，不触及学生的精神雷区，一视同仁地以爱动其心，以严导其行，帮助他们自我剖析，正确地看待自己。以赏识的眼光去观察他们，多赞扬、多微笑、多关心、多问候，为他们创造更多成功的机会，使他们体会到教师真诚的期盼，从而奋发向上，实现由量变到质变的飞跃。只要学生的态度是诚恳的，学习状态是健康的，灵魂是自由的，我们就没有理由因为成绩的高低去责罚他，更不能诋毁他的人格，相反要给予其更多的关爱。否则，将与歧视聋哑人不能歌唱、腿残者不能奔跑一样遭人鄙视。

## ◆智慧解码◆

### 策略一 让学生自主构建生命个体

每一个学生都是活泼生动的个体，但是在课堂上，当我们讲得津津有味、自认为精彩绝伦的时候，也许会遇到一个空洞、漠然且毫无灵光的眼神，将我们调动起来的情绪打入谷底。这让我们不禁深思：在教育过程中，有没有学生成为了"旁观者"，甚至以无意识、无思考、不在乎的状态度过学习时光？如果这样，这些学生将来会不会也成为生活的"旁观者"？

知识本身是有吸引力的，但我们往往忽略了学习的过程，将之抽干成一两句话、一两个定义，剥夺了知识的鲜活生命。而在学生的生活里，我们将他们的错误粗暴地分类，然后不留情面地指责训斥，甚至希望每个学生不犯错误，不惹麻烦，热爱学习。但是我们有没有思考过学生的主体地位是否落实了？我们应不应该为他们做点什么？

真正优秀的教师都对教育充满了无比的热情,他们对教学全身心投入,且永不放弃,他们虽风格迥异,但有一点,他们都在帮助学生自主构建生命个体,激发其潜能,引导学生进行亲身实践,调动学生情感进行充分体验,实现学生自主构建。

18岁就走上教师岗位的侯溪萍①老师,帮助一个个学生自主构建生命个体,创造了一个个令人难以置信的"神话"。侯老师在16年的教育生涯中,走出了一条自己真诚做人和引导学生"学做真人"的教育之路。侯老师是如何调动学生情感,落实学生主体地位,实现自主构建的? 下面的故事也许能告诉我们一些答案。

## "弯下腰来"与学生平等相处

那一年,侯老师任教的班里来了一个叫小翔的学生,他非常聪明但很调皮,最大的缺点是不能约束自己。有时候上着课,他便从桌子底下爬出来做个恶作剧,甚至趁女孩子专心听讲的时候猛拽人家的辫子。另外,他的学习成绩也很差。

为了帮助他改掉这个坏毛病,侯老师多次对他进行批评教育。小翔也多次向侯老师保证,但过后依然如故。一次,侯老师找他谈心,小翔的一句"你是老师,你当然比我有理!"的话深深触动了侯老师的心。她想:自己多次对小翔批评教育无效,或许正是自己高高在上的教师身份阻碍了彼此心灵的沟通,使得小翔不能认识到错误,更别说心甘情愿地改正了。

于是,侯老师有了一个主意。她先是弯下腰来,非常郑重地对小翔说:"老师决定给你一个最大的权力——管老师,只要老师一有错误,你就可以当场叫停和批评。"

小翔一听,顿时高兴得手舞足蹈。回家之后他对父母说的第一句话就是:"我能管老师了!"接下来的事情表明他心里特别看重这个"权力",还真的"执法如山"。

有一次,侯老师在下课铃响后拖了半分钟课,小翔就振臂而起,大叫老师拖堂,理应做自我批评。侯老师当场向全班学生作了检讨,而小翔却兴奋得像打了一场胜仗。

侯老师在给了小翔"权力"的同时,也相应地拥有了对他进行管理的权力,那就是一旦他不信守承诺而有了破坏纪律的行为,老师也可以不留情面地进行批评。

这种平等的双向约定给了侯老师很大的引导空间,同时也让小翔认识到,一旦自

---

① 侯溪萍,山东省特级教师,齐鲁名师,全国教改实验先进工作者,全国师德标兵。

己有错,也必须像老师一样勇于认错并及时改正。渐渐地,侯溪萍与小翔之间好像有了一个无形的"君子协定",彼此之间有错都会主动向对方"交代",特别是小翔,即使是在课外犯了错也会主动跟侯老师认错。

一个学期下来,小翔的表现令所有人都大吃一惊。他变得处处以身作则,严格要求自己,还被选为班长,学习成绩也迅速提高。

后来,小翔以优异的成绩考上了大学。步入大学的第一天,他就给侯老师写了一封信。他说:"正是侯老师能够'弯下腰来'与我平等相处才成就了今天的我。"

【资料来源:胡涛.拿什么调动学生:名师生态课堂的情绪管理[M].重庆:西南师范大学出版社,2011:3-4.本文有改动】

侯老师为小翔提供了一次自我教育的机会,让小翔重新对自己定位,树立一个全新的自我,这就是教学情境与内在情感体验的相互促进作用,学生和教师都全身心地投入,给生命内涵以关注,实现生命感悟。

那么,应如何让学生自主构建生命个体?

### 一、实现学生自我教育

学生的自我教育是人性化教育中充满活力的教育形式,要求教师按照学生的身心发展规律,真正激发他们的自觉性和积极性,实现学生的自我认识、自我监督和自我评价,帮助他们树立明确的是非观念。实现学生自我教育是时代与社会发展的迫切需要。

学生是有思想、有创造性的个体,他们每天接受着新知识、新事物,教师要实现学生的自我教育,首先要让学生产生自我意识,对自身有清晰的认识。学生自我意识的产生、确立、发展通常有如下途径:将对别人的认识迁移到自我,通过社会化比较;分析他人关于自己的评价;自我观察、自我分析;根据自己的社会地位、社会角色、价值观等对上述途径所获得的信息进行取舍。① 在产生自我意识的过程中,教师应该为学生营造一个良好的环境,做好引导,给予信任,让学生逐步意识到社会、家庭、学校对自己提

---

① 徐学福,房慧.让学生做自己的老师:名师讲述,如何提升学生自主学习能力[M].重庆:西南师范大学出版社,2011:25.

出的道德要求,相信它的正确性,并产生自我锻炼的动机。同时,教师可以发挥集体的力量,一个良好的集体往往比教师个人的教育影响具有更大的作用,有利于培养学生的集体主义精神和行为习惯。

教育学生善于管理自己,战胜自己。胡适先生曾说:"生命本身并没有什么实际意义,你赋予它什么意义,它就有什么意义。"教师不仅要传授知识,更要使学生的道德与人格得到提升,让学生学会学习,从而形成正确的价值取向。当学生拥有了自我意识之后,我们就要帮助学生建立价值取向,指导学生自我教育评价。一个正确的价值取向作为学生的行为指导出现,让学生完成自我评价,是激发学生向上的内驱力。这是帮助学生形成自我教育能力的基本点。拥有正确的价值取向,才能真正地认识自己,战胜自己。

人们往往是通过照镜子来看到自己的样子,那么,学生的自我教育也需要"镜子",家长与教师就是他们的"镜子"。要学生提高自我意识,学会自我教育,就少不了家长和教师的反馈作用。让我们用发现的眼光去寻找他们身上的闪光点,让他们在"照镜子"的时候,拥有自信,快乐地迎接未来的学习和生活,实现自我教育。

## 二、教会学生自我管理

学生的自我管理是一种在学校宏观管理调控下,在老师的指导下,学生自我决定、自我选择、自我约束调控、自我评价反思、自我发展完善,发展自身主体性的管理模式。我们往往会有这样的经验:当我们不希望学生添麻烦的时候,偏偏是学生最麻烦的时候;如果你是班主任,当你外出开会、听课时,是不是悄悄地从墙角走,生怕学生发现你离开学校而大肆捣蛋? 如果你是主科任课老师,外出学习几天之后回到学校,是不是会将所有的自习课甚至其他主科课占为己有?

曾经有人问魏书生:"魏老师,您既当书记,又当校长,还当两个班的班主任,教两个班语文,除此之外还有 29 个社会兼职,每年要外出开 4 个多月的会,在校还要不断接待全国各地的客人,还要处理四面八方寄来的信件,还要写书,写稿件。您靠什么带班教课呢?"魏书生老师的答案很简单,学生轮流管理,语文课全凭自学。他和学生谈心说:"老师依靠什么当班主任,依靠什么教语文? 就依靠在座的各位助手。在座的146 位同学都是我的助手,都是我的副班主任,都是我的语文助理教师。大家都成了老师的助手了,那么我直接支付给同学们的时间再少些,我们的班级也能管理得井井有条。"①这就是自我管理的经典范例。我们都应该相信学生内心藏着一个广阔的世界,只要将这个世界的真善美调动起来,学生就会成为我们的助手,而学生自己也学会了自我管理。

在学生学会自我管理的过程中,教师首先应该帮助学生自己制定一套管理制度,包括学习目标、自我约束、学习计划等,然后教会学生怎样自我检查、自我评价、自我调节以及自我补救。

在实际教学中,应让窒息了学生创造性的"保姆式""警察式"班级管理模式淡出我们的教学,转变教学观念,变直接管理为间接指导与完善。学生的自主性发展离不开适宜的土壤和发展空间,教师应努力创设让学生参与到自我管理中来的情境氛围,尊重学生的意见,鼓励并帮助学生自我管理。

苏霍姆林斯基在谈到对学生的教育时曾说:"在我们教育集体的创造性劳动中有一条信念起着巨大作用,这就是:没有自我教育就没有真正的教育。"由此可见,自我教育是学生个性发展中一个重要的环节,离了这一环节,任何教育都无法奏效。

### 三、引导学生自主学习

在你的课堂中有没有学生笑过? 有没有对他们的表现感到有兴趣? 有没有认真鼓励过他们? 下面是一位老师写的报告:②

我今天在学校里目睹的一切相当于一场隐形的"屠杀":一位老师对班里30名学生进行了"屠杀"。她用语言作为武器,屠杀了所有的学生。L夫人先是用语言抽打了一个迟到的男孩,接着严惩了一个忘记做家庭作业的女孩。然后,她给一个抄作业的孩子取了个绰号,并且骂了给他抄作业的另一个男孩。虽然一天刚刚开始,但教室里已经充满了恐怖的气氛。

报告里所描述的情境也许正在我们的课堂中发生。在这样的环境中,是无法引导学生自主学习的。若要学生学会自主学习,那么首先需要教师为学生创设一个和谐、自由、平等的学习空间。把学习的主动权和学习内容还给学生,尽可能地给他们提供

① 魏书生.班主任工作漫谈[M].桂林:漓江出版社,2008:8.
② 海姆·G.吉诺特.老师怎样和学生说话[M].冯杨,周呈奇,译.海口:海南出版社,2005:44.

更多的学习机会,最大限度地激发他们的学习兴趣和创造力。当然,更重要的是教给他们自主学习的方法。

自主学习,作为一种与传统接受学习相对应的现代化学习方式,要求学生作为学习的主体,通过独立分析、探究、实践、质疑、创造等方法实现学习目标。在这一过程中,教师需要帮助学生树立目标,制订计划,确定范围,并监督学生坚持按照计划开展学习,为学生创造良好的学习氛围和环境;或者采取学习竞赛的方式,让学习环境活跃起来。

学生学会一个解决问题的方法远比让他们牢记一百个答案重要,在知识大爆炸的今天,任何教育都不可能将人类的所有知识传授给学习者,教育的任务必然要由使学生学到知识转为培养学生的学习能力,培养学生的学习能力是学习的本质。

在课堂中教师当然需要传授知识,但将主动权还给学生,通过传授知识激发学生的主动性、自主性和创新性更加重要。陶行知先生曾指出:"我认为好的先生不是教书,不是教学生,而是教学生学。"我们需要为学生拓宽学习空间,培养他们良好的学习行为,教给他们良好的学习习惯和学习方法,提高学生学习的效率;在教学生怎样学的同时,使学生"学会学习",让学生自己掌握"钥匙"去打开知识的宝库,加速教学信息的传递。

## 策略二 让学生拥有自我实现的内在动力

人本主义心理学家马斯洛曾提出"内在学习"的概念:依靠学生内在驱动力,充分开发潜能,达到自我实现地学习。这是一种自觉的、主动的、创造性的学习模式。这种内在教育的模式会促使学生自发学习,打破各种束缚人发展的清规戒律,自由地学他想学的任何课程,充分发挥想象力和创造力。[①] 让学生拥有自我实现的内在动力,就是激发学生充分发挥潜能,表现自己的才能,从中获得满足感。

我们来看看闻名世界的第 56 号教室雷夫老师是如何让孩子变成爱学习的天使的:

某日,我在教室里收取学生的家庭作业,作业的内容是以"印第安疯马酋长"为题的简单填字游戏。当天是交作业的截止日期,但丽莎找不到她的作业。当时才刚开

---

① 陈琦,刘儒德. 当代教育心理学[M]. 北京:北京师范大学出版社,2008:204.

学,丽莎迫切想有好表现。她急得像热锅上的蚂蚁,翻着书桌里的几个资料夹。她知道我就站在她身后,所以拼命在找那一份不见了的作业。

雷夫:丽莎?

丽莎:雷夫,等我一会儿。我带了作业,我做过了。真的啊!

雷夫(轻声地):丽莎?

丽莎:真的,雷夫。我真的做过家庭作业(还在拼命找)。

雷夫(已经在哼唱了):丽——莎?

丽莎(从徒劳无功的翻找中停了下来,抬头往上看):什么事?

雷夫:我相信你。

丽莎(不发一语,眼神中带着疑惑):······

雷夫:我相信你呀!

丽莎:真的?

雷夫(轻声地,带着微笑):当然啰,丽莎。我相信你已经把作业做好了。可是你知道吗?

丽莎:什么?

雷夫:眼前有个大问题哦——

丽莎(怯生生地,停顿许久):我乱放东西。

雷夫:没错,你得更有条理一点。现在,何不挑两个你信得过的好朋友?

丽莎:露西和乔依丝?

雷夫:很好。今天吃过午餐以后,请她们帮你整理资料夹,好吗?

丽莎(松了一口气):好······

【资料来源:雷夫·艾斯奎斯.第56号教室的奇迹[M].卞娜娜,译.北京:中国城市出版社,2010:11-12.】

很多教师都会遇到这样的事情,往往会感到沮丧,但雷夫老师能够让原本会往坏处发展的事情成为教育学生的契机,就在几分钟的时间里,他从可能依照规定惩罚丽莎的恶人,变成被她信赖的师长和朋友。班上的学生在观察雷夫老师的每个举动之后,把他当作一个讲道理的人看待。这是建立信任的大好时机。故事的结局是,在接下来的一整年里,丽莎再也没有忘记带作业了。

我们常常逼迫学生让他们照自己的话做，我们坚信这样是对的，这样对学生有好处。雷夫老师告诉我们，我们应该为孩子打造一个坚固而友善的避风港，给他们机会，让他们成为充满自信又快乐的人。虽然这不容易，也不是每个学生都能赢得你的信任，有些学生会背叛你对他的信任；但是如果我们要求学生有好表现，就必须用行动让学生知道我们相信优异表现的可能。做一个公平的、讲道理的教师，努力将教室里的恐惧驱除。在与学生共同打造的良好环境里，一同成长，展现出让我们自己都惊奇的好表现。

### 一、相信学生能行

陶行知曾说过："教育孩子的全部秘密在于相信孩子和解放孩子。"少年儿童一般都具有渴望得到信任、理解的心理需求。随着年龄的增长、交往范围的扩大和个体意识的增强，表现欲与荣誉感也随之增强，这时他们往往把自己看做"小大人"，独立性、自尊心越来越强，上进心切，却不得要领，往往会做出一些令人无法理解的行为。这时候，教师需要加以正确的引导，保护好他们的自尊心与上进心。只有当学生觉得他们被信任了，积极性和主动性才能被调动。

"信任"是教书育人的法宝。如果你相信学生，把他们当成大人看待，他们也许就真的一下子长大了、懂事了；如果你始终放心不下，总认为他们不懂事，这也干不了，那也不能干，那么他们也就什么都依赖大人了。让学生感受到教师的信任，他们才会勇敢地拓展自己的才能！

我们应该尝试着站在学生的立场上看问题，做事情。对于犯错误的学生更不可简单粗暴，一定要考虑学生犯错误的原因，教育、引导学生判断是非、权衡利弊，使学生在有正确的思想认识的基础上自觉规范其言行。在做出什么决定之前最好多听听学生的想法，站在他们的立场上进行考虑。即使必须做出处罚决定，也要让受罚者心服口服。

魏书生在一次报告中提到，教师要相信学生的能力，学生自己能干的事情教师就不必多操心，让他们自己去干就行。他举例说，他们班学生的学费，他从来没收过，都是小组长带着组员去总务处交，从没出过差错。班里好多事都让学生处理，这很锻炼学生的自我管理能力，更体现教师对学生能力的信任和尊重。

我们教师对学生的照顾往往"无微不至"，大事小事都亲自操办，这样做其实就是不相信学生能力的一种表现。久而久之,不但教师身心疲惫,而且养成了学生的惰性。教师的爱,必须通过一定的方式,转化成学生对学习的爱,对生活的爱,应该使学生的能力得到不断的锻炼,获得学习和生活的积极人生态度。

## 二、点燃学生的激情

"我们无力改变教育体制,却能与孩子一起创造奇迹。"全美最佳教师,故事被搬上好莱坞大屏幕的罗恩·克拉克老师这样认为。他的奇迹教育点燃了学生的激情,他说:"当你走进教室,如果你'看到'的是一班违反纪律和有学习障碍的孩子,那你肯定会变得手忙脚乱。而如果你'看到'的是一班律师、商界精英、艺术家和总统,那你就会自如地以你的方式塑造一班高度自信,并对成功有着自我期待的学生。"①教师的期待可以点燃学生的学习激情,高期望可以带来不可思议的进步。

我们很多时候看到的课堂是这样的:教师单调地讲课,学生在课桌上趴着睡觉,没有互动,没有生气,也没有激情。教师在设置课程的时候,往往是根据中等水平学生来设计自己的教学,认为这样可以兼顾优秀和学习困难的学生。实则不然,这样我们牺牲了学习拔尖和学习吃力学生的需要。我们可以在保证正常教学的前提下,对大部分学生提出更高的要求、设定更高的目标,让学生面临挑战,而不仅仅面对考试。让他们感受到被鼓励的状态,他们就会取得无法估量的成绩。

在成长过程中,学生都希望得到别人的关注,渴望得到别人的赏识,尤其当这种关注和赏识来自教师时。教师若要点燃学生学习的激情,就要深谙表扬的艺术。我们往往因事物繁杂而疏于肯定,有时候又流于形式轻易肯定,这都不足以激发学生的主动性。学会慷慨、充分地肯定学生,认同他们的梦想,我们相信,他们的学习激情终被点燃,会收获意想不到的学习奇迹。

魏书生老师曾经收到一份来自甘肃省兰州市西北师范大学二附中的祝福卡:

魏老师:

您还记得我吗?我就是您的观摩课上那个不起眼的小女孩,就是您给了我勇气和希望,就是您教会了我"人是一个广阔的世界"这句话。是您在我生活的里程

---

① 罗恩·克拉克.罗恩老师的奇迹教育[M].李文英,等,译.北京:中信出版社,2012:13.

碑上留下了转折性的一笔。我感谢您,您是一个能教书育人的好老师。

一个不起眼的小女孩
舒敏洁

就这样一句"人是一个广阔的世界"给了小女孩勇气和希望,引导孩子站在一个广阔而高远的立足点来看待自己、看待人生。教师点燃孩子的激情不是一件难事,只要用心去解放孩子的心灵,激发孩子对未来的向往,就可以燃烧他们奋进的热情。

### 三、帮助学生制定目标

学习目标是学习的出发点,也是学习的归宿。学生学习不主动,成绩差,往往是因为缺乏上进的目标。拥有一个明确的学习目标是激发学生自我实现内在动力的基本条件。为学生制定目标不能概而论之,要了解每一个学生的兴趣和特长所在,尊重他们的选择,然后激发他们对目标的向往,并且为实现这些目标而创造条件。在这个过程中,教师需要做的是与学生一起把理想的实现分成若干阶段,树立短期和中长期目标,然后不断地督促学生朝设定目标迈进。当然,我们也要适当地引导学生将目标放在符合社会需要和个人实际的方向上来。

目标是学生前进的方向,是航海中的灯塔。把大目标分割成一个一个小目标,减少跨度,则容易完成。这正如苏联教育家赞科夫所说的,蹦一蹦能达到的目标,是他们乐于去追求的。每次实现一个小目标,即使微不足道,也会对学生产生深远的影响,会产生滚雪球似的效果。不要忽视小目标,也许正是这些清晰的小目标改变了学生的不利状况,使他们一步步迈向成功的道路。

**策略三** 让学生拥有学习与生命智慧

教育心理学认为,学生的智慧技能的学习要解决"怎么做"的问题,每种学习水平中都包含着不同的智慧技能。[①] 一个优秀的教师在教给学生知识的同时,更需要给予学生智慧。

---

① 陈琦,刘儒德.当代教育心理学[M].北京:北京师范大学出版社,2008:116.

# 关心的力量

一次，在课间闲聊中，华应龙①老师了解到小哲的爸爸生病，住在医院里，他妈妈既要到医院服侍丈夫，又要到工厂上班，还要照顾孩子，十分辛苦。有一次，小哲的作业全对，只是写得比较潦草，华老师在他的作业本上批了这样一句话："小哲，你爸爸有病，妈妈又忙，你要照顾好自己。作业写得再认真点，这对你爸爸妈妈都是难得的安慰，不是吗？"

老师关心的话语，让小哲感到很温暖。本来学习就不错的他学习更努力了，不但把作业写对，还写得非常整齐。这也让他在接下来的一次考试中考到了95分以上，但小哲还不满足，甚至有些自责，他给华老师写了一封信，信的内容是这样的：

经过努力，考到了95分以上，当我拿到试卷时既高兴，又不怎么高兴。

为什么高兴？是因为这次考试确实有点难度，8道应用题和许多计算题，有的人考得很差，因为有许多类型，所以有的人会做的题目也做错了，而我错了一道小小的计算，我把"$2\times4$"看成了"$2+4$"。

不高兴的是，我完全能考100。我爸爸病了，我妈妈又忙，我应该考个100分告诉他们，也许能使爸爸的病好一点，能使妈妈轻松一点。我真后悔，我错过了这次机会。我决心要好好学习，长大成人。

学生：小哲

【资料来源：孙志毅.学学名师那些事[M].重庆：西南师范大学出版社，2009：253-254.有改动】

在小哲的这封信里，我们看到他对自己的分析与评价，他不仅学会了自我反思，还懂得了感恩父母。这是华老师关心小哲的结果。这是一种多么神奇的力量，实现了孩子的自我教育，让他们拥有学习智慧和生活智慧。教师往往面对着一批批世界观、人生观、价值观正在形成的年轻人，他们对一些事物的认知、对人生价值的思考还存在一定的盲点和误区，如何正确引导和矫正这样一群孩子的言行，塑造与净化他们的心灵，这是我们的教师需要长期思考的课题。教师要用睿智和真情帮助学生走出困境，有时

① 华应龙，首批"首都基础教育名家"，特级教师，著有《我这样教数学》《我就是数学》《个性化备课经验》等。

凝聚真情和渗透着爱的谈心能如春风化雨、吹面不寒。这样用智慧启迪智慧的过程，往往能让学生敞开心扉，开阔视野，激发斗志，甚至能使学生终生受益。

那么，该如何让学生拥有学习与生命智慧？

## 一、学得多不如学得巧

也许很多人都知道这一句名言，"知识就是力量"，却不知道，这句名言的背后还有另外一句"知识在书本之中，运用知识的智慧却在书本之外"。

人的一生是一个不断学习的过程。读死书和死读书已经不能适应这个时代的发展。虽然说"天才出自勤奋"，但应该看到，勤奋只是一个合格学生的基本功。一个优秀的学生会重视勤奋，但绝对不会让自己仅仅停留在勤奋的层面，而是要拥有智慧。

一个名不见经传的马拉松运动员出人意料地夺得了世界冠军，当别人问及他是如何取得冠军时，他干脆地回答："智慧！"后来在奥运会上，他再次折桂，别人猜想他一定是有秘诀时，他的回答依然是"智慧"，别人都很不解。很多年以后，在他的回忆录中，大家才真正知道了答案。他的智慧在于将漫长的马拉松路线，分成很多小的目标，然后记住醒目的标志。在比赛时，他就一个一个地去完成每一个小目标，从而最终站在了冠军奖台上。

这的确是一个充满智慧的马拉松选手，他的冠军奖杯不完全依靠体力，还有思考、智慧和行动能力。在学习中，我们也需要教给孩子学习的智慧，让他们懂得去判断学习方向，运用适合自己的学习方法，汲取未来需要的知识。

俗话说："学得多不如学得巧。"世界在变化，各种知识已经不断更新，教师决不能抱残守缺，对社会的需求视而不见，自认为学富五车，将一些时代与社会都不需要的知识教给学生。教师应该努力提高自身的教育方法，做好那个给学生智慧的基石。注重对知识的选择，教给学生学习的方法、思考的方法。勤奋读书但不能当书的奴隶，必须明确：学习前人是为了超过前人，学到最后，还得有自己的创造。让学生知道学习知识不是简单的吸收，而是要站在前人的肩膀上超越。

## 二、帮助学生打开"心眼"

有一个孩子幼年父母双亡，头脑不灵光，每人都觉得他长大后没什么出息。可收留他的寺院院主向众人宣布，他要带这个孩子到山里去苦行修炼。之后，人们发现几次修炼后,孩子越来越聪明。

后来他成长为一代高僧,不仅佛法精深,而且富有传奇色彩。有人向他请教修炼的奥秘,他笑着回答:"我第一次参加苦行修炼的时候,掉进了一个很深的沟涧,师父没有帮助我,而是用了一天一夜看着我一点点想办法爬了出来。后来他告诉我:人有两种眼睛,一种是肉眼,一种是心眼。肉眼中满是花花绿绿的世界,所以,心神都被分散了,很难集中精神做好最重要的事;而心眼则是丝毫不受外界的干扰,眼中只有一件最重要的事,然后人就会用全部精力做好这件事。当我在沟涧里得不到任何帮助时,多余的想法都没了,只想逃出去,于是我才真正专心于自己想办法。"凡人与智者的区别,就在于平凡者只会用肉眼看世界,而大智者学会了使用心眼。①

我们教师每天课上滔滔不绝地讲解,详细地解释,课后忙碌着给学生出试卷、习题,却很少让学生思考,用心眼看一看,学着主动思考解决问题的办法。教师应该是能够把学生引导在真理路上的领路人,帮助学生在迷茫和纷繁中找到智慧之路。

朱永新教授在《新教育》中提到:知识并不等于智慧。知识关乎事物,智慧关乎人生;知识是理念的外化,智慧是人生的反观;知识只能看到一块石头就是一块石头,一粒沙子就是一粒沙子,智慧却能在一块石头里看到风景,在一粒沙子里发现灵魂,其实这就是"心眼"。一个好教师应当帮助孩子打开心眼,把握学生的学习逻辑,洞察学生的细微变化,更直接地接触学生的理智和心灵。

### 三、让生活成为学生智慧的源泉

我们回想一下我们儿时的学校生活,也许大多数都与紧张、胆怯联系在一起:我们端坐在教室里,跟着老师学习复杂的拼音、生字、数字和算式,不敢有任何出格的举动,经常因为对事物的好奇和幻想与教学进度和教学内容发生冲突,而遭到批评、教训,甚至惩罚,我们变得越来越"懂事""听话""守纪律"……然而,我们也变得越来越不会思考,只会被动地接受,智慧离我们越来越远。

教育不是生产车间的流水线,我们应把学生培养成有智慧的人,具有开朗活泼、积极进取的性格,有一定生存技能、具有良好习惯和品质的人,借助生活课堂让他们在人生的道路上学会自我教育、自我激励,从而取得成功。

---

① 王者归来.心眼[J].领导科学,2009(15).

学生学习的环境应放在真实问题的背景中,对学生才更有意义。陶行知说:"生活教育是给生活以教育,用生活来教育,为生活的向前向上的需要而教育。从生活与教育的关系上说:是生活决定教育。从效力上说:教育要通过生活才能发出力量而成为真正的教育。"这就是要求教师结合学生的生活经验和已有的知识来实施"生活教学",使学生亲身体验到生活中的智慧,并且用这种智慧可以解决生活中的实际问题,以使学生对学习产生亲切感。

我们传授给学生的知识应该是学生能利用个体经验理解与掌握的。只有联系生活,把教科书上的知识激活,将无声的知识变成鲜活的能力,打开智慧之门的钥匙才会交到他们手上,我们也将看到充盈的生命活力和灵动多彩的课堂。

## 策略四 让学生的心灵与才智和谐共建

在犹太人的传统教育中,他们有一条亘古不变的真理:财富可以被带走,唯有知识和智慧永不流失。孩子第一天上课,学校总是让他们先把用蜂蜜写在干净石板上的希伯来字母舔干净,希望他们明白学习是甜蜜而充满诱惑的。

从孩子背着书包进入校园的第一天起,他的角色就转化为一个在学校接受教育的学生。而在这个过程中,我们发现,学生的思想认识和实际行动往往存在着较大的反差,在学习方面,他们抱有美好的理想,却缺乏踏踏实实、一步一个脚印的努力,显得很浮躁;在纪律方面,他们期望建立和谐规范的班级秩序,却缺乏对自我的约束和管理能力,甚至违反班级规章制度;生活方面,他们有着对真、善、美的道德认知,却没有养成良好的行为习惯,有时会意气用事,甚至知错犯错。作为教师,我们必须重视这些现象,适时地给学生进行心灵上的抚育与引导,让他们的心灵和才智得到和谐发展。

深受学生欢迎的关承华是一位善于让学生的心灵和才智达到和谐共建的教师,她认为细节可以改变学生的行为。

## 一句问候暖人心

王龙是一个成绩十分优秀的学生,但是由于家庭教育的不当,在他身上表现出来一些十分明显的弱点和缺陷,尤为突出的就是自私:只顾自己学习,不考虑集体或他人的利益。比如说上学迟到就是一个老大难问题,老师做了大量的说服教育工作,效果都不明显,导致集体荣誉一再受到影响。而他的妈妈还有意把闹钟拨慢15分钟,让孩子用迟到来换取早晨多睡那一小会儿。至于帮助同学、关心集体等几乎与他无关，尽管学习成绩很好，但我很为他的品行忧心。一天，我走在学校的楼道里，突然一阵眩晕，身不由己地趔趄了一下，正巧王龙从此经过，他听到动静回过身来，关切地问了我一句："关老师，您怎么了？您没事吧？"我稍稍镇定了一下，告诉他："没什么事了，谢谢你。"我谢他什么呢？谢他对我的这一声问候，谢他在紧急时刻心中对他人的那一份关爱。回到办公室，再想想刚才那一幕，我决定"小题大做"一下，给他一点刺激与提示。于是我立即动笔给王龙写了一封简短的信：

王龙：

　　谢谢你！

　　刚刚过去的课间十分钟，你的一句问候让我十分感动。

　　因为高二同学在考试，我怕咱们年级同学大声喧哗对人家有影响，所以下课铃一响，我就开始在楼道里巡视。由于身体不适，突然间一阵眩晕，瞬间趔趄了一下，也就两三秒钟，这一镜头却被你捕捉到了。你稍微犹豫了一下，怯生生地问我："关老师，您怎么了？"那一刻，我好感动，好感动。

　　一句简短的问候，表达了你对老师的关心，也说明你心中有他人，你对他人的付出，会换来别人对你的喜爱和尊敬的！

　　再一次谢谢你！

你的大朋友<br>关老师

　　王龙内心深受触动，决定改变以往自私的方式。结果表明，他是这样想的，也是这样做的，成为了一个全面发展的学生。

【资料来源：关承华. 凭什么让学生服你[M]. 北京：中国青年出版社，2008：143-147.】

　　关老师捕捉到了学生的一个小细节，然后"小题大做"地将这个小事变成一个良好的教育契机，借写感谢信之名，完成了一次对孩子的道德教育。王龙的成绩十分优秀，但是最突出的特点就是自私，不考虑他人的感受，关老师抓住了一句简简单单的问候，借一封真诚的感谢信，给予他积极的肯定与回应，让他记忆中留有痕迹，体验到助人为乐,使其心中开始有他人,不失为心灵与才智和谐共建的范本。

那么,应如何让学生的心灵与才智和谐共建?

## 一、走进学生的心灵

教育学生必先走进学生的心灵世界,在学生的心灵世界中耕耘、播种、浇灌,让他们的心灵绽放出真诚善良、美好光明、积极向上的花朵。"走入学生的心灵世界中去,就会发现那是一个广阔而又迷人的新天地,许多百思不得其解的教育难题都会在那里找到答案。对学生细致入微的了解,使教师的工作如同有了源头活水,常做常新。"①

青少年由于心理、生理的不成熟,他们的行为常有不确定性和反复性,很多教师对这些不听教的学生采用一些简单粗暴的方法,如惩罚、批评或者挖苦,等等,这样不但效果极差,反而引起师生关系的紧张。这时候,最好的方法是走进学生的心灵世界,给予疏通和导行。

心灵是智慧的发源地,是人类的灵魂所在,而学生的心灵,是一方奇妙的净土,只有在他们的心灵里播下健康、美好、快乐的种子,他们才可能健康、快乐地成长。教育离不开教师与学生的心灵交流与情感触动,要完成教书育人的任务,心灵的沟通尤为重要。心灵沟通有重要的激励、维持和调控作用,与学生的自我教育、个性发展息息相关。

作为教师,就更要时时处处尊重学生,关心学生,帮助学生,走进他们的心灵世界,只有投入真挚的爱,达到心灵的沟通,才会收获感情的回报。那么,我们应如何走进学生的心灵呢?

首先,生活上关心,让学生体会到教师的爱心。苏霍姆林斯基说:要像对待荷叶上的露珠一样小心翼翼地保护学生幼小的心灵,晶莹透亮的露珠是美丽可爱的,但是十分脆弱,一不小心,就会滚落破碎,不复存在。学生的心灵,如同脆弱的露珠,需要教师的加倍呵护。我们往往将目光聚焦于学生的分数,以分数定成败,缺乏对学生的尊重,面对学生时,难以以平常心、平等爱来给每一个学生关爱。常常有学生认为自己因为不是好学生而得不到老师的关爱而自暴自弃。我们无力改变应试教育的现状,但我们可以改变对学生的态度,在生活上给予他们关心与关爱,让学生每天都切身感受到教师对他们的爱,这样学生才会接纳教师,把教师当成朋友,这时教育功效才能最大化。

---

① 魏书生.班主任工作漫谈[M].桂林:漓江出版社,2008:317.

其次，教育上要耐心，帮助学生树立信心。学生在校，他们的主要活动是学习，由于学生的个体差异，并不是每个学生都能够接受教师所教的知识，那么教师就需要更大的耐心。对成绩好的学生，重思路点拨，鼓励他们自己思考；对中等生，点拨思路后再根据其反应确定辅导重点，尽力帮助他们绕过或突破思维障碍；对学困生就要从基础开始，分散难点，分解问题，特别要注意他们是否听懂，鼓励他们不懂要多问。

耐心是教育成功的保障，是一种爱的表现。在尊重学生的人格和理解学生的认知水平的基础上，教师应该不断磨炼自己的耐心，用宽容的态度对待学生的不足，以接纳的心态对待学生的个性，让学生在成长过程中树立信心。

再次，教师要与学生交心，了解学生的思想状况。许多家长和教师都有这样的困惑：为孩子操碎了心，可是孩子怎么不听自己的话呢？孩子的成长需要沟通。家长和孩子、教师与学生在思维方式和理念上存在较大的冲突，我们常常站在自己的角度去思考学生的行为，得到学生不懂事的结论，学生也无法面对来自我们的教育，有的索性充耳不闻，一个难以跨越的鸿沟就此产生。教师应深入了解学生，与学生交心，在沟通时有针对性地指导，引导学生走向成熟。

与学生交心是引导学生最有效的工具，了解学生的思想状况之后，教师得到学生的信任，就能够成功地将思想、想法、希望传递给学生，达到引导学生行为的目的，教出有主见、有选择能力的学生。教师应该把自己塑造成为学生的心灵向导，成为学生在需要帮助时可以求助的智者。

最后，用精心与诚心，激发学生的学习热心。教育是师生合作的过程，所谓"师生合作"就是相互合作，相互渗透，相互配合。在这个过程中要求教师用诚心对待学生，促进学生的学习热心。特别是在学生犯错误时，教师不要一味责怪，而应从造成的危害和影响等方面进行教育，用尊重学生的爱心、诚心换取学生的理解。教师对学生应以诚相待，动之以情，晓之以理，切不可空口说教，要结合学生的特点，帮助学生树立正确的人生观、价值观，使学生主动承认错误，改正错误，养成自律的良好习惯。

在学科教育中，教师应突出学科特点，多应用直观教具，设置悬念，遵循"从做中学"的教学原则，充分发挥"好奇心是先导，求知欲是动力"的教育理念，让"教"的结果是"不用教"，让学生的学从"要我学"过渡到"我要学"，进一步发展为"我能学"，教师在整个知识的传授中切实起到指导作用，让学生自主地边做边学。这就要求教师对教学内容进行精心设计，在教学上多用心，为学生创设实践机会，调动学生的学习兴趣。

## 二、让学生的才智亮起来

课堂是学生学习知识的主阵地,但不是唯一的知识源。教师最明显、最直接、最富时代性的角色特征变为了学生学习的促进者。教师应改变观念,从过去作为知识唯一的传授者,转变为以学生为主体,使学生个性和谐、健康发展的促进者。教师应该引导学生主动进入对新课的学习,激发学生学习的热情和探究的兴趣,给学生展示自己才能的机会,不失时机地点燃学生求知的火花,及时评价并激励学生的学习。让学生成为学习的主角,让学校成为学生施展才智的舞台。

要让学生的才智亮起来,教师应该以学生在课堂上所做、所说、所想、所学和所感为课堂的关注点,成为学习情境的创设者、组织者和学生学习活动的参与者、促进者。遵循学生发展的需要和状况设计教学,清楚认识到教师的教是为了学生更好地学,给课堂带来一个更为民主、平等的师生关系。

如何让学生愿学、爱学、会学,让学生在课堂中真正发挥聪明才智,是每个教师首先应解决的问题。当今,以学生为主体、教师为主导的教学模式已被人们广泛认同。师生之间本应是平等的、好友式的关系。教师尽量以学生的思维方式思考一些问题,理解他们,进而引导、启发他们,让学生主动、自觉地参与学习实践,在实践中能动自主地掌握知识和规律,感悟人生和社会,充分获得生活经验的顿悟和沉淀。那么,学生的才智才有亮起来的可能。

## 三、解放学生的心灵与才智

我们的校园不是纯粹管理学生的地方,更不是压制学生的地方,而应该是学生的一个生活舞台,一个交流空间,更应是一个充满情趣、充满人文、充满活力和吸引力的地方。在这里,学生的身心得以舒展、个性得以张扬、生命得以升华。我们教师要做的不仅仅是规范管理学生,更多的是"以学生的发展为本",与他们共同生活、共同交往、共同欢乐、共同成长。作为教师,我们应与时俱进,提高自身素养,明确教育是手段、管理是方式、尊重和发展学生的心灵是教育的目的。就班级管理者而言,应从管理"专制"走向管理民主,从封闭管理走向开放管理。

这是一个"有趣"的创意:眼看着开学就在眼前了,对很多玩了一个暑假的孩子来说堆积如山的作业成了一道难题。记者从一名小学生那里了解到,今年他们学校有人居然通过 QQ 建了一个"暑假作业答案库",只要是该校的学生不管哪个年级,都能在里面找到自己需要的答案。

　　一名小学四年级学生向记者介绍了整个过程。这个所谓的答案库是三个孩子"突发奇想"而来的。这三个孩子来自三个不同的年级,有一天巧合地在小区外的一个茶店碰到,都在抓耳挠腮地赶作业,无意中发现来自同一个学校就开始聊起天来了。于是高年级的就帮低年级的解了几道题,而低年级的就帮高年级的抄写了一些文字。忽然间他们发现"互帮互助"非常有效果,而且"人多力量大",三个都喜欢玩电脑的人当即决定把自己的同学都集合起来"一起做作业"。于是三人回家就开始发动身边的同学和朋友提供已经完成的暑假作业答案,上传到一个公用的平台上。但有一个条件,就是不能不劳而获,要想获得别人的答案,自己就必须提供至少两项以上的答案。结果,这个提议在网络上一经传播开来,居然受到了很多学生的追捧,每天都有人上传自己的答案,然后提出自己所需要的内容是什么。在两周之后,大部分学生都完成了作业,一些学生甚至表示这样做作业很有趣,"如果是这么做作业,再多点也没问题啊!"最让人觉得这个群体"有才"的是,他们为了杜绝家长和老师的"过分关注",要求每个登录的人不但要传答案,并且要实名制,如果谁带来了"奸细"就把他"踢走"。记者也因此没有能拿到这个群号。

　　教师和家长实际上也知道这个平台的存在,对此,他们首先肯定了这个创意很好,不管动机如何,孩子们能为了完成一件事齐心协力去做就非常难得。而且在整个过程中体现了"不能不劳而获"的主题,也并没有完全违背暑假作业的核心理念。当然,这样的做法从某种程度上来说也算是"抄袭",家长们更希望通过教师的引导,让孩子们能保留这种创意的精神。

　　其实,这就是一个才智与心灵解放的良好案例,虽然出发点是想快速完成暑假作业,但在这个过程里,学生发挥自己的才智建立起了暑假作业答案库,这是一个合作性学习完成的过程,而且其中的条件"就是不能不劳而获,要想获得别人的答案,自己就必须提供至少两项以上的答案",这是孩子对品格提出的要求。这类事情在学生中早就屡见不鲜,而教师要做的是正确引导,把学生放在主体地位上,关心学生、关爱学生。在对学生的个人管理教育上,要考虑学生的独立性、自主性、思想感情、心理特征、自身责权及身心发展等,真正做到让学生意识到自己的存在,体验到自己为人的尊严感和做学生的快乐感。把学习还给学生,让学生自主管理,解放学生的才智与心灵。

**策略五** 激发学生的情感体验，引导参与学习

苏格拉底要求学生"认识你自己"，一个缺乏情感体验和自我意识的学生，是不能很好地控制自己的，随之而来的，也就很难主宰自己的学习。因此，激发学生情感体验，引导学生参与到学习中来尤其重要。然而，怎样才能抓住有利的时机，拨动他们的心灵呢？我们来看看于永正①老师是怎样做的：

有个小朋友叫张斌，作文成绩不好。二年级下学期开学不久，他终于吭哧出一篇文通字顺的文章，那篇作文竟没让我动一个字。激动涌上了笔端，想写几句鼓励的话。二年级的小朋友，思维靠的是形象。对！于是，话变成了一幅画——我在作文簿上画了一只翘起大拇指的手，并在旁边写了一个加拼音的"棒"字（二年级的小朋友没学过"棒"字）。我在班里读完他的作文后郑重宣布，下次张斌的作文还能写得这么好，全班同学为他唱一支歌。小朋友鼓掌，定了。

他来劲儿。下课了还跪在凳子上写。就凭这个感人的姿势，能不给他得高分吗？于是，又一只翘起大拇指的手出现在他的作文簿上。我想，对二年级的孩子来说，恐怕这比什么评语都好。当全班同学动情地为他唱了一首歌时，他欲行队礼，举手到半截，发觉手里还拿着作文簿，于是"急中生智"，改为鞠躬，全班大笑。

从此，小朋友以作文能得到我画的一只翘起大拇指的手为荣。几乎人人都在争这只手。特别是后进生们，对张斌连获两次殊荣颇为眼红。他都能，我们为什么不能？

大拇指激起了他们的兴趣，挑起了他们的竞争。

可别小觑这小小的翘起的大拇指。

【资料来源：于永正.教海漫记[M].徐州：中国矿业大学出版社，2005：5.本文有改动】

当前的教育理念趋向于把学习看成是学生自己的事情，学生必须对自己的学习负责，这就要求教师在引导学生学习的过程中，要更加善于激发学生的情感体验，让学生主动参与学习。于永正老师运用一个小小的大拇指，就让学生热情似火地投入到学习中，可谓激发学生学习兴趣的高手。教师职责并不在于只向学生传授书本知识，更在于对学生精神世界的影响。在教育中需要唤醒每一颗学生的心，让他们都沐浴在爱的

---

① 于永正，特级教师，教育模范，国家有突出贡献的专家，享受国务院颁发的政府特殊津贴。

阳光里,让他们享受着情感的滋润。因此,教师要创造更多的兴奋点和一些让学生体验的过程,让学生能够真正参与到教育中来,让学生能够在体验中学,这样学生就能够很愿意、很自然地学到知识,教师也能够轻松有效地引导学生学好知识。因此,教学应该关注学生的情感体验,努力营造一个平等、民主、和谐、宽松、自由的学习氛围,激发他们学习的兴趣,使学生在愉悦的情感体验中学习。

那么,应如何激发学生的情感体验,引导他们参与学习?

## 一、把握激励的原则

在激励学生的过程中,无论我们用什么样的方式方法,促进其进步成才才是目的。我们不能因为要取悦学生而盲目鼓励,也不能降低要求来达到目的,我们应该发现学生的点滴进步,发掘他们的潜力,让他们向优秀看齐,拥有上进的动力。

世界上没有两片相同的叶子,当然也没有两个相同的学生。学生个体之间是存在差异的,激励的方法也应该有所差别,一定要根据每个学生的特点,进行针对性的转化与促进,不能千篇一律地赞美。教师激励学生应该本着以下几个原则。

第一,借助爱的力量,激励学生。出于真诚的师爱,发自内心,可以感动学生,成为学生进步的动力。教师的爱需要建立在尊重与宽容之上,特别是当学生犯错误时。当学生失意时,一个微笑、一句鼓励,也许足以让他振作。当然,爱需要技巧,要注意方式,同时也需要提醒,让学生感受爱,激发其内在动力。

第二,借助目标的力量,让学生拥有进步的动力。具体的目标能够唤醒学生内心深处一种更为强烈的反应,产生巨大的动力。因此,教师在激励学生的同时,要帮助他们定好目标,根据实际情况,描绘出实现的愿景;并且将目标化大为小,越具体越好。

第三,借助榜样的力量,完成学生的自我激励。以人为镜,可以明得失。榜样的力量是无穷的,它的特点是直接、直观。榜样的来源多种多样,判别的唯一标准便是能否起到积极的激励作用,而教师自身的榜样激励尤为重要。这也是身教重于言教的道理。

## 二、有的放矢的赏识教育

赏识教育并不是单纯地表扬加鼓励,而是以强化学生的行为为主,赏识学生的行为过程,以激发学生的兴趣和动机。有的放矢的赏识教育要做好两方面工作:一要努力找出学生可赏识、可激励之处,用多种方式进行赏识激励;二要对学生的缺点和失误尽可能地给予宽容和谅解,可以通过适当提醒,增强学生的心理体验,纠正学生的不良行为。

每个班级都由几十名性格、脾气不同,需求不同的学生组成,赏识一定要具有针对性,在平凡与平庸中搜寻学生的闪光点。根据不同的对象、不同的特点和不同的场合,我们需要选择不同的赏识教育方法。有的学生喜欢当众表扬,有的学生喜欢私下个别表扬,有的学生喜欢"小题大做"的表扬,这都需要教师根据学生的特点与心理需求,以及具体场合进行选择。

赏识教育是生命的教育,是爱的教育,是充满人情味、富有生命力的教育。人性本质就渴望得到赏识、尊重、理解和爱。蒙台梭利在《爱的智慧》中指出:正是爱使得儿童能以一种敏锐和热情的方式去观察环境中的特征。儿童热爱他的环境,这在成人看来,似乎是因为儿童天生的兴趣和活力,但是成人没有意识到,这种热爱是一种精神上的能力,它能够创造美丽的心灵。[①] 就精神生命而言,每个孩子都是为得到赏识而来到人世间,赏识教育的特点是注重孩子的优点和长处,发现并表扬,使之逐步形成燎原之势,让孩子在"我是好孩子"的心态中觉醒。

### 三、帮助孩子拥有成功的喜悦

美国心理学家马斯洛曾提出需要层次理论,其最高层次需要就是自我实现的需要即成功需要。成功的需要对人的行为具有极大的激励作用。每个人都渴望成功,学生也不例外,教师应该让学生明白,成功不是一小部分人的专利,成功应成为每个学生每一天的感受。每天进步一点点就是成功。苏霍姆林斯基认为:学习成绩的取得,乃是学生产生克服困难的动力和求知兴趣的源泉。

当学生获得成功,体验到快乐,这种喜悦直接影响其学习的动力和情感发展。因此,教师和家长要努力为孩子们创设"成功"的机会,让他们积极地争取成功、体验成功,这样可以提高他们成就的动机和学习的积极性,以养成自主学习的意识。

在学习中可采取竞赛的形式,让学生可以通过一定努力品尝到胜利的喜悦。在生活中,可以鼓励学生大胆尝试一些看似不可能完成的任务。对学生来说,每一次的探

---

① 玛利亚·蒙台梭利.童年的秘密[M].金晶,孔伟,译.北京:中国发展出版社,2006:79.

究和尝试都是学习的机会,一次次成功的体验会让学生信心百倍,动力十足地向下一个更高的目标迈进。

### 智慧点津

## 如何唤醒学生的主体情感

俗话说:"你可以把马儿牵到河边,但是你不能逼它喝水。"培养学生的学习兴趣,让学生真正地好学、乐学是唤醒学生主体情感的重要目标。

罗杰斯的有意义学习理论认为:学习具有个人参与的性质,即整个人(包括情感和认知两方面)都投入学习活动;学习是自发的,即便在推动力或刺激来自外界时,要求发现、获得、掌握和领会的感觉仍然是来自内部的;全面发展,也就是说它会使学生的行为、态度、人格等获得全面发展;学习是由学生自我评价的,因为学生最清楚这种学习是否满足自己的需要、是否有助于得到他想要知道的东西、是否明了自己原来不甚清楚的某些方面。[①] 唤醒学生的主体情感与意识,让学生自由地学习,教师给予学生充分的信任,信任学生的学习潜能,并愿意让学生自由地学习,就会在与学生的交往中使学生形成适合自己风格的、促进有意义学习的最佳策略。

### 一、用故事点燃学生激情

教育家陈鹤琴曾提出"教学故事化"理论:故事对于儿童是一种重要的精神食粮,通过故事这一形式,儿童的学习更有兴味。教学故事化,第一是教材故事化,用故事的题材来编排教材,运用教材。第二是教法故事化,教法故事化在于引起儿童的兴趣,集中注意,愉快地来做自己的工作。为什么要教学故事化,因为儿童有爱听故事的倾向,故事的形式与内容是适应儿童心理的。[②] 陈鹤琴先生的这段论述,将故事在教育中的作用及用法讲解得非常清楚。

一位母亲曾把自己似乎颇有几分神童禀赋的 9 岁儿子带到艾伯特·爱因斯坦面前,问怎样才能让孩子把数学学得更好。爱因斯坦回答说:"试着给他讲些故

---

① 陈琦,刘儒德.当代教育心理学[M].北京:北京师范大学出版社,2008:206.
② 陈鹤琴.活教育[M].南京:南京师范大学出版社,2012:8.

事。"这位母亲坚持问关于数学的问题。爱因斯坦说："如果想让他聪明，就给他讲故事；如果想让他有智慧，就讲更多的故事。"爱因斯坦认为知识仅仅局限于我们目前所知道和了解的一切，而想象力涵盖将要认识和理解的一切。在他看来，想象力是进步之源。他说，伟大的发明需要一颗富有想象力的心。①若要拥有想象力，最好的方法就是给孩子讲故事。

借用闪烁着智慧光芒的小故事，启迪学生的思想，触动学生的心灵，是点燃学生学习激情的最佳方式。在课堂上，教师可以根据所讲授的内容穿插一些相关的短小故事，说明、注解所讲的内容，以吸引学生注意、激发学生的听课兴趣、启发学生思考；在教育学生的过程中，用故事说理代替说教和训话，让学生从故事中体悟道理。当我们站在三尺讲台，讲故事的神态中闪烁着与"灵魂工程师"身份相符的智慧之光时，有效的教学情境就出现了。

在教育中，一个故事能改善学生的性情，使他们恍然大悟；一个故事可以使学生沉思生活的意义，接受新的真理；一个故事能让学生以新的视野和方式去体察大千世界、芸芸众生。给学生讲故事滋养他们的心灵，让他们得到智慧的启迪。

生活中的一些平凡小故事往往饱含着深刻的人生道理，比起抽象的理论更易被学生理解，它以最直接、最简单的方式呈现道理，拨动学生的心弦。借助故事的力量点燃学生的学习激情，是最便捷的方式之一。

## 二、建立积极的评价体系

每个人对别人的斥责生来就有排斥的本性，成人如此，孩子也是同样。尽管大多数孩子接受成人的权威性，但过多的责备仍然会引起他们的反感。这种反感自然会产生反面的力量，削弱管束的效果。既然如此，还不如用正面鼓励的方法，那样效果会更好一些。② 建立积极的评价体系是唤醒学生主体情感的重要手段。

加德纳的多元智能理论认为在人的心智架构中，有多种智能是相互关联而又相互独立的，各种智能的领域不同，而每个学生拥有智能的侧重也不同，这就要求我们教师对学生的评价应该更加多元化，以让每个学生都有可持续发展的潜力。教师评价学生

---

① 苏珊·佩罗.故事知道怎么办[M].重本，童乐，译.天津：天津教育出版社，2011：2.
② 斯特娜著.斯特娜的自然教育[M].张艳华，译.北京：京华出版社，2005：47.

再也不能以传统的文化课学习成绩作为唯一的标准和尺度。

首先,评价要关注学生的发展,做到知识与技能、过程与方法、情感态度与价值观三方面的内在统一。教学绝不是教师给学生灌输知识、技能,而是学生通过驱动自己学习的动力机制积极主动地建构知识,课堂中心应该在于学生而不在于教师,教师在课堂教学中应该是引导者、促进者和帮助者。

其次,评价要体现学生的主观能动性,让学生参与到评价中来。建构主义强调人的主观能动性,即要求学习者积极主动地参与教学,在与客观教学环境相互作用的过程中,学习者自己积极地建构知识框架。每个学习者都是独一无二的个体,教学不能以绝对统一的尺度去度量所有学生的学习水平和发展程度,要给学生的不同见解留有一定的空间。因此,课堂教学不仅要注重结果,更要注重过程。学生的参与从一定意义上来说,更加体现了评价的民主性,也会大大激发学生的积极性。

再次,积极的评价需要做到传情达意。评价学生时教师要了解学生,本着平等、激励、尊重独立的原则,关爱学生。教育的艺术其实不在于传授本领,而在于激励、唤醒和鼓舞。评价的艺术也一样,需要传情达意,呼唤学生的主体精神,阐释"生本"的评价内涵。在评价中鼓励学生是必要的,当学生意识到自己的行为被注意时,便会在内心调整自己行为的取向,使好的行为一直巩固下去。不断关注学生的点滴进步,并不失时机地予以鼓励,是一件不容易的事情,但我们仍然要学会表扬学生。当然,对于学生的评价并不在于甄别和选拔,而是需要真正体现以学生为主体,以学生发展为本的教育思想。

最后,教师要善于自我评价。这种自我评价主要体现在教学效果评价上,"以学论教"即以学生的"学"评价教师的"教"。教师教学评价要沿着促进教师成长的方向发展,重点不在于鉴定教师的教学结果,而是诊断教师教学中的问题,满足教师的个人发展需求,其目的是更好地为学生服务。

### 三、帮助学生实现主体发展

教育经验和相关研究表明,在学生缺乏学习动力、没有明确的学习目的和兴趣的情况下,可以利用学生爱好游戏或其他科技、文体活动的动机和兴趣,使这些已有的动机和兴趣与学习发生联系,把这些活动的动机转移到学习上,从而使学生产生对学习的需要。[①] 在这一过程中,教师的任务是帮助学生实现主体发展,要求做到以下几点。

第一,教师要确立学生的主体意识,充分发挥学生的主体性,尊重学生的生活经验和发展需要、兴趣和爱好。教师作为学生活动的组织者、引导者、参与者,与学生一起在活动中发展。

第二,教师要在相信学生、尊重学生的前提下,立足于创设人人主动参与、自主管理、文化熏陶的教育环境,为学生多层次、多渠道、多方位发挥自主性提供自主管理平台,营造精神文化氛围,实现学生的自我教育、自我管理、自我发展。生命的活力源于人的自主性、能动性和创造性。

第三,教师要具有以"创新意识"为核心的能力结构。更主要表现为创新性工作能力、教育科研能力、教育技术的运用能力、对未来生活的前瞻能力,为学生营造创新的自主课堂,帮助学生通过自主学习、小组讨论、交流展示等形式,实现高效学习。

最后,教师要让自己从繁重、琐碎的日常事务中解放出来,留出更多的时间去研究学生,变成真正意义上的脑力劳动者,从而更专业、更纯粹。借助先进的教育理念和教育方法,摆脱无休止的"唠叨"和"说教",让自己成为生活的主人,掌握教学的快乐和幸福。

实现学生的主体发展是当今教育的主题,我们教育的是学生、是人,只有尊重生命的主体意义,教育才会展示出她巨大的魅力,教育才愈来愈成为一种享受。我们要帮助学生实现主体发展,帮助学生实现自我教育,教会学生自我管理,并且引导学生自主学习,让学生成为自我教育的主体,成为学习的主人、生活的主人、学校的主人。教师在真正解放学生、解放自身的同时,充满职业成就感、幸福感;学生的潜能将在积极的心态与行为中尽情展现;学校将真正成为充满生机与活力的幸福家园。

## 四、以"情"为纽带,进行人文教育

人文教育是指对受教育者所进行的旨在促进其人性境界提升、理想人格塑造以及个人与社会价值实现的教育,其实质是人性教育,其核心是涵养人文精神。教育本来是人的教育,但如今不知不觉放弃了育"人"的责任。消解了自己的本质,人的教育被

---

① 陈琦,刘儒德.当代教育心理学[M].北京:北京师范大学出版社,2008:235.

忽略了,知识的教育、专业的教育被强化了。教育的工作,尤其是中小学的教育工作,应以"情"为纽带,用"心"去教育才是最好的方式。

欧洲中世纪的贵族们,喜欢养天鹅来炫耀自己的财富与品位。为了不让天鹅飞翔,他们有的剪去天鹅一侧的羽毛,让它失去平衡;有的绑住天鹅的翅膀使它不能起飞;有的把天鹅圈养在一个小池塘里,由于天鹅起飞需要很大的湖畔起跑,缩短池塘的距离后也就飞不起来了。久而久之,天鹅就失去起飞的能力,甚至忘记自己也会飞翔了,那些原本能飞越大山大海的天鹅成了贵族的宠物。

这是杭州市"十佳"校长杨一青在《搭建飞翔的舞台》中提到的一个故事。这个故事让我们想起那些个性鲜明的学生,如果教师用太多的条条框框去约束那些飞扬的思维,禁锢那些自由的思想,学生是变乖了,听话了,容易管束了,可是他们也就失去了最重要的"自我",自由的"羽翼"未曾丰满,就已经被系上了紧紧的绳索。这就违背了人文教育的初衷。

我们应该给足学生发展的空间,让每个学生的积极性和创造力得到最大限度的发挥。教师应该以"情"为纽带,帮助学生运用他们独特的学习方式,激发他们的潜能与创新意识,以此来提升他们的学习兴趣。

教师在进行人文教育时,应该充分挖掘教育素材中的人文因素,在教学目标中凸显人文精神。在传授知识培养能力时,关注学生人文精神的培养。这要求我们尊重学生,把学生当成学习的主体,活生生的个体。尊重学生的思考,尊重学生的劳动成果,尊重学生的权益,相信学生肯定会有所成就,这也是以"情"为纽带的最基本标准。

有这样一个故事:有一间狭窄的阁楼失火了。消防队员们冲进现场救灾时,发现里面有一个人仍然在沉睡。他们努力想把他搬下楼梯,但是搬不动。他们正要灰心地放弃时,消防队长恰好赶到,他说:"把他叫醒,他自己会救自己。"但愿,我们的每一个教师都能像这位消防队长一样,唤醒学生的潜能,让他们救助自己。

### 名家锦囊

**之一:窦桂梅**

如果一个孩子生活在鼓励之中,他就学会了自信;如果一个孩子生活在忍耐之中,他就学会了耐心。

好农民,不让最弱的庄稼枯萎;好老师,不让最弱的学生自卑。

教育的艺术往往就是激励的艺术,要抓住孩子平时的小小细节之处,形成燎原之势,让孩子在"我是好孩子"的心态中觉醒;而不是孩子自暴自弃,在"我是坏孩子"的心态中沉沦。

### 之二:(苏)赞科夫

给儿童提供独立活动的机会,是培养意志的必要条件,而意志在人的一生中起着重大的作用。如果一个教师牵着学生走路,那他就是不懂得意志力形成的条件和源泉。让学生们自己提出目标、拟定行动计划,可以产生一种强有力的动机,使他们去克服在完成既定任务的道路上所遇到的困难与障碍。这正是一种克服困难的练习,也就是意志努力的锻炼。而意志努力是坚强意志的最重要特征之一。

### 之三:陈鹤琴(教育家,儿童心理学家,中国现代儿童教育奠基人与开拓者)

我们教师的责任,是从旁指导儿童怎样研究、怎样思想。越俎代庖,是教学中的大错。直接经验,自己思想,是学习中的唯一门径。

# 第四讲　智慧教师的智慧方法

人类的最大智慧是教育的智慧。教育培养和发展了人的生命智慧、生存智慧和生活智慧。人类的政治智慧、经济智慧、文化智慧、爱情智慧都肇始于教育智慧。[①]

教育智慧是一种良好教育的内在品质,表现为自由、和谐、开放和具有创造力的教育,是从真正意义上尊重生命、关注个性、崇尚智慧、追求人生幸福的教育境界。教师是将教育智慧引入教育场的最直接责任人,所以,拥有智慧方法,做一个智慧教师,是我们追寻教育理想的途径,这一讲我们就着重来讨论智慧教师的智慧方法。

孔子周游列国时,路过吕梁瀑布。瀑布从高处倾泻下来,水声潺潺。这时孔子看见一位老者走了下去。孔子想那位老者可能是想轻生,就急忙叫一名弟子去救他。可瞬间那老者竟又重现在百步之外。他白发飘飘边走边唱,神形潇洒。孔子赶上他,虚心请教:请告诉我,你有什么秘诀可以对付这样的水流? 老者笑道:我只是随着漩涡进入,又随着漩涡出来,我让自己适应水流,而不是让水流适应我。智慧的老者给孔子上了一课。智慧教师的智慧方法是去适应学生,让学生在艺术生活中获得学习的动力,从文化教学的角度来引导学生进行学习,让学生在情境中亲身体验学习的快乐。教师要转变本位主义的思想,回归到教育的真实,让点滴的学习慢慢成为深厚的积淀,让教育智慧流淌于我们教育生活的一点一滴、每时每刻。

## 名师故事

## 在一间与众不同的教室里

在雷夫老师[②]的教室里,有一个完全不同的世界。大多数课堂都是建立在恐惧的

---

①　罗崇敏.教育的智慧[M].北京:人民出版社,2011:2.

②　雷夫·艾斯奎斯,美国最有趣、最有影响力的教师之一,获得众多国内外大奖,其中包括美国"总统国家艺术奖"、1992 年"全美最佳教师奖"、1997 年美国著名亲子杂志《父母》杂志年度"成长奖"等。

基础上：学生对教师的恐惧，对失败的恐惧，以及学生相互之间的恐惧，而雷夫的课堂则是建立在信任的基础上，靠的是他的言行一致和善良仁慈。他的教室永远是忙碌的，不浪费一分钟。他欢迎孩子早到晚退，在假期也来学习。当然他知道不是所有教师都能够或希望付出那么多额外的时间，但是他想证明的是，一个普通的人通过勤奋努力能够创造一间与众不同的教室。

雷夫遇到的是一群困难儿童，如果没有出色的课堂管理方法，任何教师都上不了课。雷夫有他的法宝。

首先，他依据科尔伯格的"道德发展层次论"，让孩子们学习做事的"六大境界"。雷夫教孩子们反思人们做事的原因，并把原因分成以下6个等级：

第一级：不想惹麻烦；

第二级：想获得回报；

第三级：取悦他人；

第四级：按规矩办事；

第五级：出于对他人的考虑；

第六级：有自己的为人处世原则，并按此行事。

在整整一年里，艾斯奎斯鼓励孩子们做第六级的思想者和行动者，并以身作则。他努力让孩子们明白，做模范公民，不是为了他人，也不是因为回报或恐惧，而是因为有自己的为人处世原则。一旦他们自己明白了这个道理，与人为善、学习勤奋便成为他们自己的原则。很多孩子喜欢取悦成人，但雷夫却不希望孩子们讨好他。他让孩子们制定一套行为准则。他不在教室的时候，这些孩子也能表现得很好，因为他们不是为老师表现的。

【资料来源：李茂.在与众不同的教室里[M].上海：华东师范大学出版社，2007：8-9.本文有改动】

雷夫·艾斯奎斯的智慧在于他相信学生能行。他认为学生是真正的英雄，他们有勇气走上他为他们铺就的追求卓越的道路。雷夫在第56号教室营造了一种独特的文化氛围，他用科学而智慧的方法走进学生的心里，让学生离优秀越来越近。

雷夫承认："我痛苦地意识到我不是一个超人""我所做的跟成千上万有抱负、有责任心的教师一样。我经常经历失败。我睡眠不足。我会在凌晨醒来，为我对每个学生无计可施而痛苦。做一名教师会很痛苦。"而即使是痛苦,他也坚信,面对现实的每一个失败,都意味着有一个孩子的潜力失去了发展的机会,他满脑子都在想:我给了他们什么,能让他们受用一生?①

当一个教师能够这样思考的时候,也许他已经获得了教育的智慧。做智慧教师的方法有千百个,然而内涵只有一个,那就是"一切为了学生"。

那么,该如何运用智慧教师的智慧方法?

## ◆—— 智慧解码 ◆——

### 方法一 从艺术生活到快乐学习

我们常常会有这样的感觉:在应试教育的铜墙铁壁面前,曾经的教育理想显得那么无所适从,那么苍白无力。面对种种规定中的"不准"和教学质量的指标和任务,我们感觉自己被逼到了悬崖边,除了将分数当作救命索,无路可退。我们开始变得暴躁,感到窒息。艺术生活离我们远去,甚至我们嗅不到幸福的味道。学生在这种教育中逐渐失去了学习的快乐。

长期以来,理性色彩浓厚的教学在实践中始终有着不可动摇的地位,而对于学生成长更为重要的道德观、价值观、人生观、审美能力以及对生活的态度、情感等教育却难以真实地进入学生的课堂。② 新的课程标准在强调知识的同时,将情感、态度、价值观作为每一门课共同的教学目标,这是对学生身心体验的关注,也是生命教育的重大变革。学生既需要科学理性的学习,也需要人文情怀的培养。科学知识与艺术造诣往往是同步的,而以艺术为核心的人文情怀,则是教师教学与学生学习所必不可少的。教育的和谐统一包含了理性教育与人文情怀相统一的价值追求。

美国明星教师罗恩·克拉克③善于让教学富于艺术化,让学生充满着学习的

---

① 李茂.在与众不同的教室里[M].上海:华东师范大学出版社,2007:21-22.
② 李秀伟.唤醒情感——情境体验教学研究[M].济南:山东教育出版社,2007:117.
③ 罗恩·克拉克,获"全美最佳教师"的殊荣,他的故事被好莱坞搬上大荧幕,令全世界教育者为之鼓舞,出版著作《55条基本规则》,并创办罗恩·克拉克学园。

幸福感。罗恩·克拉克曾教过的最聪明的学生之一是一个名叫麦尔文的小男孩。他来自一个单亲家庭,他所有的生活就是在不同的学校、住宅和家庭之间辗转。当他第一次走进罗恩老师的班级时,他非常颓废,看起来要使他融入班集体几乎是不可能的。

社会课的一个公告板叫做"自豪金字塔"。它由一张金色的绘画纸制作而成,罗恩·克拉克会把学生的测验卷子钉在上面,最高分的钉在最上面。当罗恩·克拉克宣布测验成绩的时候,他会走到金字塔前,一边说名字和分数,一边把卷子钉在公告板上,然后所有的学生会发出欢呼。罗恩·克拉克总是从金字塔的最低端开始,吊起大家的胃口,看到底谁是测验的最高分得主。

在一次有关埃及历史的测验中,罗恩·克拉克采用了这个方法,但念到了应该钉在最顶端的时候,停顿了一下,然后说:"现在,一个完美分数,100分,金字塔的最高位置将是……"学生们简直坐不住了,罗恩·克拉克低头看着卷子,眼睛睁得大大的,深呼吸一下,然后宣布:"麦尔文·亚当斯先生!"当时麦尔文脸上的表情真是无价之宝。本来罗恩·克拉克可以只用一种普通的方式把卷子发回去;但是,关注学生取得的成绩对他们来说具有非常重要的意义。

【资料来源:罗恩·克拉克. 出类拔萃——教出优秀孩子的11要素[M]. 李方,等,译. 北京:电子工业出版社,2006:128.】

作为家长和教师,我们要想方设法为学生创造艺术的生活和快乐的学习环境,以此来提升他们的自信心,让他们与众不同。只要花些时间和心思去赞扬他们,证明他们是多么富有才华,我们就可以塑造学生的自尊和自信。

许多教师对学生实行高标准、严要求,但是忽略了学生学习的艺术性与快乐度,这对学生来说是不公平的。我们需要以艺术课堂来构建教师和学生的艺术化人生,让艺术的情怀、艺术的幸福感、艺术的创造力以及艺术的生活质量生成教师和学生对美好生活的责任感和追求。

所以,无论是在教学还是在生活中,教师都应该具有艺术性,将这份艺术生活传递给学生。艺术性是指人们反映社会生活和表达思想感情所体现的美好表现程度,把生活当作一种艺术品来憧憬、来雕琢,这样教师的教与学生的学便有了责任和内涵,课堂就不仅仅是知识与能力的训练场,更是延续幸福与快乐的艺术场。中国人民大学附属中学校长刘彭芝①就很善于为学生创设艺术生活和快乐学习的环境,她认为,教育应着眼于学生的一生,赏识和激励能让学生在成长中获得动力,教学环境应在这方面有所体现。

# 明 日 之 星

有一天下午4点多,我刚一踏进教学主楼的大门,就被眼前一道亮丽的风景吸引,十几块色彩斑斓的展板,几乎吸引了所有踏入大厅的人。我仔细一看,才知道这是高一年级评选出的"年级十杰""年级之星",我数了数,一共有一百多个孩子的照片贴在展板中。每个班的"年级之星"都做在一张展板上,看得出每张展板都独具匠心,颇有创意,所有精心的设计都在努力烘托那些入选"年级之星"的学生照片,旁边还有班里同学对这些学生的文字点评。有一个学生照片旁边有这样一句话:"你是我们全班的骄傲!"还有一个学生被他的同班同学这么评价:"你为大家做了那么多的事,却总是那样默默无闻,你那样地理解和帮助同学,几乎成了我们择友的典范。"看着这些充满激励与爱的语言,我被深深地打动了。

我又看到"年级之星"照片旁的注解是自己对自己的评价,文字中张扬着个性,充满自信。有一名女同学是这样写的:"从不为了学习放弃爱好,只求拥有一方属于我的晴空;从不膜拜他人的行为衣饰,只求保持一点自己的独特;从不掩饰泪水假扮深沉,只求心灵还在鲜活地成长。"还有一名男同学这么写道:

我存在因为我思考

我优秀因为我进取

我睿智因为我勤奋

我乐观因为我热爱生活

Tomorrow is another day!(明天又是新的一天)

看着展板上这么多意气风发、充满自信的优秀学生,看到孩子们健康成长,我对孩子们的敬佩之心油然而生。在我驻足细看时,展板前一直有学生和老师停下脚步仔细地看,还不时发出感叹声。的确,这种对孩子的表扬方式比单纯地公布名字、发奖状或奖品的表扬,更能让一个孩子受到激励,这种公开的展示和表彰无疑会使他们更加严

---

① 刘彭芝,中国人民大学附属中学校长,获"北京市优秀教师""北京市优秀班主任""北京市教育系统先进工作者""北京市有突出贡献的科学技术管理专家"等称号,享受国务院政府特殊津贴。

格自律,更加积极地为同学、为集体服务,也更加自信、更加努力。我们平时不缺少表扬,但特殊的表扬方式却带来了不同凡响的激励效果。

【资料来源:刘彭芝.人生为一大事来[M].北京:高等教育出版社,2004:167.】

这是一种积极、健康、向上的学习氛围,更是一种艺术的生活环境。快乐是指人们在感受外部事物时内心的愉悦、安详、平和、满足的心理状态;是当一个人在追求目标时达成的理想状态和内心喜悦的激情;是一个人对自己美好生活的一次又一次的满足;是一种持续的状态。马克思将快乐定义为一种心理欲望得到满足时的状态,是一种持续时间较长的对生活的满足和感到生活有无限乐趣并自然而然地希望持续久远的愉快心情。

那么,我们的教育该如何从艺术生活到快乐学习呢?

## 一、还给孩子一片清净地

我们都期望孩子按照我们给定的方向发展,而常常忽略孩子自身的发展,扼杀了他们的想象力。应该让孩子艺术地生活,快乐地学习,还给孩子一片属于他们自己的清净地,让他们在孩童的世界里自由翱翔,让他们拥有简单的幸福。

这是一场"课桌上的战争",精彩无比:一个小男孩,在课桌上玩一块橡皮,嘴里发出嗒嗒声,他小手拿着橡皮像假装飞机在自己的眼前飞来飞去,看着他满脸陶醉和"庄严"的样子,老师笑了。小家伙抬头看见老师在看他,在笑,递过一个疑惑的眼神,然后继续他的游戏。他一定觉得:"我在做着如此有意思、如此认真的事情,老师怎么会笑?"

他的橡皮在小手里飞去飞来,过了一会儿,他又拿出学具盒里各种形状的小塑料片,分成几个小堆,嘴里嗒嗒嘀嘀的念个不停,也许他正在指挥着一场大战,橡皮飞机把不同形状的士兵运送到一个地方,然后开始打仗。在这场战争里,有冲锋者,有狙击手;有迫击炮手,还有一对一的拼刺。但我们看到了他最后左手和右手握在了一起,是握手言和吧! 小男孩心满意足地笑了……

小男孩用如此简单的东西表达如此丰富的情境,没有丰富的想象力是不可能完成的。的确,我们不能小看孩童的世界,更不能打扰这一片清净地。每一个孩子的内心都是一个丰富的宝藏,里面有幸福的期待、自由的向往,给予我们无限的惊喜。这正如泰戈尔的诗所说："我愿我能在横过孩子心中的道路上游行，解脱了一切的束缚；在那儿，使者奉了无所谓的使命奔走于无数的诸王的王国间；在那儿，理智与她的法律造为纸鸢而放飞，真理也使实事从桎梏中自由了。"

还给孩子一片清净地，需要教师走入孩童的世界，从艺术生活到快乐学习，用孩子的眼光去看世界，从小细节中体悟孩子的心理，多方面、全方位与孩子沟通。我们知道，孩童的世界有一角清净地，他会和星星说话，傻傻的云朵与彩虹都会取悦他，站在孩童世界的外面，与他们一起欢笑、一起幻想、一起成长是件幸福的事情。

我们要关注孩子的想象力。德国哲学家康德认为，想象力是一种创造性的认识功能，它能从真正的自然界里创造出另一个抽象的自然界。想象力是创造力诸要素中重要的因素之一，是人类区别于动物的独有天赋和才能。因此，为了培养学生的创造力，我们就要重视培养学生的想象力。

培养孩子的想象力除了一些行之有效的措施之外，其实更重要的是把想象的空间还给孩子。童话大王郑渊洁认为："想象力比知识重要。有想象力的人才能进行创造性劳动。想象力和知识是天敌。人在获得知识的过程中，想象力会消失。因为知识符合逻辑，而想象力无章可循。换句话说，知识的本质是科学，想象力的特征是荒诞。人的大脑一山不容二虎：在学龄前，想象力独占鳌头，脑子被想象力占据。上学后，大多数人的想象力将被知识驱逐出境，成为知识渊博但丧失想象力终身只能重复前人发现的知识的人。很少有人能让知识和想象力在自己的大脑里共存，一旦共存，此人就是能进行创造性劳动的成功人士了。"①我们往往认为按部就班的孩子、不出差错的孩子就是好孩子，但随着年龄的增大，这样的孩子会慢慢失去想象力，影响他们的发展。

对于孩子天真烂漫的行为，若不影响正常的教学活动，教师不应该用成人的眼光来审视，然后将其粗鲁打断，应让他们拥有自由的想象空间，去发现，去感受。

## 二、让孩子的情感诗意地发展

学生的情感具有直观性，他们的情感主要与具体事物的直观形象相联系。我们不断地想让他们的语言和行为变得和我们一样，用条条框框去把他们嘴里那些鲜活的语言编程，让他们快乐的行为变得死板而无趣，然后慢慢地变得千篇一律、千面一人。这

---

① 郑渊洁.请让孩子输在起跑线上[N].北京晚报,2009-09-11.

是我们教育的初衷吗？我们需要反思，是不是孩子的答案或话语不在我的语言范围内，就判定他们是错误的？课堂上或者课堂外，我们总是企图让孩子说我们想要他们说的话，这是灌输，而不是真正意义上的引导与启发。

我们应该让孩子的情感诗意地发展，我们不必担心他们因此变得不真实。随着知识经验的丰富、抽象逻辑思维能力的发展以及自我意识水平的提高，学生情感的稳定性会逐渐增强，会逐渐产生持久的情感体验。

教师如果用略带诗意的眼光去看学生，就能够让他们的道德感、审美感、理智感在诗意中逐步发展起来。只要善于引导，善于启发，我们就会发现孩童的世界里都是诗歌。

# "太阳流泪了!"

站在教学楼的拐角值班，飘着毛毛雨，太阳却不愿躲进云层，光线打在细细密密的雨中，亮晶晶的。呼吸着阳光和雨水的味道，此刻的校园如此的洁净。

有个小家伙，跑到我的身边，看看我，看看雨，然后问："老师，有太阳，为什么会下雨呢？"我正思考着如何解释清楚太阳雨是如何形成的时候，小家伙自顾自地说："老师，我知道了，那是太阳流泪了。"

太阳流泪了，我还没来得及问他"太阳怎么会流泪"，小家伙就跑开了。看着阳光，看着雨，思忖着这句"太阳流泪了"这样诗化的语言，从孩子的口中说出，会不会有些意外呢？

想来，孩童的世界，难道不是一个诗意的世界吗？那些最鲜活、最稚嫩的语言像跳跃的音符从他们口中溜出来，与我们玩着捉迷藏。

今天的孩子，由于课本之外已经没有过多的时间去阅读，知识结构越来越一致，如果说通过教育再把他们鲜活的语言扼杀在教条里，那么像"太阳流泪了"这样美丽的语言也将淹没在洪流中。

有首小诗："人类是根，母语是花。家是根，童心是花。童心是根，未来是花。"保住孩子语言中的童心，把他们的语言记录整理，难说就是充满趣味的诗篇。

我喜欢讲一个故事，然后就让他们根据这个故事自由地去说，不管说什么都可以，有时候，他们说出来的东西是我根本无法想到的，是那么新鲜，那么独特；有时候，课堂上说不完，下课了，小家伙们还会把我围住，一人一句讲个不停。这个时候仿佛他们是老师,而我是学生。很多时候,我教给孩子的只是书本上的知识,而他们让我看到的仿佛是鲜活而灵动闪烁在夜空的点点繁星。

语言是一条美丽的生命之流,或许我们要做的只是引导他们扬起幸福的风帆远航,让他们享受其中的幸福,而不是给他们指定一个一定要到达的目的地。

保住孩子的想象力,保住他们鲜活而美丽的语言。"太阳流泪了",而我笑了。小家伙们,不是你们应该摸摸耳朵听我说,而是我应该揪揪耳朵听你们讲。

"孩子,你能告诉老师太阳为什么会流泪吗?"

【资料来源:肖芙."太阳流泪了"[N].湛江日报,2012-03-11(A07).】

"太阳流泪了",融入了学生的丰富想象和主观情感,这是多美丽的语言。在整个学习生涯中,学生的情感带有很大的情境性,容易受具体事物、具体情境的支配;并且,他们的喜、怒、哀、乐会明显地表露出来。这时候,教师的引导就特别需要智慧了。

入学后,学校成为学生的主要活动场所,学生的活动范围不断扩大,引起其情感变化的事物也日益复杂。低年级学生对人和事物的态度与事物的外部特点相联系;中、高年级学生对人和事物的态度则越来越接近于事物内在的本质和特征,这要求教师的心理引导不仅能让他们体验游戏所带来的欢乐,也体验到学习、集体活动所带来的快乐、幸福。

### 三、学会倾听孩子的心声

美国心理咨询家基伯森指出:"学会倾听是心理辅导的先决条件。心理辅导条件下的倾听不同于一般社交谈话中的聆听,它要求辅导教师认真地听对方讲话,认同其内心体验,接受其思维方式,以求设身处地地思考与反馈之功。"面对孩子,我们更需要去倾听,倾听了他们的内心世界后,才能制定出行之有效的教育方法;同时,能更好地了解孩子的学习状况,为他们提供指导。我们不能单纯地向孩子灌输自己的思想,应该学会积极倾听,倾听是一种艺术,也是一种技巧。

特级教师李镇西就非常善于倾听孩子的心声,他对"倾听"有独特的理解:"倾听"往往被当做"听见",这是一种误解。"倾听"的"倾"不仅包含有"真诚"的含义,还有"细心""专注"的意思,这就绝不仅仅是用耳朵听其音,还包括用大脑辨其义。常常说班主任要"学会倾听",那么怎样才算"学会倾听"呢?一般来说,"学会倾听"至少有两层意思，一是出于一种礼貌或者说对诉说者的尊重，在听别人说话时，要用心、细心、耐心、不要武断地打断孩子的诉说，这是教育者应有的起码修养。二是要"会听"，所谓"会"就是要善于边听边想，思考别人说的话的意思，能记住别人讲话的重点和要点，或者一边听一边分析，通过"前言"推出"后语"，通过谈吐洞察内心。这是一种技巧，更是一种教育的智慧。① 倾听是一种尊重，在孩子幼小的心灵中，他们渴望得到这份尊重。教师应该为倾听营造一种安全、温暖的氛围，让学生最大限度地倾吐自己的心声，获得一种自我价值感，这对于那些急需获得接纳和信任的孩子来说具有明显的教育效果。那么，我们该如何做孩子的"小耳朵"呢？

## 带着耳朵去学校

放学了，我一个人在办公室坐着，其他班的一个小朋友留在办公室里做作业，他做完作业就看着我，眼睛里充满了疑惑。看到他的表情我笑了，小家伙看见我笑了，伸伸舌头。刚好对面一个同事的桌子上有一个机器人玩具，可能是某个学生上课玩时被收来的。他指着那个机器人玩具告诉我："老师，我告诉你哦，这是霹雳火，我也有一个。"我对这个玩具是不是霹雳火并不感兴趣。可是突然我想和这个小家伙聊聊天。我问他："你平时喜欢看动画片？"这一问不要紧，接下来，他滔滔不绝地和我聊起了他喜欢的各种动画片，喜羊羊，奥特曼，还有一个什么天宝奇兵，机器人是如何变身，如何打怪兽，说得是声情并茂，手舞足蹈。时不时还说一句，"你听好了，我告诉你……"小家伙和我说了差不多半个小时，直到他的老师来了，他吐吐舌头，才马上闭口。

看着他那天真快乐的样子，我突然发现原来和孩子聊天，并不是一件难事，只要带上耳朵，孩子是愿意和你交流的，他的快乐也会感染到你。认真地听他们说话，会有很多很多的惊喜等着。

我开始理解《窗边的小豆豆》的小林校长为何可以听着小豆豆说话，听 4 个小时。或许不是小林校长的耐性好，而是，小豆豆的话，如果用心听，本身就特别有趣。

上三年级的研究课，我试着让学生分成小组研究自己喜欢的东西，然后站到讲台上来说。本来我只是想试试，谁知道，效果奇好，很多孩子站到讲台上侃侃而谈，其实在不知不觉中，他们丰富了我的知识，更重要的是，我开始理解他们这个

---

① 李镇西.我这样做班主任——李镇西30年班级管理精华[M].桂林：漓江出版社,2012：70-71.

年纪的孩子究竟喜欢什么,兴趣点在哪里。有时候在校园里走着,有三年级的孩子会跑过来和我聊上几句,我很享受那样的感觉。他们把你当成了可靠的人,当成了朋友。

有时候,班里孩子会在办公室门口转悠,也不进来,伸个头看看我,笑着跑开,过一会儿又来。我叫进来一个小女孩,问她,为什么在办公室门口又不进来,是不是有什么话和老师说?她笑着摇头,然后跑开了,可是过一会儿,她又在办公室门口看我,最后鼓足了勇气,进来和我说:"老师,我可以和你拉家常吗?"我在想,我的孩子们是喜欢我的,就像我喜欢他们一样,我喜欢在教室里坐着,看着孩子们在面前玩闹。他们有的跑过来说:"老师,我的纸巾是爸爸在家乐福给我买的""老师,我的牛奶中奖了""老师,我昨天晚上吃了××"……这样的话语其实藏着孩子们很多小心情,好好听,会得到和孩子一样的快乐。带上耳朵去学校,我们会发现一个五彩斑斓的世界。

孩子的语言是丰富且率真的,当我们静下心来听孩子说话时,可以从中获得最单纯的快乐。与孩子交流,教师应该采取自然放松的方式,这样学生就不会感到惧怕,慢慢地,他们就会撤除心理防线,愿意和老师说话了。

我们倾听孩子说话,要有耐心。孩子的语言有时候比较零散或混乱,观点不是那么明晰或逻辑性不太强,我们应该鼓励孩子把话说完,不要随意打断他们。孩子往往希望得到老师的理解和支持,我们可以用"对的""是这样","你说得对"等或点头微笑表示赞同,鼓励孩子继续说下去。当然,我们对孩子的说话要适时作出反馈,这样才能起到激励作用。如果谈话进行不下去,我们可以用"什么""怎样""为什么"等词语发问,引导孩子说下去。学会倾听孩子的心声,这会让我们的教育工作更加得心应手,获得意想不到的快乐。

### 四、和孩子一同以书为友

与书为友,这是艺术生活与快乐学习的前提。美国犹他州土尔市的一位小学校长路克,为激励全校师生的读书热情,竟然在全校师生的集会上公开打赌:如果你们在约定时间读书 15 万页,我在那天爬行着去上班。此言一出,学校立刻掀起轩然大波。所有师生猛劲读书,连幼稚园大一点的孩子也参加了读书活动,终于在约定时间前读完了 15 万页书。路克校长也当着学生和路人的面爬行上学。过往的汽车向他鸣笛致敬,有的学生索性也一起爬,新闻单位也到场采访。

美国加州的一位小学校长与路克校长有异曲同工之妙。他宣布,如果全校 650 名小学生能在 4 个月内读完 7000 册图书,他就在圣诞节当众亲吻一只小猪。此言一出,顿时激起了学生们疯狂的读书热潮。学生们猛啃到圣诞节前,终于按时读完了 7000 册图书。于是,这位童心十足的校长从隔壁大学的畜牧系里借来一只小胖猪,请全校学生围在自己身旁,很隆重地举行了一个当众亲吻小猪的仪式。

两位校长的做法近似疯狂,甚至在我们看来有失师尊,但其实,他们用心良苦,让人感动。他们用特别的方式诠释艺术教学所产生的巨大作用,用行动来激发和鼓励学生共享阅读的幸福,他们用行动换取学生快乐学习、快乐阅读的动力。

对于教师来说,读书既是生活的需要,也是职业的需要。教师不仅要丰富自身的生活,提高生活质量,更要丰富学生的生活,提升他们的生命体悟。苏霍姆林斯基曾经说:"要天天看书,终生以书籍为友,这是一天也不断流的潺潺小溪,它充实着思想江河。"面对日益繁重的压力,教师知识更新的滞后性,已成为教师提高自身素质的障碍。静下心来品味书香,亦是一种人生境界的拓展,生命之树才能永葆青春。

而对于学生来说,与书为友更有助于拓宽知识视野,更有助于形成良好的道德品格和健全的人格,更能培养自主学习的良好习惯。良好的阅读习惯能实现学生从知识本位到智慧本位的转化,实现学会学习,促进人格与个性全面发展。从这一理念出发,学生的主体地位必须得到保证,自主学习习惯必须得到培养。让学生自由选择自己爱读的书籍,本身就是尊重学生个性的表现。而由封闭式读书转为开放式阅读,能极大激发学生自主学习的积极性。与书为友,让学生自己去获取、去探求、去寻觅、去掌握,从而感受读书的乐趣,激发更强烈的读书欲望,最终形成良好的阅读习惯,让学生的课外阅读变成学生自觉自愿的行动。

### 方法二 从解读教材到文化教学

特级教师谢宗元讲文言文时,从《周髀算经》选出一段文字:竹高一丈,末折着地,去本三尺,问竹还高几何? 语文课做起了数学题,学生顿感好奇,不知老师葫芦里卖的是什么"药"。用勾股定理做这道题不难,但如果对关键性的几个实词"末""本""去"理解有误,计算结果就会出现错误。通过做数学题,掌握了古汉语实词,这就叫做"跳出语文教语文"。① 它使学生从事实中认识到"语文是学习各学科的工具"这个道理。这样的教学过程才是学科间的融合,才真正达到了解读教材和文化教学的目的。教师应该有选择知识的能力,跳出本学科的圈子。

在新课程改革深入推进的今天,解读教材已经成为教师专业化能力的必备基本功之一,而有效解读教材取决于两个关键点:"教什么"和"怎么教"。教材内容其实并不等于教学内容,教材是教学内容的载体,但并不是全部。教师在解读教材时往往更需要从更多的资源中去寻找、辨识和筛选,最后得到最佳的教学内容,实现文化教学的目的。

特级教师张化万②说:"每个学生都是宝。"他40年如一日站在三尺讲台上,像播撒春风雨露的使者,默默耕耘着。张老师解读教材有自己特别的一套。

张化万老师上课有时不太宠爱课本。课本里那些精妙绝伦的课文,他几乎从来没有从头到尾详详细细地给学生讲过。例如,《壁虎》一课,语言生动、优美、有趣,本来是值得分析讲解一番的。可他上第二课时,一上来就只抓住壁虎的外形和壁虎捕虫的经过这两个重点,先教学生照样子概括壁虎的其他外形特点。壁虎捕虫两段,描写形象、逼真,他自己不讲,而是让学生议论、填空、比较,理解这两段写法的不同和作用。他有时还增减课文规定的课时,对应该教的课文快速掠过,节省时间教了许多不要求教的内容,如小学语文教材第七册第二单元,他和学生一起很快学完了《海底世界》《壁虎》等四篇课文,又加学了《长山岛趣闻》《奇异的蟹》《斑鸠》等课外篇目。他还对课本的序列安排提出异议,自作主张制定了不少"更科学"的听、说、读、写的训练项目,重新编排了一些教学内容序列。

【资料来源:孙志毅.做有策略的教师[M].重庆:西南师范大学出版社,2010:14.】

张化万老师的课对学生来说往往都是"玩玩说说课",但在这玩玩说说的背后,是一种对教材教法的深度解读,他还开设"谈天说地"课,将游戏、实验、表演、谈天说地等形式引入课堂,让学生在开放的知识环境中学习。张化万老师对课本的"不宠爱"恰恰体现出他对课本的宠爱,只有在对课本深度解读之后,才能抓住重、难点,并且找到与之相关的拓展知识来让学生深入学习。他"上课喜欢赶时髦",把"不搭界的东西引入

---

① 肖川.名师备课经验(语文卷)[M].北京:教育科学出版社,2006:18.
② 张化万,全国小学生作文教学研究会副会长,浙江省特级教师协会副会长。

课堂","在课堂上玩",这些恰恰表现了张化万老师文化教学的功力。

那么,该如何从解读教材到文化教学呢?

## 一、注重教材的隐性解读

很多教师将解读教材等同于写教案,完成了教案内容也就意味着完成了教材的解读,完成了备课;也有教师似乎是一本教案走天下,年年用,届届用。殊不知,写教案只是解读教材和备课的其中一个环节,教材文本的阅读也仅仅是对教材的显性解读。

其实,对教材的隐性解读更加重要。这包括查阅资料、搜集信息、钻研教材、备学生、思考教学法等一系列内容。特级教师于永正在解读教材时,就分步骤来进行:第一步是钻研教材,将知识性的东西全部吃透,没有半点含糊;第二步,朗读课文,一直读到"其意皆出吾心""其言皆出吾口"的境界;第三步,正确领会作者遣词造句、谋篇布局的意图,以便引导学生去感悟、去学习、去运用;第四步,认真思考课后练习题的要求,自己先做一做,要求学生背的自己先背下来。我们以《全神贯注》(人教版小学语文第八册)为例,具体看看于老师是如何对教材进行隐性解读的。①

我读了一遍《全神贯注》,就为罗丹的全神贯注的精神所感动。当我又读了两遍后,教法一下子就产生了:我打算一开始把文章中奥地利作家茨威格说的两句话"那天下午,我在罗丹工作室里学到的,比多年在学校里学到的还要多。从那时起,我懂得了,人类的一切工作,如果值得去做,而且要做得好,就必须全神贯注"作为名言送给学生。作为名言送给学生,学生一定会问茨威格是什么人,可能有人也会问罗丹是什么人(也可能有少数学生知道),接着会问茨威格那天下午看到了什么,为什么会得出"人类的一切工作,如果值得去做,而且要做得好,就必须全神贯注"这个结论(事实证明我的预料是正确的)。这样,我便趁势引导学生自读课文,在文中自找答案。找答案不是目的,目的在于引导学生读书、感悟。答案容易找出、找到了,证明学生对课文有了总体的了解。接着精读课文,品味关键词语,感受文字的魅力,感受作者描写的形象逼真,感受罗丹的全神贯注。最后决定让学生写写感受。

这一课,我备课的时间不过一小时,教案写得很简单。只是个过程,重点记下了要

---

① 肖川.名师备课经验(语文卷)[M].北京:教育科学出版社,2006.

抓的关键词语,记下了怎样指导朗读的办法以及自己读了之后,写下的"名言"。教案虽然写好了,而且自己也较为满意,但出于习惯,我又查找了有关罗丹和茨威格的资料,这些东西虽然上课不一定用得上,但作为教师很有必要了解。

在这个过程中,我们感受到于老师对教材步步为营的深入挖掘,这就是对教材的隐性解读,很需要"内功"。在教师不断提升文化修养的同时,感悟教材,在充分调动教学经验的条件下,充分发挥教法的作用。这是文化教学不可或缺的前提条件。

## 二、注重与学生换位解读

教师要懂得"弯下腰"来看教材,从学生的角度出发,确定教材中哪些是该教的,哪些是需要重点教的,哪些是不用教的。特级教师张化万提出"蹲下来看学生和换位思考",在解读教材时,应该从学生实际出发,注重与学生换位解读。张老师说:"打仗要想实战成功,必须做到知己知彼。儿童的心智发展水平不高,他们的认识规律和成人的不一样。备课时,我们不能以为自己感动,学生一定感动,我们喜欢,学生自然欢迎。蹲下来看学生,就是认真地观察了解儿童的世界。努力在打通儿童的生活世界和书本世界上动脑筋。要琢磨学生,换位思考。假如是学生,安排自由朗读两分钟够吗?多长时间才是全体学生都适应的?怎么样安排读书才会让每一个学生各有所得,时间又不浪费?哪些问题学生会有和伙伴合作学习的需要?哪种小组合作的方式,学生会充满热情地献智出力?什么方式汇报交流,会让学生有倾听的欲望和分享成果的快乐?这些想清楚了,预设就容易促成课堂动态生成。"[①]解读教材要从了解学生的学习需要出发,而不是从备教材出发。即任何教学活动都要以满足学习者的学习需要为出发点和落脚点。

教师在解读教材时,要以学生的发展为本,充分尊重学生,让学生发挥主体作用,给每个学生独立思考的空间和自我表现的机会,这样学生才能拥有宽松、民主、和谐的学习氛围,才能积极地参与到学习中来。与学生的换位解读包括多方面,如了解学生已有的知识背景和生活经验,了解学生的学科思想方法基础,了解学生喜欢的听课方

---

① 卞金祥.用特色吸引学生——名师最受欢迎的特色教学艺术[M].重庆:西南师范大学出版社,2008:29.

式及兴趣点,了解学生的理解能力、接受能力、兴趣点、最近发展区、思维方式以及思维的广度和深度,等等。

关注学生是我们教学的灵魂,只有关注学生,我们的教学才显得有意义。我们应该与学生换位,去感受学生的学习经验、社会经验、情感体验、成长体验、能力发展、个性差异等。提倡以人为本,开展个性化、人性化的教学,使每一个学生都真正成为学习的主人。

### 三、文化教学中的智慧与力量

我们常常会置身于这样的苦闷之中,课堂上那些神情冷漠、目光呆滞的学生告诉我们他们的心已经不在课堂上、不在学习中了。这样的课堂又何谈智慧与力量?2008年4月2日的《成都商报》报道了这样一个消息:某地一名小学生因爱说话、成绩差,被安排在教室的最后一排。10岁的他,耗时5个月在教室的墙上挖出一个46厘米的深洞。这可以看成这个小孩在做着逃跑的努力!我们可以想一想:如果允许,有多少学生会从我们的课堂上选择逃跑?但如果你的教学传递着深切的人文关怀,渗透着深刻的文化内涵,能够帮助学生获得生存本领、生活智慧,使知识、文化和师生生命达到深刻共鸣,你的学生还会想逃跑吗?

文化教学能给予教师和学生智慧与力量。文化是一个非常广泛的概念,它是一种社会现象,是人们长期创造形成的产物,包括一个国家或民族的历史、地理、风土人情、传统习俗、生活方式、文学艺术、行为规范、思维方式、价值观念等。文化教学是有效教学的丰富与提升,在构建有效教学的基础上,我们要旗帜鲜明地打造文化教学,在落实学科教学目标的基础上,注重学科本质,强调知识间的联系与拓展,让学生明确每一堂课、每一个知识点在学科中的地位。在进行高效率教学的前提下,突出人文关怀,强调思想引领,注重能力培养。在文化教学中,教师要落实三维目标,优化教学过程,突出学科本质,丰富课堂的人文内涵和文化积淀,使师生双方珍惜课堂、拥有课堂、享受课堂。更要完善评价系统,突出以生为本,拓展教材的文化内涵,传递深切的人文关怀,构建具有学科特点和教师独特教学风格的文化教学。

### 方法三 从创设情境到亲身体验

在传统的教学中,课堂教学以教材为本,基本按照教材安排的内容和顺序进行;教师的教学以灌输为主,而学生的学习则是被动地接受,教师很少创设情境让学生亲身体验,这些都不利于学生的主体发展。

在教学中我们需要引进情境教学,根据教学目标和教学内容,为学生创设能产生一定情感反应的情境,让学生能够积极主动地构建学习环境,营造一种良好的学习氛围,使学生形成良好的求知心理,对所学知识产生探索的欲望,对学习主体产生有效影响。随着新课程理念的实施,教师创设情境的能力也成为教师重要的专业能力之一。

请看特级教师于永正老师在讲授《草》时是如何创设情境的。

师:小朋友,回到家里,谁愿意把新学的古诗《草》背给妈妈听?(找一名学生到前面来)好,现在我当你妈妈,你背给我听好吗? 想想回到家里该怎么说。

生:妈妈,我今天学了一首古诗,背给你听听好吗?

师:好。(生背诵)我的女儿真能干,老师刚教完就会背了。

师:谁愿意回家背给哥哥听?(找一学生到前面来)现在我当你哥哥,你该怎么说?

生:哥哥,我背首古诗给你听听好吗?

师:哪一首?(生答《草》)弟弟,这首诗我也学过。他是唐朝大诗人李白写的。

生:哥哥,你记错了,是白居易写的。

师:反正都有个"白"字。(众生笑)我先背给你听听:离离原上草,一岁一枯荣。野火烧……不尽……哎,最后一句是什么?

生:春风吹又生。

师:还是弟弟的记性好,谢谢你。(众生笑)谁愿意背给奶奶听?(指一生到前面)现在,我当你奶奶,你奶奶没有文化,耳朵有点聋,请你注意。

生:奶奶,我背首古诗给您听好吗?

师:好。背什么古诗?(生答背《草》)

师:草? 那么多花儿不写,为什么写草啊?

生:因为草有一种顽强的精神,野火把它的叶子烧死了,可是第二年春天,它又长出了新芽。

师:哦,我明白了。你背吧。(生背)"离离原上草"是什么意思? 我怎么听不懂?

生:这句是说,草原上的草长得很茂盛。

师:还有什么"一岁一窟窿"?(众生笑)

生：不是！是"一岁一枯荣"。枯，就是叶子黄了，干枯了；荣，就是茂盛。

师：后面两句我听懂了。看俺孙女多有能耐！小小年纪就会背古诗。奶奶像你这么大的时候，哪有钱上学呀！（众生笑）

【资料来源：廖纪元.怎一个"背"字了得[J].小学教学设计，2010(19)：39.本文略有改动】

在这个教学环节中，于老师模拟了一个真实的情境，这是学生真实生活学习的再现，学生的主体情感得到了充分的调动，良好的教学效果显而易见。教师用情境中产生的情感与对话激发学生的学习欲望，达成了有意义的学习。

赞科夫说：如果照着教学法的指示办事，做得冷冰冰的、干巴巴的，缺乏激昂的热情，那是未必会有什么效果的。一个优秀教师能把死板的知识、不会动弹的文字，变成有生命的东西，钻进孩子的脑海里。

如何从创设情境中获得亲身体验？

**一是创设有效的教学情境。** 教学情境是课堂教学的基本要素，创设教学情境成了教学的一项常规工作，创设有价值的教学情境则是有效教学的重要追求。

创设情境需要源于生活。只有学生在情境中的亲身体验充满生活性，才能解决生活世界与科学世界的关系，实现科学世界向生活世界的回归，让学生拥有知识的同时也拥有智慧。在创设情境时，我们要注意联系学生的现实生活，将生活化的情境搬上课堂，让学生在熟悉的情境中升华对知识的理解。要充分挖掘和利用学生的经验，调动学生的认知经验和生活经验，促使学生将新的知识与旧的认知连接起来，组成有机整体。创设情境需要考虑具象。教学情境应该是感性的、可见的，能有效地丰富学生的感性认识，能有效地激发学生的想象和联想，使学生获得更多的知识、掌握更多的事物，获得形象思维与抽象思维共同发展。创设情境需要融入情感。情感是最吸引人的力量，一个充满激励、唤醒、鼓舞的课堂，才是富有生机的课堂。在这样的环境之下，有价值的教学情境才会出现，才能发挥高度的有效作用。

**二是感性体验。** 强烈的活跃属性是伟大智慧不可缺少的属性。而要实现强烈的活跃属性就必须拥有感性的体验，让课堂成为一个让学生亲身体验的课堂，在感性的体验中获得需要掌握的知识。法国哲学家柏格森认为，人类认识事物有两种根本不同的方法。一种是围着对象转，名为知性或理性；另一种是进入事物的内部，被称为感性或直觉。理性的认识方法是一种主客二分的思维方式,它将认识对象分离为各种要素,借助对要素的认识来达到对事物整体的认识;感性的认识方法是主客一体的思维方式,这是一种有关"行为"与"体验"的认识方法。认识者只有通过一切努力把自己置于对象内部,与对象融为一体,并随着对象一起搏动、生动,才能获得对对象的完整认识或体验。对于学生来说,他们需要感性的体验式学习模式,这样他们才能多思考、多观察、多提出自己的问题。

# 一节独特的生物课

这是一堂国外的小学自然课。一上课,教师说这节课上"蚯蚓",请同学们准备一张纸,上来取蚯蚓。同学们捏着纸片纷纷走上讲台取蚯蚓。许多蚯蚓从纸片上滑落下来,同学们推桌子挪椅子,弯腰抓蚯蚓,整个教室顿时乱作一团。教师却一言不发,直到同学们都成功地抓住蚯蚓回到自己的座位上,他才说:"请同学们仔细观察蚯蚓的特征,看谁能把它的特点补充完整。"经过片刻的观察,学生们踊跃举手。

生:虽然看不见蚯蚓有足,但它会爬动。

师:对。

生:不对,那不是爬动而是蠕动。

师:对! 你说得更准确。

生:蚯蚓是环节动物,身上一圈一圈的。

师:对。

生:它身体贴着地面的部分是毛茸茸的。

师:对,你观察得很仔细。

生:老师,我刚才把蚯蚓放在嘴里尝了尝,有咸味。

师:对,我很佩服你。

生:老师,我用线把蚯蚓扎好后吞进了喉咙,过了一会儿我又把它拉了出来,它还在蠕动,说明它生命力很强。

此时,老师的神情变得庄重起来,激昂地说:"完全正确! 同时我还要赞扬你在求知过程中所表现出来的这种勇敢行为和为科学献身的精神。同学,我远不如你!"接下来他做了一些补充并进行了总结。

【资料来源:陈仲梁.美国教师怎样教"蚯蚓"[J].三月风,1997(3).】

这是一个让学生亲身体验的课堂。学生在抓蚯蚓、玩蚯蚓、尝蚯蚓的过程中,学生从感性体验上升到理性认识,达成了教学目标。这位美国教师在课堂上向学生提供了这样一种实践的、感性的、符合儿童特质的活动方式,学生在课堂上无拘无束、自由自在,各自用自己的方式积极主动而又趣味盎然地探究着、体验着、领悟着,从中充分享受作为研究者与发现者的乐趣。学生需要不断的情感满足,需要从感性逐步升华为理性的逻辑思维培养,而正是这种感性的、体验性的自由活动,凝聚着理性的意志力,让学生不断去追求新的学习境界。所以,有时候教学不妨直观一些,带入真实的、感性的情境,更好地激发学生的智慧。

**三是角色表演。**在课堂教学中,教师恰当地进行表演,让学生扮演相关角色,去体验学习内容,拉近学生与知识的距离,让教材内容从抽象变为具体,从模糊变为明确,改变传统的"填鸭"教学,将被动变为主动,学生的主动参与和亲身体验的愿望就更加浓厚。学生有了切身的体验,也就加深了感受。比如,教学《蚂蚁和蝈蝈》(苏科版小学语文一年级下册),可以引导学生角色表演蚂蚁和蝈蝈在夏天和冬天的不同表现。学生用自己个性化的表演诠释蚂蚁夏天背、拉粮食的辛苦和蝈蝈"躺在大树下乘凉"的"自由自在",以及冬天蚂蚁"躺在装满粮食的洞里过冬"和蝈蝈的"又冷又饿"。这时,无论是表演的学生,还是观看表演的学生,都能从表演中体会到只有辛勤的劳动才能换来幸福生活的道理。

角色表演是让学生根据所学内容进行模拟表演,再现学习内容,既有利于激发学生的积极性和创造性,更有利于掌握知识和对知识的再认识。这是学生积极主动参与的结果。但应该注意,并不是每一个知识点都可以采用角色表演,选择适于表演的题材非常重要。角色表演需要遵循以下原则:启发性原则,让学生通过表演达到由此及彼、由表及里、由因到果、由个别到一般地思考,收到启发学生思维的教学效果;针对性原则,以角色表演切入新课必须目的明确,要围绕教学主题展开;趣味性原则,只有充满情趣的表演才能引起学生注意,激发学生的学习兴趣,调节课堂教学气氛和节奏;新颖性原则,利用新颖的材料、新奇的角度、新异的方法等新颖性来吸引学生,使之产生学习的内驱力,达到出奇制胜的效果。

另外,角色表演不是目的,仅是一种教学辅助手段,不能为了表演而表演,搞笑式、应付式都是脱离了教学的原则和本意。

**四是教学生成。**教学生成属于结构主义教学方法之一,在弹性的预设前提下,教师和学生根据不同的教学情境自主建构教学活动,具有开放、民主、多元、创新、多维的特征。教师是教学的主导,教学的每一个环节都需要教师去调控,当有生成性学习的良机出现时,教师一定不要轻易放过,要善于捕捉,使教学成为师生积极交往、共同发展的活动。立足于以学生的"学"来确定教师的"教",善于创设生成来探究知识的奥秘。

在教学生成中,教师要注重与学生平等对话,尊重学生独立思考的成果;教学方案采用弹性设计,为学生重组生成性资源留下足够的时间和空间;课堂讲授和指导意见可采用启发诱导的方式,提高学生学习的积极性,力求达成教学目标。

教学生成对教师提出了新的要求。教师要尊重学生的学习权利,学生在课堂上可以独立思考、个性化理解、自由表达;教师要转变角色,成为学习活动的组织者和教学情境的创设者,不断捕捉、判断、整合从学生那里涌现出来的信息,然后将这些信息变为可用的教学资源。对教师而言,若要收获"难以预约的精彩",就要不断思考、不断调节、不断更新教学生成,创造个性化课堂。

## 方法四 从把握契机到潜移默化

在教师的工作中,会不断遇到学生发出的这样或那样的难题,这时就要看教师是否能够让这些难题成为教育的契机,通过教师的智慧,在潜移默化中教育学生,让学生受到心灵的启发,更加健康地成长。

教育过程变化不定,教育对象千差万别。作为教师,既应该讲究教育技巧,又要善于捕捉那不容忽视的教育契机,实现学生的自我教育和指导。特级教师李镇西把握教育契机有独特的一套,他认为在潜移默化中实现学生的自我教育更加重要。

# 心 灵 写 诗

早晨上班的路上车子出了点小问题,因此到学校没能赶上学生出操。到了学校,德育处徐主任告诉我,今天早晨他拦截了一些出操迟到的学生,其中有我班的路遥和訾了。

课间我找到两名同学问起这事,原来还有同房间的新同学余鑫。他们都说是因为睡过头了,门关上又没听见号声。他们都很诚恳地表示错了。我没有生他们的气,但很严肃地对他们说:"我知道你们肯定不是有意迟到的,但这件事发生在我们班是不应该的。全校同学都在操场集中跑步,包括你们在内的少数同学却还在房间,这多不好呀!而且,这也使我们班的荣誉受到损害——其他班都整整齐齐的,就我们班差三名同学! 你们给集体荣誉造成了损害,是不是应该向同学们表示歉意呢?"

他们点头说应该。我说:"具体方式,你们想想,好吗?"

上午语文课,是诗歌朗诵比赛,轮到路遥,他站在台上说:"我今天和同学犯了一个错误,因此,在这里我把顾城的一首诗改了改,朗读一遍,表达我的歉意。"

他朗读道——

> 感觉
>
> 天是灰色的
>
> 路是灰色的
>
> 楼是灰色的
>
> 书是灰色的
>
>
> 在一片死灰中
>
> 走过两个孩子
>
> 一个是我
>
> 一个是我的室友

同学们听了有些莫名其妙,我说:"看来我得向大家介绍一下路遥这首诗的'创作背景'。今天早晨,他们几个同学因为睡过了头,而没有准时到操场跑步。路遥很内疚,便改写了这首诗,表达他的心情。"

同学们恍然大悟,为路遥同学鼓掌。

我继续说:"我为路遥同学的态度而高兴! 没有不犯错误的同学,犯了错误改正就好。这虽属套话,却也是真理。路遥同学的朗诵,让我看到了他的内疚。我认为,对于任何一个犯了错误的人来说,不要轻易原谅自己;但对其他同学来说,我们对任何一个犯了错误的同学都应该宽容,应该相信他们!"

中午,我来到教室,听说路遥等人准备以跑操场的形式来惩罚自己,我不是太赞同。下午,我一直想着路遥等三个同学罚跑的事,总觉得不太妥当,虽然这是他们自己提出的。于是,我在课间把他们叫来,问他们能不能不跑步,而换成其他方式,我说这是变相体罚。他们问我换什么方式,我说比如为同学们做点好事之类,路遥说:"好呀!"

但余鑫和訾了说:"我们也同意做好事,但其实跑步也没有什么。李老师要这样想,我们今天是因为不跑步犯的错误,我们同样用跑步的方式来改正错误,不是很合适吗?"

我想了想,觉得有道理,便说:"好吧! 尊重你们的决定!"

【资料来源:李镇西. 心灵写诗——李镇西班主任日记(一)[M]. 北京:科学出版社,2005:64-66.】

抓住教育契机,让学生实现自我教育。在李镇西老师的教育中,我们看到了学生由体验到自责再到感悟的情感变化过程,在这个过程里,他们从内心深处认识到自己的错误。面对学生出现的问题,强制或惩罚都很难起到应有的效果。把握契机对学生实施潜移默化教育是关键。其实,每日都有很多教育契机。能否把握教育契机往往是一个教师教育学生成功与否的重要标志,这就要求我们做工作的有心人。

如何从把握契机中实现潜移默化的教育?

## 一、把握学生生活中的大事件,注重学生的成长

学生的生活中往往有一些被我们忽略的事件,这些事件在教师眼里或许并不重要,可是在学生的心里就是一件大事,这些事件将直接影响到学生的成长。教育无小事,教师应该注意把握,用恰当的方法,让学生的心灵产生触动,进行思想教育。对待学生时,教师的每一个决定,都影响着学生未来。

1941年,重庆南开中学举行毕业考试。学生谢邦敏面对物理试卷时一筹莫展。这个学生极富文学才华,但数理化成绩一直很糟糕,最后他不得不交白卷,可是他又心有不甘,便在试卷后面赋词一首,调寄《鹧鸪天》:"晓号悠扬枕上闻,余魂迷入考场门。平时放荡几折齿,几度迷茫欲断魂。题未算,意已昏,下周再把电、磁温。今朝纵是交白卷,柳耆原非理组人。"这样的试卷肯定是零分,而且当时判卷的物理老师是魏荣爵,其教学水平之高、教学态度之严谨都是有口皆碑,绝不是不负责任胡乱评分的人。然而,魏荣爵老师也赋诗一首:"卷虽白卷,词却好词。人各有志,给分六十。"按照南开校规,主课一门不及格且补考仍不及格者,不得毕业,只作为肄业。魏老师的手下留情,使这位偏科的学子得以顺利毕业,并考入西南联大法律专业,后来登上了北大讲坛,1949年后曾任北京第一刑庭庭长,成绩斐然。

假如魏荣爵先生不给谢邦敏60分,谢邦敏就不能毕业,也不能进入西南联大;也

就成不了新中国第一代大律师。或者说,按照我们今天学校的做法,谢邦敏肯定不能毕业,一个大律师就被轻轻抹掉了。

人与人之间的差异是巨大的。一种模式无法培养出国家的栋梁之才。可幸的是,谢邦敏遇上了魏荣爵这样的好老师。给一个学生判零分,也许在教师的生涯中算不得一个大事件,但也许会成为学生改变生活轨迹的一个节点。

教师是一个充满智慧的职业,直白的说教往往会使学生觉得枯燥乏味,难以接受,可是如果换一种方法,便将教育融入到潜移默化的生活中来。陶行知先生说,生活具有教育意义,教育不能脱离生活。教师应该善于从学生生活中发现问题,并帮助他们解决,引导他们走向健康快乐的成长之路。

## 二、善于发现学生学习中的闪光点,做课堂中的有心人

在课堂教学中,我们要求教师做一个有心人,要有敏锐的眼睛,发现学生身上的闪光点;要有睿智的头脑,捕捉教育契机;要有勤快的嘴巴,激励学生;更要有灵活的脚,走进学生的中间。特级教师于永正经常说,要善于发现学生学习中的闪光点,做课堂中的有心人。

## "你比一休还聪明"

一天,于永正老师到矿山路小学上课,教的是二年级的《英雄爆破手》。"爆"是个生字,他教过读音之后,在后面又添了一个"破"字,组成"爆破"一词。问:"'爆破'是什么意思?"一个小朋友站起来,两手向外一张的同时,嘴里喊了一声"轰——",说:"这就是爆破的意思。"

也许有人认为学生在捣蛋,接下来,迎接这个学生的可能就是一个白眼,或者一句斥骂。但于老师认为,"儿童的思维离不开形象。对他的解释毫无疑问应该打满分"。

他又在"爆破"后面加了一个"手"字,让大家想想,"爆破手"是什么意思。连问了三个人,都说"就是把手爆破了"。显然,光靠形象思维解决不了这个问题了。一个小男孩举手说:"'爆破'后面加上个'手',就变成人了,这课指的是陶绍文。""啧啧!"所有听课老师为之赞叹。"你叫什么名字?"于老师走到他跟前问。

于老师走回讲台上,当着大家的面,竖起了大拇指说:"你比一休还聪明。一休遇到问题,还得闭上眼睛想半天;而你不假思索就回答出来了。"那时候正在播放日本电

视动画片《聪明的一休》。小学生对这个可爱的人物很熟悉。

孩子的两道眉毛顿时扬了起来。这一节课,他无论读还是说,都十分出色。课后,于老师对他的班主任说:"这个孩子思维敏捷,理解力强,好好培养。"班主任苦笑了一下,说:"咳!于老师,他是俺班学习最差的学生!"教这个班数学的老师插话:"于老师,您一上课怎么后进生都聪明起来了,都活跃起来了呢?"

【资料来源:于永正.教海漫记[M].徐州:中国矿业大学出版社,2005:31.】

其实,这个问题并不难回答。于老师有一双灵活的脚,他肯走进学生中间,拉近与学生的距离,让学生对老师产生信任感;于老师有一个勤快的嘴巴,他丝毫不吝啬对学生的表扬;于老师还是一个有心人,他善于抓住学生的闪光点,并将这些闪光点放大。无论是优秀生还是后进生,他们都有向上的希望,教师有责任帮助他们树立学习的信心,而不是打击他们的学习积极性。教师就是要敏锐地去识别,多方位地去寻找,借助学生的闪光点去创造教育契机,对学生进行教育。

### 三、借助重要的时间点,进行潜移默化的教育

在我们的教育中,有一些平常而又重要的时间点,如果我们能利用好这些时间点,就是抓住了对学生进行潜移默化教育的好时机。什么是教育中的重要时间点? 比如开学、期中、期末、升学、假日、节庆等,这些时间点看似平常,却是很好的教育契机。我们可以借开学之际为学生打气、鼓劲儿;可以借期末测查为学生总结经验教训;可以借节日给学生进行人文教育……我们可以选择的时间点很多,这要求教师能将重要时间点和当前的教育目标结合起来,对学生进行潜移默化的教育。

教育部与中央电视台合作的大型公益节目《开学第一课》是借助教育时间点进行潜移默化的教育的范例。《开学第一课》针对当年最重要的事件选定节目内容,教育的实效性非常强。2008 年,在汶川大地震和北京奥运会的背景下,以《知识守护生命》为主题,对全国学生进行应急避险教育和生命安全意识教育;2009 年,在新中国成立 60 周年背景下,以《我爱你,中国》为主题,为全国中小学生展示了一台爱的主题班会;2010 年的主题是《我的梦 中国梦》,节目分为"我的梦""坚持梦想""探索梦想""中国梦"4 个篇章;2011 年,以"幸福"为主题,在由孩子、家长、学校、社会构成的全景视野中,讨论"如何让中国孩子拥有幸福";2012 年,以"美在你身边"为主题,与学生一起

"发现美",呼唤大家一起"创造美",向学生"传递美",共享"和谐美"。

这就是一种抓住了重要时间点进行潜移默化的教育的表现,这样的"第一课"奠定了健康的心态、正确的发展方向,以及坚定的目标。借助教学过程中的重要时间点来进行潜移默化的教育,是教师创造教育契机的一种比较好的方法,当然我们要把握"重要"二字,把具有影响力和意义的时间点拿来做文章,这样学生才容易接受,并且这样重要的时间点不要太频繁,要把喘息和思考的时间和空间留给学生,尽量每一次的教育都能达到一定的效果。

### 四、抓住细节,及时教育学生

细节在一定程度上决定着孩子成长的成败。也许教师的一句不经意的表扬,让孩子受益终生;也许教师的一句批评,让孩子重新认识自己;也许教师的一个表情暗示、一个眼神交流会让孩子感受到温暖。这些细节有着重大的教育意义。而这些细节,往往被我们忽略,被我们不屑,实是不该。

## 一颗糖,一份心

上课时,让小朋友们拿出汉语拼音本。都是一年级的孩子,他们还未完全弄清那一本是汉语拼音本,我便顺着桌子检查。有个小男孩在书包里掏了很久,也没见他把拼音本拿出来,我走到他旁边站着,他抬起头看见我,就更奋力地在书包里找,终于,看见他粲然一笑,从书包里掏出一颗糖递给我,说:"老师,给你吃。"我几乎晕厥了,他完全没有弄清这是上课时间,也没有弄清他自己该做什么。但是他的行为又可爱得让我感动。对于一个小孩来说,他能把他只有的一颗糖给我,一定是下了很大的决心。或许他很喜欢我,只是把这种情感的表达用错了地方。

我拍拍他的肩,对着他笑了笑,让他把糖收起来,把汉语拼音本拿出来,然后就继续巡视其他学生有没有准备好。

后来,我在想,我那时候应该把他给我的糖接过来,然后告诉他好好听讲,等下课的时候,单独告诉他,"你给老师的糖老师特别喜欢,可是上课的时候,你得听指挥,老师说拿拼音本你就应该把拼音本拿出来,然后坐好,这样老师才能继续给你们讲新知识。因为今天你表现特别好,所以老师还把这颗糖又奖励给你,以后要更遵守课堂纪律,好吗?"

如果这样做了,我想效果一定会更好。

一颗小小的糖,其实代表了孩子的一份心。才上了三天学的孩子,他分不清上课与下课、老师与幼儿园阿姨的区别。教师遇到这种情况,如果马上批评他,用特别严肃的态度让他明白上课要听从管教,虽然目的达到了,但是这样会伤害孩子的一颗心。

很多教师一贯用一种简单而粗暴的方式对待学生,不准这样,不准那样,整天绷着脸对待孩子的天性,然后辩解说"我都是为了学生好"。

引导比横加干涉更加重要,从幼儿园到小学应该让学生平稳过渡,否则厌学的根子就从此埋下,麻烦多多。


让学生拿出汉语拼音本,学生却拿出糖果,这是一个无意之举,也是教育契机。抓住有利的教育时机,对学生进行教育,展开班级管理,往往会收到事半功倍的效果,这就是我们所说的时机效应。但时机是稍纵即逝的,必须及时抓住。学生的教育工作是一项复杂而艰巨的"心灵工程",需要教师用心体会。

把握契机潜移默化地教育学生的方式多种多样,各有千秋,但有一点是共同的,那就是对学生的爱。有了对学生的爱,你会去主动关注教学中的细节,关注学生的一举一动,关注这些鲜活生命的点滴进步。找到良好的教育契机,并且抓住它们,让学生在你潜移默化的教育中不断进步。

## 方法五 从一言九鼎到平等对话

教师面对的是一个个鲜活而又具有主观能动性的人,教师可以促进他们成长,但不能代替他们成长。孩子需要平等,因为他们是去功利的,他们不把名声当回事,所以教师也不要把自己的"老师"的头衔太当回事,用平等的心态与孩子对话。

随着教育理念的不断更新和教学改革的不断深化,我们需要建立平等和谐的师生关系和生生关系,摒弃"一言堂",促进学生自主探究,发挥教师的组织和引导作用,这在很大程度上需要通过师生平等对话实现。全国优秀教师孙建锋对师生平等对话有着这样的理解:师生平等对话"意味着对话主体间一种民主、平等的双向交流,意味着一种视界的融合、精神的相遇、理性的碰撞和情感的交流,意味着一种对话主体各自向对方的'精神敞开'和'彼此接纳',意味着一种经由对话的共享、共生、共长"[①]。

---

① 孙建锋.享受对话教学[M].重庆:西南师范大学,2009:205.

# 平等对话,感受"真情"

(第一课时结束的时间到了,孙老师开始征求学生的意见)

师:现在,40分钟过去了,可以下课了吗?

生:孙老师说可以下课了,我们当然没问题。

生:我有点舍不得孙老师。

生:我不想下课。

师:为什么?

生:因为我想继续上下去。

师:想继续上,那上什么呢?

生:我想老师上白鹭的韵味无穷……

(师生没有休息,继续上第二课时)

【资料来源:孙建锋.享受对话教学[M].重庆:西南师范大学出版社,2009:227.】

孙教师和学生和谐平等的对话始终贯穿于课堂,教师已不再是高高在上的管理者和单纯的知识传授者,而是学生学习的伙伴、忠实的听众、学生的引路人。学生已经从各种束缚、禁锢、定式和依附中解放出来,一颗童心得以无拘束地释放。

平等是增进情感、融洽关系的柔和剂。没有民主与平等,师生就不可能进行真正意义上的对话。陶行知先生说:"小孩子是我们的小朋友,既然是朋友,我们和孩子应该平等对待。"学生也渴望师生之间的平等。我们应该尽可能走近学生,俯下身来和学生交朋友,去倾听学生的心声,让学生在对话中感受愉悦,感受自己独特存在的价值,师生其乐融融,课堂充满活力。

那么,该如何从一言九鼎过渡到平等对话?

## 一、教师要具有平等的对话意识

教师要与学生敞开心扉,倾心对话,为他们提供聆听的耳朵,提供说话的场所,提供锻炼的机会。学生的内心是无拘无束的,他们渴望走向原野,亲近自然,渴望在广阔的天地间放飞梦想,渴望在心灵深处释放激情。

我们需要给予学生"自己说话"的自由,为学生创设一个自由、开放、弘扬个性的对话场。培养学生倾听、表达和应对的能力，让师生之间保持"零距离"。只有这样，学生才能拥有思想与思想碰撞的锋芒，情感与情感交融的契机，心灵与心灵拥抱的思想。

为了完成教学任务，我们常常急于走过场，很难让学生产生渴望已久的情感体验和迸发美丽动人的思想火花。有时对于学生"出格"的回答，教师轻而易举地全盘否定。这样不仅打击了学生的自信心，同时让学生失去了学习的兴趣。我们应相信学生，真心实意地倾听他们的回答，并善于捕捉对话中的创造之火，超越预设的话题，使学生在真切的感受中引发"真情"共鸣，使学生的个性得以张扬。

萧伯纳常对人说："一个人无论取得多大的成就，都不能骄傲，要永远谦虚。这就是那位小姑娘给我的启迪。"有一次在国外，萧伯纳看到一个小姑娘长着一双闪亮的大眼睛，头上戴着大红蝴蝶结，显得聪明伶俐。萧伯纳非常高兴，同她玩了很久。临别的时候，萧伯纳把头一扬，幽默地对小姑娘说："别忘了回去告诉你妈妈，就说今天同你玩的是了不起的萧伯纳！""先生，你就是萧伯纳？""怎么，难道我不像吗？""可是，您怎么会说自己了不起呢？请回去也告诉您的妈妈，就说今天同您玩的是一个普普通通的小姑娘！"萧伯纳愣住了，他觉得刚才自己太自以为是了，一时不知说什么才好。

人格面前，人人平等，即使著名人物也不例外。教师与学生对话，一定要具有平等意识，这样才能走近学生，打开他们的心结，体会他们的感受，感知他们的内心。

## 二、教师要不断地进行学养储备

在教育这个极其严肃的伟大事业中，高素质的教师需要不断地丰富自身的理论储备，自觉地吸收理论营养，以完善人格结构，成为行动的指导。

有些教师由于文化缺失而面临危机和尴尬：视野不宽，教书乏招，搬教参，对答案；底蕴不厚，创新乏力，学生要质疑，一问三不知，学生想探究，总是和稀泥；修养不足，育人乏术，自我感觉良好，反思能力低下；情趣不多，生活乏味，心灵缺乏阳光，难与学生交往沟通……教书育人，教师应该是有较深文化底蕴的智者。

教育过程本是师生思想交互作用和融洽的过程，里面有情感的交流和心灵的碰撞。这时，教师的人格魅力往往对学生产生强烈的感召力和凝聚力，给学生以震撼人心的影响和冲击。乌申斯基说："教师的人格对学生的影响是任何教科书、任何道德箴言、任何惩罚和奖励制度都不能代替的一种教育力量。"教师的一言一行，无时无刻不在影响着学生的成长、成人、成才。

没有丰厚文化底蕴的教师，根本不可能给学生的生命铺上一层温暖、纯净的底色；无论哪个教师在课堂，不管他上什么课，他的讲解、他的自我展示，都折射出他自己的文化厚度、思想高度。只有文化底蕴深厚，才能够理解教材、驾驭教材、开发课程，才能创造出富有生命力的课堂，才能拥有足够的智慧引领学生的心灵。

教师人格魅力的体现，除了高尚的品质外，还应有渊博的知识、灵动的智慧。当今世界，知识日新月异，教师作为文化的重要传播者和创造者，只有不断学习，才能掌握最新学术动态，更新、优化自身的知识系统，使自己在教育上更具主动和优势，为学生的发展提供优质的精神食粮。

### 三、教师要虚怀纳教优化意识

有一句老话叫"同行生嫉妒"，在教师这个行业里，同样有着这样的现象。然而，若是心中存着成见，怀着自负，听不得别人的真言，不学习别人的长处，很快就会被淘汰。

日本明治时代有一位著名禅师叫南隐。一天，有位大学教授特来向他问禅，他默而不答，只是以茶相待。他将茶水注入这位来宾的杯中，直到杯满，而后继续注入。这位教授颇感纳闷，喝茶跟禅有什么关系？教授眼睁睁地望着茶水不断地溢出杯外，流得满桌都是，再也不能沉默下去，终于说道："师父，已经漫出来了，不要再倒了！""你就像这只杯子一样，"南隐乘机说道，"里面装满了你自己的看法和想法。你不把你自己的杯子清空，叫我如何对你说禅？"教授听了忽有所悟，羞惭地伏地礼拜禅师。

南隐的话里并无高深的道理，却是耐人寻味。我们的心就像这个杯子一样，空时任何液体均可容纳，满时，再也容不了一滴水。若要装进新的水，就要将杯子里的水倒出。学习也是一样，要善于将旧知倒出，为新知腾出地方，更新教育思想、转变观念，加强自我修养，提高自身素质。有一颗虚怀若谷的心，才能不断地在学习中优化自己的教育艺术。

### 方法六 从转变思想到回归真实

周弘被誉为"第一位发现孩子没有错的教育家"，他认为教育应采取正解的做法，淡化孩子的缺点，强化孩子的优点。

# 机不可失，失不再来

有位家长带孩子来咨询周弘。她说孩子是多动症，一天到晚动个不停。她勒令孩子坐在她旁边，过一分钟左右，就去看一下孩子，然后吩咐一声："不要乱动啊！"

有趣的是每次她说完这句话，孩子就开始动，翻抽屉，转椅子。于是她妈妈就无奈地叹一口气说："就是这个样子，我都急死了。"

事实上这位母亲在反其道而行之，她明知道希望孩子静一点，注意力却老是看到孩子动，看到还不算，还不停地提醒孩子你很好动。天长日久，这种观点便会沉淀在孩子脑海里，若再加上母亲情绪化的批评，再让孩子自己改正好动的毛病就比较难了。

周弘把道理讲给那位母亲听，她也觉得有道理，并向周弘请教应该如何做。

周弘要求她五分钟内不要注意孩子。有那么几分钟，周弘看到孩子在摆弄一个东西，专心致志。

周弘马上提高嗓门对她母亲说（保证孩子也能听到）："这孩子一点都不好动，他只是活泼一点，你看他现在多安静。"孩子听到表扬他，扭过头来笑，周弘竖起一个大拇指，他的母亲也趁机表扬了他两句。

奇迹出现了，从那一刻起，他能坚持十来分钟一直安安静静的。

在孩子安静的时候表扬他，孩子便找到静的感觉；若家长在孩子动的时候批评他，加深了孩子动的感觉，破坏了孩子对静的感觉。这种"优点不说不得了，缺点少说逐渐少"的原则适用于许多方面：比如孩子胆子小、孩子调皮、孩子不懂礼貌、孩子动作慢、孩子粗心……

【资料来源：周弘.换种方式做父母[M].广州：广州出版社，2009:27.】

在人的心灵深处都有一种根深蒂固的需求，这就是希望自己是一个发现者、研究者、探索者，而在儿童的世界中，这种需求特别强烈。所以，不论是教师还是家长，都需要用鼓励、欣赏的眼光看待孩子，就如周弘所说淡化孩子的缺点，加强孩子的优点。

那么，该如何从转变思想到回归真实呢？

## 一、从塑造健康心态开始

作为教师，我们的一举一动、一言一行都将对学生产生深远的影响，教师健康良好的心态也影响学生对知识的获取和良好心态的形成。教师转变思想回归真实,需要从塑造健康心态开始。

对教师而言,一个健康的心态包括平和、理解和关爱。有时候我们会被"繁杂"的工作遮蔽了双眼,失去了刚参加工作的激情,出现了作为一个教师不应有的急躁情绪,不能以一种冷静、平和的心态面对学生。这样师生关系就会失衡。教师应该以一种平和的心态、一种理性的态度面对学生出现的问题,采取恰当的方式,潜移默化地促进学生成长和进步。

我们应该认识到,每一个学生都是好学生,每一个学生都有一颗上进的心,都渴望得到尊重和肯定。对学生在学习和生活中出现的问题,教师首先应予以理解,然后分析原因,采取恰当的措施;而不是一味地指责或埋怨,"一棒子把学生打死"。指责或埋怨不但不能帮助学生解决问题,反而会使师生关系僵化,教育效果适得其反。

爱,是打开学生心灵大门的一把钥匙。只要注意爱的方式、爱的分寸、爱的时机,我们相信,每一个学生都会在爱的阳光下健康成长。在学生的学习和生活中,有了爱,就会让学生获得无穷的力量;有了爱,就会让学生以积极的心态面对一切;有了爱,就会让学生健康、快乐地成长。很难想象,一个冷若冰霜的教师能让学生充满活力,充满希望,充满信心。

每一个教师都应以一个积极的心态、阳光的面容对待自己的工作、对待自己的课堂、对待自己的学生;让掌声在我们的课堂上响起来,让快乐拥抱每一位教师和学生。

## 二、看到自己孩子的优点

最近在微博上,关于"别人家的孩子"的微博就有一万六千多条,并且衍生出不同的版本。其中:从小我就有个宿敌叫"别人家的孩子"。这个孩子从来不玩游戏,不聊QQ,不喜欢逛街,天天就知道学习。长得好看,又听话又温顺,次次考试年级第一。会做饭,会家务,会八门外语。上学在外地一个月只要400元生活费还嫌多……这个小段子引起了广泛共鸣。别人的孩子如此优秀,自己的孩子呢? 自己的孩子其实也优秀,只是我们不善于发现罢了。要知道,每一个孩子都是"别人家的孩子",他们都有自己的闪光点,也有一些不足。作为教师和家长的我们,需要做的是竭力寻找他们的闪光点,真心地赞扬、鼓励和引导他们。

我们往往会认为孩子需要的教育是训导与惩罚,对孩子的优点、长处看在眼里、喜在心里,但要不动声色;而对孩子的缺点和错误,动辄批评、指责,甚至惩罚。我们忽略了孩子的心理,他们会失落、会伤心,而在长期的抱怨和批评中,他们会丧失自尊和自信,甚至可能产生一些不良行为。

一次表扬可能改变一个人的成长轨迹,在孩子的成长中,我们不能吝惜赞美之词,要肯定孩子的长处,放大孩子的优点,帮助他们树立自信心,让肯定与赏识成为开发孩子创造力、促进孩子成长的催化剂,使孩子在肯定和赏识中变得越来越优秀。

"知心姐姐"卢勤有一次去中央电视台谈"怎样教育淘气的孩子",一个看上去挺"蔫"、好像并不淘气的男孩坐在那儿。一开拍这个挺"蔫"的男孩子冲着镜头说了一句特别精彩的话:"每次我爸批评我的时候,都要说:瞧人家孩子怎么怎么好,瞧你怎么怎么差,瞧人家孩子多聪明,瞧你多笨……我心里很不服气,我想你老要觉得人家孩子好,你就给人家孩子当爸爸算了,干吗给我当爸爸!"听了这话,孩子的爸爸眼睛瞪得跟豆包一样,嘴咧得老大,一句话也说不出来。

节目录制完成之后,孩子的爸爸流着泪找"知心姐姐"说:"我是一个司机,就这么一个儿子。我对他那么好,挣钱全是为了他,他凭什么这么冤枉我?"卢勤说:"您爱您的孩子,可是您的孩子不知道。您没有表现出对他的爱和赏识,您赏识的只是别人家的孩子。所以,您的孩子认为您不爱他。"其实,有这种烦恼的孩子和家长为数并不少。许多家长教育孩子的心理有些错位,不是用赏识的目光去看待孩子的优点,而是用挑剔的眼光找孩子的毛病。最可怕的是用别人家孩子的长处去比较自己孩子的短处,越比较越觉得自己的孩子不如别人家的孩子。

家长和教师总是一眼就能洞察别人家孩子或者是别班学生的优点,却对自家孩子或自己班学生的长处视而不见。我们也总是不遗余力地去夸赞别家孩子的优秀,却对自家孩子吝惜一句真心的赞美。如果我们把自己的孩子当成"别人家的孩子"来看待,多发掘孩子身上的优点,多给予赞美之词,你会发现孩子变得开心了,对学习的自信心也增强了。

由于家庭背景、成长经历等众多原因,每个孩子的发展特点、认知能力、生活经验、学习方式等方面都不尽相同,因此,孩子即时的、外显的行为没有优劣之分。聪明的家长和教师都是不断地表扬孩子。对于幼儿来说,他的自我意识最初是通过成人的评价获得的；对于青少年来说，家长若能够发现自己孩子的独特之处，会让孩子在成长的过程中对你充满感激。

别人家的孩子也是孩子，我们看到的只不过是那些孩子优秀的一面，其实有时候我们需要想一想，在其他父母的眼里，我们的孩子也是"别人家"的那个优秀的宝贝。我们需要转变我们的思想，让关注、欣赏的眼光回到自己孩子的身上，去发现他们的优点，让他们充满自信地成长。

### 三、决不攻击孩子的品行

教师应该有这样的思想，无论学生做错了什么，都不要攻击学生的品行，因为他们是孩子，他们是未长成的人，人都会犯错，我们需要教给他们的是能够改正错误。有的教师不放大学生的特点，就事论事，有的教师总是攻击学生的品行。教育方式不同，必然导致教育效果不同。①

场景一：一个孩子忘了把书还给图书馆。就事论事的 A 老师说道："你借的书已经过期了，应该还到图书馆去。"攻击孩子品行的 B 老师却说："你太不负责任了！你总是拖拖拉拉而且健忘。你为什么不把书还到图书馆？"

场景二：一个孩子把颜料弄洒了。就事论事的 A 老师说道："噢，我看见颜料洒了，我们得弄些水和抹布过来。"攻击学生品行的 B 老师却说："你真是笨死了。为什么总是这么不小心？"

场景三：一个十几岁的学生衣冠不整地来到学校，他的头发乱蓬蓬的，衣服皱巴巴的。就事论事的 A 老师说道："看来你真是需要好好收拾整洁一下了。"攻击学生品行的 B 老师却说："你浑身上下都是乱糟糟的。你的衣服这么皱，头发这么脏，依我看，连你的大脑都是一团乱麻。你究竟怎么回事？除非你衣冠整洁，否则我会把你扔出教室。"

场景四：一个学生的西班牙语考试没有及格。A 老师就事论事地说道："我很关心你的西班牙语功课。你需要有所进步。我能帮你吗？"B 老师却攻击学生的品行道："你是个聪明的男孩，怎么会考试不及格呢？看来你得好好埋头苦学一番了。"

我们发现，A 老师始终向学生传达着一种关心和爱护，而 B 老师容易引起学生的

---

① 王晓春. 做一个专业的班主任[M]. 上海：华东师范大学出版社，2008：277.

焦虑和怨恨。谁在解决问题,谁在制造问题一目了然。面对捣蛋的学生和突发的事件,我们难免生气,聪明的教师并不惧怕自己愤怒的情绪,因为他懂得如何表达愤怒而不造成伤害,重要的是如何让学生明白错误所在,如何改正错误。他知道生气的艺术在于不侮辱别人,而在于教育别人。

教师应该恪守的黄金法则是:可以愤怒,但不可以带侮辱性。智慧的教师只是就事论事,而不进行人身攻击。

## 四、为自己和孩子的心灵撑起一片真实的天空

教师应该坚持积极、主动、努力地去做事情,不开心的时候可以抱怨自己何必这么投入,但始终不要忘记,能持续不懈,就说明还有理想;能不断努力,就说明还很年轻,困难和问题在理想和年轻前面永远算不了什么!每一个人只有把眼前的事情做实做好,心里才会坦然,才会踏实,才会自由。作为教师,只有尽好自己的每一份责任,才能为自己的心灵撑起一片自由的教育天空。

苏联教育家马卡连柯说:教师的心应当充满对每一个他要与之打交道的具体的孩子的爱,尽管这个孩子的品质已非常败坏,尽管他可能会给教师带来许多不愉快的事情。教师不仅要爱学习好的学生,也要给予那些常常带来麻烦的学生爱的启迪。那些孩子更需要关爱,他们的心灵需要教师的呵护。

# 期待的力量

有一位老师海姆·G.吉诺特永远也不会忘记。他帮助吉诺特改变了对世界的看法。在遇到他之前,吉诺特觉得大人很可怕。吉诺特的爸爸死得很早,妈妈又在外地工作。祖父性情怪僻,祖母又脾气暴躁,他们两个经常吵架,弄得家里鸡犬不宁。吉诺特第一个老师是个很差劲的女人,跟他的祖母一样爱惹是生非,而且动不动就惩罚学生。其他老师则不一样,只要吉诺特安安静静的,他们就心满意足了。吉诺特想,如果他就这样静静地死去,他们也会无动于衷。他跟他们井水不犯河水,互不相干。

后来,吉诺特遇到了本杰明先生,他是吉诺特六年级时候的老师。他真是与众不同。他喜欢和吉诺特他们在一起,有他在,吉诺特都觉得自己是重要人物。吉诺特对他的这种认识也营造了良好的学习气氛。他信任吉诺特,指引他,唤起他的荣誉感和想象力。"这个世界需要你们的才干",他鼓励吉诺特说,"世界上还有人在承受着痛

苦、疾病和贫穷,你们既可以关怀他们,也可以伤害他们,既可以为他们造福,也可以让他们受苦。任何情况下,你们既可以成为援助他们的一分子,也可以成为制造问题的一分子。是非善恶只在一念之间。"这番话至今仍然萦绕在吉诺特心中,并影响他一生奋斗,努力向善。

【资料来源:吉诺特.老师怎样和学生说话[M].冯杨,周呈奇,译.海口:海南出版社,2005:230-231.】

每一个学生都是一个丰富多彩的生命体,而每一个教师也应该以期待成功的态度来对待每个学生。俗话说"良言一句三冬暖",用我们的语言温暖孩子的心灵,倾听他们的心声,了解他们最真实的需求,并帮助他们,引导他们,是每一个教师的职责。真正的教育存在于人与人心灵距离最短的时候,也是能震撼、触摸、牵引人的灵魂的教育,这种教育饱含教师和社会对孩子成长倾注的爱与真诚。教师要用睿智和真情帮助孩子走出困境,要走进学生的心灵,真心地与孩子沟通。让我们用一颗赤诚的爱心去感动孩子,用爱心去开启他们心灵的窗户,用爱心去灌注那一朵朵美丽而善良的花朵,点燃教育理想的火焰,为孩子的心灵撑起一片真实的天空。

## 智慧点津

## 如何成为一名智慧教师

有一位年轻的学者,出身于一个富裕的家庭,他把大部分时间都花在了研读各种伟大的学说上。有一天,他在旅途中遇到了一条宽阔的河流,于是他找来船夫渡他过河。小船在湍急的河水中摇摇晃晃,为了打发时间,学者向船夫讲述了他的研究经历。开始,船夫很认真地听着,过了一会儿,他对年轻学者提出了一个问题:"您真是一个博学的人,先生——可是,您学过游泳吗?""游泳?没有,我没学过。"学者回答说。"那您渊博的知识可能就没什么用了",船夫说道,"因为我们的船正在下沉。"

书是我们学习最直接的老师,但它只能为我们提供知识,而无法让我们获得能力。若要获得能力,就必须从实践中寻求。美国作家郝胥黎说:"能力指的并不是已发生的事,而是我们对待所发生事情的方式。"的确,作为教师我们不仅需要不断地学习间接经验,同时需要不断地学习直接经验,让直接经验与间接经验相融合,为我们的教育增添智慧。

那么,成为一名智慧教师应该具备什么基本要素呢?

## 一、做一名有个性的教师

优秀的教师往往是有个性的。有个性的教师才能造就有个性的教育。教师的个性体现在思想、性格、品质、意志、情感、态度等方面不同于其他人的特质,而这个特质表现于外就是他的言语方式、行为方式和情感方式等。全国优秀教师李镇西说:"任何教师的教育都是不可重复的,因为教育的魅力在于个性。"我们经常说让教育充满个性,让学生充满个性,可是,教师自己是否是有个性的呢? 只有有个性才能包容有个性,有个性才能欣赏有个性,有个性才能发展有个性。

教师的个性如何形成? 个性的背后是思想。一提起真正的大家名家,我首先想到的不是他们哪一堂课,而是他们所提出的教育(教学)思想或观点——于漪的"人文教育观",钱梦龙的"主体•主导•主线",张孝纯的"大语文教育",魏书生的"民主加科学",程红兵的"语文人格教育",韩军的"新语文教育"……也许他们的这些思想观点至今仍有争议,但不妨碍他们的独特性。个性源于思想,思想源于思考。李镇西老师说,同样是教了 10 年书,有的教师可能相当于只教了一年,因为他不断地重复自己,只有机械劳作而没有理性思考;而有的教师真的是教了 10 年,因为他在不断思考,每一年乃至每一天都不简单重复走过的路。思考,积累成思想;而思想,形成教育者的教学个性。[①]

教师的个性养成对教育质量、教师专业发展及学生个性开发都具有重大意义。新课程理念告诉我们:教师不仅是教育教学活动的执行者,更是有着独立价值、尊严和独特个性的人。教师的个性对教育学生起着导向作用。苏联教育家乌申斯基说:固然,许多事有赖于学校的一般规章,但是最重要的东西永远取决于跟学生面对面的教师的个性;教师的个性对年轻心灵的那种教育力量,是教科书、道德说教、考奖惩制度都无法取代的。

现代教师应该是富有激情、会创造、不唯书的群体,有善于发现的眼睛,不仅能看到

---

① 李镇西.我的教学笔记——李镇西 30 年课堂教学精华[M].桂林:漓江出版社,2012:10.

孩子的聪明，更能从每个孩子身上找到与众不同的东西，并视之为宝藏，不断挖掘；应该勤恳教书，潜心育人，在"求同"的基础上"存异"。个性不是言语的轻狂、行为的乖张。个性教师同样也需要符合教育大方向，然后，再彰显个性。应该在课堂中关注真人，引导学生学做真人，能客观而勇敢地对一些不符合教育规律的做法说"不"。当个性成为榜样时才有现实意义，就好像从应试教育的荆棘中走出一条拥有自己个性道路的魏书生一样。

作为一名现代教师，我们需要认真学习，完善自我个性，树立终身学习的决心，多读书，提高人文素养，多交流，提升专业水平；要拥有丰富而健康的心灵，才能以博大的胸怀去关心、理解、尊重和爱护每一个学生；不断地丰富自己、完善自己，形成拥有生命力的个性化教育。

每一个教师都应该在教育中挥洒自身的个性，让个性深深吸引学生紧紧地凝聚在他的周围；富有个性魅力的教师以其独特的教育风格，吸引着每个学生。

## 二、在教学中学会妥协

妥协是通过让步来避免冲突和争执，妥协并不等同于投降，而是以独立为前提、以尊严为原则的适当让步。教师和学生有时会成为冲突双方，有时教师在批评学生时，因不明情况或言语过激，引发学生的对立情绪，使师生双方陷入僵局；有时教师与学生在讨论问题时针锋相对，互不相让，让课堂教学无法继续进行；有时学生挑战教师的权威，发生师生冲突。对学生的要求决不妥协，并不是智慧教师的做法。

我们不妨换一种角度去思考，学生是充满活力的生命个体，是有血有肉、有情感的个体，他们希望得到别人的尊重，这是自我满足的表现。妥协也是一种美，妥协不是权威的丧失，恰巧是权威的树立。妥协更是一种尊重，一种以退为进的尊重。当我们看到学生以一种积极的心态、一种朝气蓬勃的精神去学习时，我想这才是真正的教育。

学会妥协，很多看起来严重的问题，就变得很简单。相反，同样很多看起来很小的事情，如果被我们忽略，就会变成很棘手的问题。教育是心灵的艺术，而赢得学生的心，才是教育成功的真正标志。

学会妥协，有利于课堂教学的和谐融洽，有利于提高学生掌握知识的速度与效率，更有利于师生主体性的相互尊重。妥协往往是一种"双赢"，通过妥协而达成协议就是胜利。当然，这里所说的"妥协"，是一种教育策略，在行军打仗中，这叫以退为进，以守为攻。但这绝非是对学生盲目屈从。

作为独立个体的学生、教师,由于有不同的价值观、世界观,必然会发生这样或那样的冲突、分歧和对抗。教师要尊重事实,向学生的现有水平妥协;批评有度,向学生的承受能力妥协;提升自我,向教师的职业要求妥协;和谐共生,向和谐的课堂和和谐师生关系妥协。通过教师的妥协智慧,让学生少一点自卑、多一些自信,少一点指责、多一些欣赏,少一点挑剔,多一些合作,从而走向人格独立、身心健康的理想彼岸。[①]教师的妥协更是一门艺术,展现着柔性的坚持,追求坚韧、无畏之美,它的智慧在于对核心价值体系的坚持,是一种对基本道德规范的坚守。

### 三、主动、自觉的创新思想

《中小学教师职业道德规范》明确指出:"潜心钻研业务,勇于探索创新,不断提高专业素养和教育教学水平。"如果一个教师只懂得循规蹈矩,那么等着引导和指导的未来栋梁们又怎么不墨守成规呢?要想对学生进行创新教育,首先要求教师本人具有思想创新的意识、能力和胆略,最关键的是需要拥有独立思考的勇气。教师创新思想的培养应该是主动的、自觉的。

美国明星教师罗恩·克拉克说:"如果要我说出自己的三个特点,排在前三位的一定有'具有创新精神',好老师必须要有创造力,因为你不能日复一日地做着同样的事情。当教师拥有标新立异的创造力和自由时,契机就会发生。"具有创新思想的教师,就是那些善于吸收最新教育科学成果,将其积极运用于教学中,并且有独特见解,行之有效的教师。具有创新思想的教师,应该具有创新教育观,变以教师为中心为以学生为中心;具有多元、合理的知识结构,深刻、扎实、宽厚的专业知识体系;具有创新型个性心理品质,敏锐好奇、自信果断、开拓进取、灵活机智、兴趣广泛、热爱学生;具有创新性教育艺术,不断赋予教育以新意和活力,有声有色、趣味横生。

强烈的求知欲也是具有创新思想的教师的必备素质,他们之所以能够满怀信心地对学生进行劝告、指导、说理和教诲,并善于解答学生提出的各种疑难问题,是因为他具有强烈的求知欲望。

教师对学生产生的导向作用是不可估量的。一个具有创新思想的教师教育出来

---

① 王艺霖.论课堂冲突中的教师妥协智慧[J].教育与教学研究,2012(2):7-9.

的学生定会多些朝气,少些暮气;多奇思幻想,少束手束脚。爱因斯坦小时候,老师告诉他的父亲,你的儿子"无论做什么事都永远不会成功"。于是爱因斯坦被逐出学校,并被告诫"你一出现在教室就会破坏和影响其他同学的学习"。而另一位英国初级小学校长,他把一个孩子的一幅"脚印画"郑重地陈列在学校走廊的橱窗里,他认为这个孩子的创新能力不可估量,他用陈列的方式倡导一种创造精神,培植一种创造品质。创新常常不期而至,一个具有创新思想的教师往往能够见微知著,从普通人不大注意的、容易忽略的事情发现学生的创造灵光,并予以强化,使之成为美丽的创新之花。具有创新思想的教师对学生的影响非常巨大,我们教师应该注重自我创新思想的培养。

## 四、变应试教育为生活教育

"应试教育"要求学校的一切工作都围绕备考这个中心展开,要求学生积累与考试有关的知识与应试技能,以考取高分;要求教师将分数作为教学的唯一追求,并以分数作为衡量学生和教师水平的唯一尺度。学生一旦考不好,教师待遇立即受影响,以至于在"末位淘汰"的考评模式下,教师"死教",学生"死学",周末没了,法定节假日没了,寒暑假也没了,每天要"摧残"到夜里十一二点……每一个孩子的可爱,都被应试教育抹杀了,我们只认那些考试优秀的人。

我们的教育应当向什么方向发展?陶行知先生早就为我们找出了答案,那就是让我们转向生活教育。生活就是教育,就是教育的内容,生活博大无比,教育应因生活的变化而变化。"在生活里找教育,为生活而教育",破除过时陈旧的教育内容,抛弃不符合学生生活实际、不切合学生思想认识、不合适学生个性特点的教育观念。

新时代的教师应该为生活教育注入时代内涵,培养全面发展、品学兼优、视野开阔、身心健康的人。现实生活中需要的是素质教育,小而言之,为学生的终生负责,为学生的将来负责;大而言之,为国家、民族的未来负责,为中华的腾飞打下坚实基础。一个智慧型的教师,应该懂得生活比考试更重要。

智慧教师一定要做一个富有责任感的人,每一个教师背后都有一大批学生。学生的希望程度很大部分在于教师给予他们的期待,消极、破坏性的心理暗示将让学生陷入悲观、自我否定中。智慧教师善于在自己的人生经验里淘金搜宝,寻找让自己充满力量的事情来做,并把它作为精神火种,点燃学生的现在和未来。

## 名家锦囊

### 之一：李镇西

作为思想者的教师，在踏踏实实地做好每一件具体教育工作的同时，我们还应该让思考的火炬照亮我们实践的每一个环节：备课的时候，能不能先抛开"教参"用自己的心灵直接与作者对话？阅读教学的课堂上，能不能在讲清楚"考试重点"之后，让学生也谈谈自己独到的见解？作文教学，能不能在命题和批改等方面除了研究高考作文动态，也多琢磨学生的写作心理？面对无法避开的题海，能不能动一番脑筋进行筛选和提炼？每上完一堂课，能不能通过写教学手记对其得失进行一下反思？面对每一个学生，能不能在关注他们表面上的学习态度、学习方法和学习成绩的同时，再研究一下他们的心灵？此外，我们在认真上好每一堂课的同时，能不能关注一下语文界、教育界、整个社会乃至天下的风云变幻？

我们在尊重并继承古今中外一切优秀教育理论与传统的同时，能不能以追求科学、坚持真理的胆识，辨析其中可能存在的错误之处？甚至对一些似乎已有定论的教育结论，我们能不能根据新的实际情况、新的理论予以新的认识与研究？……

### 之二：陶西平（国家总督学顾问，北京市社科联主席，中国教育学会副会长，中国联合国教科文组织协会全国联合会主席）

当教师和学生对坐谈心的时候，他就不只是把学生看成灌输的对象，而是把学生看成交流的对象；他就不会只是感到自己有高于学生的地位，也会感到面对的是和自己平等的"人"；他就不只感到要对学生严格，同时也会感到要对学生重要。而这一切都为学生的健全人格的形成创造了良好的环境。学生坐在教师的对面，他的心理压力会解除许多，他的思维会活跃许多，他会学习沟通，也会学会尊重。这种民主的教育活动，是培养学生健康的心理、创新精神以及自觉意识的重要途径。

### 之三：胡适（现代著名学者、诗人、历史学家、文学家、哲学家）

青年们在学校里对于各种基本科学，不能当它是功课，是学校课程里面需要的功课，应该把它当成求知识、做学问、做人的工具，必不可少的工具。拿工具这个观念来看课程，课程便活了。拿工具这个观念来批评课程，可以得到一个标准。首先看看哪些功课够得上作工具，并分出哪些功课是求知识、做学问的工具，哪些功课是做人的工具。哪些功课是重要,哪些功课是次要。同时拿工具这个观念来衡量,哪种教法是死的笨的,请先生改良,哪些应该特别注重,请先生注意。我这个话,不是叫学生对先生造反,而是请先生以工具来教,不要死板的照课本讲,这样推动先生,可以使得先生从没有精神提起精神,不是造反而是教学相长,不把功课当做功课看,把它当做必需的工具看。拿工具的观念看功课,功课便是活的,这一点也可以说是中学生治学的方法。

# 第五讲　师生共建的生命期待

　　学生的到来,给了教师一个全新的开始,他们唤醒我们的感觉,用我们不懂的方法让我们保持清醒。学生是可以帮助我们上进的人,如果我们不愿意尝试着与他们共建一个神奇的生命期待,就容易遭遇失败,以至于变得顽固起来,最后变得麻木不仁。

　　师生共建的生命期待属于一种隐性的教育力量,形成了班级中神奇的"教育场",这对师生形成共同的价值取向、行为方式、语言习惯、制度体系、班级风气等都有重要的作用。如何才能让学生心甘情愿地与教师共建生命期待? 如何建立生命期待的长效机制? 师生共建的生命期待包括哪些内容? 本讲将逐一为你解答。

## 名师故事

　　作为现代教育工作者,一定要树立人本教育的观点,与学生共同建构生命期待。即尊重和唤醒学生的主体意识,注重个体生命生长、生命本体的活跃,强调尊重、关心、理解与信任每一个学生,在教育工作中创造出和谐、宽松的教育"生态环境",使每个学生生动、活泼、健康地发展个性,完善人格。陶行知就是一位善于唤醒学生的情感,与学生共建生命期待的智者。

## 陶行知与四块糖的故事

　　著名教育家陶行知先生在担任一所小学的校长时,看到男生王友用泥块砸班上的同学,当即制止了他,并要他放学后到校长室去。

　　放学后,王友已经等在校长室挨训了,陶行知先生却掏出一块糖果送给他,并说:"这是奖给你的,因为你按时来到这里,而我却迟到了。"王友惊异地接过糖果。随后陶行知又掏出一块糖放到他手里,说:"这块糖也是奖给你的,因为,当我不让你再砸人时,你立即就住手了,这说明你很尊重我。"王友更惊异了,眼睛睁得大大的。

　　接着,陶行知又掏出了第三块糖果塞到王友手里,说:"我调查过了,你用泥块砸那些男生,是因为他们不守游戏规则,欺负女生。你砸他们,说明你很正直善良,有跟坏人作斗争的勇气!"王友感动极了,他流着泪后悔地说:"陶……陶校长,你打我两下吧!我错了,我砸的不是坏人,而是自己的同学呀!"陶行知满意地笑了,说:"你能正确认识自己的错误,我再奖给你一块糖,可惜我只有这一块糖了,我的糖完了,我看我们的谈话也该结束了吧!"怀揣着糖果离开校长室的王友,此时此刻的心情不难想象。

【资料来源:汪兆龙.陶行知的四块糖[J].课外阅读,2011(10):17.本文有改动】

陶行知先生用奖励代替惩罚,让学生认识到自己的错误,收到良好的教育效果。教师不仅要传授知识,更要塑造灵魂。"四块糖"的教育方式有太多值得我们思考和借鉴的东西。陶行知先生在犯错误学生的身上找到优点和闪光点,多角度地正确评价,让学生用积极的情感克服消极的情绪,形成向上的生命期待。陶行知先生用真情感化学生,尊重学生,在这样的前提下,让学生改正错误,不失为师生共建生命期待的完美案例。

那么,师生该如何共建生命期待?

## 方法一 师生共建的情感教育体系

一个真正的教师,对学生的爱是深刻的,不只关注其今天,更关注其明天;不只关注其智力,更关注其情感;不只关注其基石,更关注其创造。[1] 情感是维系师生关系最牢固的纽带,在师生共建的情感教育体系中,教师的爱应该是广博的,我们需要让学生相信自己的能力,相信自己的梦想。美国明星教师罗恩·克拉克认为,你相信学生能够创造奇迹,他们就会给你一个奇迹,关键在于,你疼爱他们、信任他们、相信他们。

### 让孩子相信自己,别摧毁他们的梦想

我想起了西塔,我在纽约任教时教过的一个学生。他当时骨瘦如柴,就跟我在他那个年纪时的样子差不多。当年我问他,他的目标是什么,他对我说他想获得篮球奖学金进入大学。好吧,这个孩子看上去甚至提不起一袋5斤重的土豆,他的腿上似乎

---

① 管建刚.不做教书匠[M].福州:福建教育出版社,2012:214.

只有骨头和膝盖，压根儿就看不到肌肉。他就是这样一个其貌不扬的孩子。

我说道："孩子，我很高兴你有目标，我相信你。如果这是你真正想要的，那就永远不要放弃。"

西塔让我相信他是一个很棒的篮球运动员。每天放学后，我都会花些时间和他一起打篮球。他打得并不好，但我让他不断尝试并全力以赴。他的脸上写满了自信。我告诉他，只有当你乐于为你的目标奋斗时，这些目标才会实现。他说："是的，先生。"然后就继续开始往篮筐里投球。

我一直与西塔保持联络，多年后，他打来电话，说他参加了他们高中篮球队的竞选。他异常兴奋地问我是否愿意去看他的比赛。我答应他，无论如何我都会到场，并告诉他我为他感到骄傲。我让他一拿到比赛日程就立即打电话给我。到了第二个星期他仍没有打给我时，我就打了个电话给他。西塔在电话里的声音低得可怜，我几乎听不清他在说什么。不过我还是听到了一句："我没有被选上，克拉克先生。"

这句话重重地击在我的心上。我告诉他不要担心，即使是迈克尔·乔丹也没能在高中第一年就成功加入篮球队。我提醒他不要放弃，要继续努力。我告诉他，他在篮球中发现了乐趣，既然篮球给他带来了那么多快乐，那么打篮球就是一种愉快的享受。他答应并保证会为之努力。

两年后，西塔打来电话，告诉我他加入了一个篮球俱乐部，可以每周在那里打比赛。他说那里虽然不是校队，但他至少可以参与其中。他邀请我去看他打球，我告诉他我早就迫不及待了。到那儿以后，我发现比赛是在一个休闲中心的小场馆里进行的。那里没有看台，而我是唯一的观众。尽管如此，当我走进赛场时，西塔仍然喜出望外。他看上去很惊讶，好像对我的到来感到难以置信。他说："您真的来了，克拉克先生。"看到他的时候我同样惊讶：他的个头已经比一般人高出一大截来，而且长胖了一点儿。我坐在球场边上，满怀期待地观看比赛。

西塔兴奋极了。他非常卖力，以至于在5分钟内犯了5次规，并在15分钟内就被罚下了场。他走到我身边，说道："很抱歉，克拉克先生。我太心急了。"

我说："西塔，你要继续坚持。孩子，我很享受这5分钟，而且我会记住你在场上是多么的努力。这5分钟教会我很多，我们都应该对自己做的每件事尽心尽力。"

我和西塔一直保持着联系，并且每年都去看他好几次。我们甚至不再讨论篮球——直到某天深夜我接到他的电话。西塔告诉我，他高中毕业后进入了一所社区学院读书。我知道这些,但他继续说,他仍然在社区篮球联赛中打球,尽他的最大努力去做到更好。他当时已经 22 岁,仍然坚持着赢取篮球奖学金的梦想。他说:"克拉克先生,您还记得吗? 您对我说过您相信我,让我永远不要放弃!"

我说:"当然记得,小伙子。"他说:"其他人都说我疯了,但您信任我,这对我来说就足够了。克拉克先生,我没有放弃,而且我想让您知道,我刚刚签了文件,接受了在今年秋天去大学打篮球的全额奖学金。"

那一刻,我不禁哽咽起来。

他问道:"克拉克先生,您会来看我打球吗?"

我确定地回答:"当然,小伙子。我会到那里去看你打球。"然后过了几秒钟,我问道:"孩子,他们看过你打球吗?"

幸运的是他们看过,而且西塔的能力提高显著。西塔将获得篮球奖学金进入大学,而他这一梦想的实现源于他从未否定过自己的梦想。

【资料来源:罗恩·克拉克. 罗恩老师的奇迹教育[M]. 李文英,等,译. 北京:中信出版社,2012:16.】

如果每一个孩子都坚持自己的梦想,这个世界就会增添不少栋梁之才;如果我们都相信学生的能力,鼓励他们不放弃,那么他们将爆发出巨大的潜力。其实,这就是师生间互相抱定信心的结果。而这一切的出发点,都是师生共同的生命期待。

师生之间的情感体系决定着一切教学活动的顺利进行,诺尔曼·丹森在《情感论》中说:"没有情感,日常生活将是一种毫无生气、缺乏内在价值、缺乏道德意义、空虚乏味而又充满无穷尽交易的生活。情感过程是个人与社会的交换,因为一切个人必须通过他们在日常生活中感受到和体验到的自我情感加入他们自己的社会……一个真正意义上的人,必须是有情感的人。"[1]师生共建的情感体系影响着教师与学生双方的感受与体验,对学生学习、个性和心灵具有不可低估的作用,同时,也是形成教师价值观和职业态度的重要因素。师生如何共建情感教育体系? 朱小蔓教授在《情感教育论纲》中为我们提出了几种方法。[2]

**一是结构构建法。**把情感教育体系的目标分析为一个由内容、形式和功能组成的

---

① 诺尔曼·丹森. 情感论[M]. 魏中军,孙安迹,译. 沈阳:辽宁人民出版社,1989:32.
② 朱小蔓. 情感教育论纲[M]. 北京:人民出版社,2008:107-129.

三维结构,分别从不同的维度对情感的发展做出要求。要求师生从道德、理智、美感等方面自我肯定,将情感状态变为情感特质,最终形成性格泛化,改变师生的行为习惯方式,形成良好的思维力与美好的愿景。

**二是时相构建法。**依据时间的运行轨迹和人的生命成长轨迹构建目标体系,旨在尊重人的情感发展的内在时相运动规律,科学地区分教育的不同阶段,把握住教育的关键期。我们可以把关键期分为三大年龄段:儿童期、少年期、青年前期,需要注意三大板块的区别性、阶段性和转折性。时相构建法强调人的情感变化本质是受教育者生活经验不断积累与充足的机构,是发自人的内心而不是由外界强加的。

**三是关系构建法。**这是现代教育对人的发展进行的一种尝试,即从文化世界的内部找出本质联系。按照辩证唯物主义的世界观,将师生个体与世界的关系分为五大系列:人与自然、人与操作对象、人与他人、人与社会以及人与自我。协调好这五大系列中的情感关系,也就构建起了一个成熟的情感体系。

师生之间的情感体系建设主要是通过信息传播和情感交流进行的,在这个过程中,教师不仅要组织学生进行智力活动,还需要组织学生进行情感感悟,智力活动和情感感悟是一体两翼,缺一不可。

在应试教育下的学生,他们要承受着中考、高考这些接踵而来的压力,他们也许错过了很多美好的岁月。就好像一个英国本科生对一名中国的高中生说:"因为高考,你人生中最美好的两年被毁了。十六七岁应该是谈恋爱、建自己的乐队、去心动的地方旅游、做一切今后再也没胆量做的事情的年纪"。无论这个英国本科生出于什么想法、什么背景,他确实说出了一个事实:人一生是有最美好的或最漂亮的时间段的,我们的教师不能让这些美丽的青春年华毁于一旦。我们虽然无力改变教育的现状,但是可以改变我们课堂中的情感环境,为学生建立温暖幸福的情感教育体系,以情感人、以情激人,这样才能达到更好的育人目的,才能让学生在繁重的课业压力中寻找到温暖的力量,并奋力前进。

## 方法二 师生共建的和谐课堂

我们发现名师的课堂有一个共同特点,就是"和谐"。所谓"和谐"就是事物之间在一定的条件下,达到具体、动态、相对、辩证的统一,是不同事物之间相同相成、相辅相成、相反相成、互助合作、互利互惠、互促互补、共同发展的关系。和谐课堂是教育的理想境界,是现代教育倡导和追求的价值取向。具体表现为:尊重学生、体现个性、构建

"生命—生存—生活"三位一体课堂,在平等对话与民主氛围中让学生的人格和心灵得到和谐发展。

我们要像教育家李吉林老师一样做长大的儿童。李老师在自述文章《我,长大的儿童》中说:"我常常就是这样,像孩子般怀着一颗好奇心去设计教学,童心帮助我想出许多好办法,那是最受孩子欢迎的好办法,它让我不止一次地获得成功,享受到当语文老师,从事小学教育的快乐。教学《捞铁牛》,我想孩子一定要知道怀丙究竟是怎么捞起铁牛的。我就和孩子们在沙坑里做起了'实验'。一个个圆圆的脑袋聚在一起,其中也有我,这时我显然不像老师,而是孩子王,是他们的伙伴,津津有味地操作,看着浮力把埋在沙里的'铁牛'捞起来。教学《鱼和潜水艇》,孩子对仿生学一定感兴趣,人类的进一步发展也少不了仿生学。我找来大大小小的十几只瓶子,专心致志地模拟潜水艇和潜水艇中的'柜子',大瓶子,小瓶子,装进水,又倒掉;这一组沉下去,浮不起来;那一组浮起来又沉不下去,几十次的调试,我不厌其烦做得津津有味。哈!终于成功了!这一种劲头或者是一种痴情,我也觉得自己和我的年龄十分不相称。儿童的眼睛,儿童的情感,儿童的心理,构筑了我的内心世界。是的,正是儿童,是童心,给了我智慧。我想说:爱会产生智慧,爱与智慧改变人生。"①相互理解、相互欣赏、相互宽容,这样的课堂怎么会不和谐呢?教师与孩子一同用好奇的眼光去找寻答案,是一件多么快乐的事。

## 绘本阅读,快乐阅读

师:路上,你遇到谁了?你想变成它吗?用什么方法变呢?结果怎么样?

生1:路上,我看见老虎很威风地在奔跑,我想做兽中之王多光宗耀祖啊!我就在额头上写上一个大大的"王"字,找来毛贴在身上。我撒开腿拼命地跑,怎么也赶不上老虎,累得卧在地上直喘气。

生2:我遇见了小兔,红红的眼睛,雪白的毛,多漂亮。做小兔一定特别美。我就把眼睛贴上红塑料纸,把耳朵扎紧让它竖起来,前面两只脚缩进来,一蹦一跳地走,才跳了几下,我感觉后腿要断了,看见的东西都好像着了火,把我吓了个半死。

……

---

① 成尚荣.我们是长大的儿童——情境教育中走出的名师[M].北京:教育科学出版社,2012:7-8.

师:小朋友真会动脑筋,做小猪都做得入神了,不过,我觉得你们更像创作这本书的本·科特先生,可以把你们说的写下来,再画上画就可以做书的后面几页了。你们觉得自己怎么样?

生3:好了不起。

生4:太伟大了,我也可以写书了。

【资料来源:成尚荣.我们是长大的儿童——情境教育中走出的名师[M].北京:教育科学出版社,2012:79.】

这是江苏省南通师范第二附属小学副校长陈志萍[①]老师构建的和谐课堂,让人如沐春风。陈老师师从李吉林老师,致力于教育情境的创造与研究,她的绘本教学课堂中的学习是如此轻松愉快,宽松而又充满激情,学生大胆的想象和表达,教师对学生个人体验的充分尊重,孩子的创作热情和阅读欲望都得到了释放。这就是和谐课堂应该达到的境界,也正是实现有效教学的体现。

学生的创造力需要在其感觉到"安全"和"自由"的条件下才能获得最大限度的表现和发展。和谐课堂需要营造一个民主、宽松的教学环境,给学生充分的自由。

那么,该如何共建师生和谐课堂呢?

## 一、以生为本

以生为本,尊重生命,体现人性,构建充满生命活力的课堂,正是新一轮课程改革大力倡导的教学理念。教师应该尽力做到,一切为了学生的发展,并且让全体学生得到个性的充分发展,让学生主动地进行全面发展。

在课堂上给予学生自主、合作的机会,我们牢牢抓住这几个不等式:情境创设≠情境摆设、学案导学≠学案教学、教学内容≠考试内容,鼓励赏识≠客观评价,[②]以关心、关怀、关爱学生健康成长为目的,将文化传承、思想交流、情感沟通融入到讲解传授的过程中来。

全国优秀教师、全国名校长王笑梅就将她所教的语文定位为以学生为本的"生命

---

① 陈志萍,江苏省南通师范学校第二附属小学副校长,小学语文骨干教师,省优秀少先队辅导员,致力于传播情境教育思想。

② 徐金云:新课程教学中的几个"不等式"[J].教育科学论坛,2009(7):23.

语文",并作为追求的教育境界。她说:"语文贯穿生命。没有哪个学科像语文那样强烈地影响着人的精神世界,影响着人生命的质量和品位,影响着人的终生幸福。生命语文,超越认知的语文、程序的语文、规律的语文、理智的语文、模式的语文、符号的语文。站在生命的高度,将幸福作为至高的教育价值,不仅指向语文知识的增长,更指向儿童生命的生长和发展,指向儿童灵魂的生长和精神的发育。生命语文,贯穿孩子一生,丰富孩子一生,润泽孩子一生,成就孩子人生。"[①]以生为本的教师,需要具有理解、尊重、关爱学生的人格品性和强烈的社会责任感,具有独立的文化人格以及理性质疑、科学批判、超越创新的意识和精神。

以生为本,体现在凸显出学生的主体地位,让学生全面协调发展。师生关系是衡量学生权利的一面镜子。师生关系不是单纯的人际关系,是双方在知识、智力、情感等方面互动的集合和结果。所以,从教学方法到课程安排,我们都需要考量学生在其中的位置,看看能否真正让学生得到发展,呵护独立的人格,形成开放的思想,锻炼健康的体魄。

## 二、倡导开放式的学习形式

在和谐课堂中为学生营造一个开放式的学习形式非常重要。学生需要开放的学习形式,需要开放的学习内容,还需要开放的学习时空。开放的学习形式,能引起学生的大胆想象,学生的思维也就随之发散开来;开放的教学内容,能让课堂教学充满了发现的味道,拥有丰富的内涵;开放的教学空间,能让学生在生活的课堂中汲取知识、增长见识。这样的开放过程,有利于学生完成富有个性的知识、智力、情感、人格意义的构建,一个延伸到外部空间的和谐课堂也就此产生。开放式的学习形式是一种独具吸引力和有着广阔发展前景的学习形式。这种开放性表现为学习内容的丰富性、活动组织的灵活性、学习评价的多元性等。

从教师把学生当成一个完整的教育对象进行教育到专业化的师生关系再到师生平等对话共同发展,学生的学习形式经历一个发展、动态的上升过程。只有和谐开放的学习形式才会促进教育的发展。这种开放不是教师或学生单方面努力的结果,而是经过师生双方共同努力、相互作用达到协调、满意的结果。建立开放的学习形式对于学生的发展和教育的顺利进行有着重要的作用。

---

① 王笑君,王建明.名师是怎样炼成的[M].南京:江苏教育出版社,2011:69.

和谐课堂中开放的教学形式让教师成为了学生的学习伙伴,用激励的语言、赞赏的眼神激发学生内在的生命热情和潜能,激活学生的思维,点亮学生的心智之灯。相对于封闭的教学形式,开放的学习形式需要理念开放、技术与媒介开放、目标开放,同时,要引导学生利用广泛存在于学校、家庭、社会、大自然、网络和各种媒体中的多种资源进行科学学习,将学生的科学学习置于广阔的背景之中,帮助他们不断扩展对周围世界的观察和认识,并丰富他们的学习经历。

### 三、教师的人文性引导

有这样一个调查,随机抽取 100 名教师,问:"你热爱学生吗?"90%以上的教师回答"是"。再随机调查这 100 名教师所教的学生:"你体会到老师对你的爱了吗?"结果却让人吃惊,90%的学生回答"否"[1]。这样的结果让人大跌眼镜,可是我们思考过这是为什么吗?我们常常用一些强制的、机械的命令,让学生服从。没错,我们的出发点都是为了学生好,可是,我们有没有想过,学生从情感上是否能接受,是否能理解?孩子在成长,他们有他们的特性,他们更有犯错误的权利,而此时如果我们用粗暴的方式去改变孩子的天性,那么,在孩子心里种下的种子,一定不会开出美丽的花朵。

学生要智慧,必须先让学生轻松、愉快起来,只有在拥有愉快的心态和自由的氛围里才能积极思考、大胆表现,才能闪现智慧的火花。我们常常要求学生规范行为,规范固然重要,但是规范是为教育服务的,若是规范刻板到让学生只能拘泥于形式,无法思考,那么规范就抑制了学生的发展,这是有害而无利的。我们需要富有灵性的人,而不是整齐划一的生产线下的产品,应多为课堂注入人文性,使教育更有人情味,更加人性化。

## 童心可以欺骗吗

这节课由学生猜谜语导入,然后教师出示三条可爱的小金鱼,让学生观察并介绍它们的外形特征,介绍得好的学生可以将自己的手伸到鱼缸里和金鱼"亲密接触"。在教师将鱼缸转交给学生时,"砰"的一声,鱼缸摔在地上,玻璃片四溅,水花溅湿了学生的衣衫,美丽可爱的小金鱼在尖利的碎玻璃片上挣扎。惊慌失措的学生纷纷忙碌起来。为拯救奄奄一息的小金鱼,几个小男孩飞奔出门,去老师家借脸盆,

---

① 周超英.服务学生是教师工作的职责[N].中国教育报,2005-04-19(6).

找水管接水，教室里的学生更是忙成一团。

几分钟后，教师饱含深情地说："美丽可爱的小金鱼在经历了一场生死磨难后会怎样呢？"随手将装有这三条小金鱼的脸盆放在展台上。此时的鱼儿全没了刚才的机灵与生气，一条已经死去，雪白的肚皮翻在水面上；另外两条侧着身子停留在水面上，眼睛里满是哀怨与无助，不少学生看后眼睛里都含着泪水。此时，大屏幕上赫然出现教师事先准备好的作文提示：请你结合刚才的经历将自己感受最深的地方写下来，以《经历生死磨难的小金鱼》或《鱼缸摔碎以后》为题写一篇文章，如果你有更合适的名字也可以自拟题目。

15分钟后，展示学生作文。每一个有幸展示自己作文的同学，无不怀着同情、伤感的情绪记录了自己当时揪心的牵挂，特别是刚才那几个将鱼缸打碎的学生，满怀愧疚、伤心，蘸着泪水写完作文，又泣不成声地将作文读完。这场闹剧的导演者却装得很"宽宏大量"，一遍遍地劝慰同学们：别伤心，小金鱼会原谅你的。（不知道是谁需要小金鱼的原谅？）

【资料来源：张君香. 童心可以欺骗吗[J]. 人民教育，2004(21)：32.】

这不是一个意外，而是教师"精心设计"的教学环节。这名教师仅仅为了让学生写作文时有话可写，就不顾学生的感受，不顾小生命的死活。这样的教师是没有资格面对天真无邪、饱含深情的孩子的。一个教师，他的教育技巧可以是笨拙的，他的教学语言可以是不规范的，但是作为学生心灵的塑造者，他的品德必须是高尚的，他应该是一个热爱生命的人。为人师者，需要教给学生怎样爱人，怎样爱世界，怎样尊重生命，给予学生一种人文性的引导，让学生拥有正确的人生观、价值观。

一个和谐的课堂需要教师人文性的引导，这包括学生情感价值观的引导。特级教师王崧舟老师认为一节好的语文课的标准是：有"三味"，第一是"语文味"，第二是"人情味"，第三是"书卷味"。其实这个标准放之所有学科而皆准。人情味和书卷味其实都属于人文引导的范畴。人文引导体现在对学生人格、个性、精神世界的关怀，着眼于培养学生积极健康的情感态度、正确的价值观和高尚的审美趣味。如果做到这些，我们课堂一定是和谐的，学生会喜欢我们所教的学科，并把学习当成一种乐趣。

师生共建的和谐课堂对当前教育改革具有重要意义，和谐课堂的构建要依靠教师的努力和学生的努力,我们要以教师为主导,促进学生在教师的指导下完成和谐课堂的构建,把构建和谐的课堂,作为促进教育发展的一个重点进行探索。

**方法三** **师生共建交流互动平台**

师生共建的互动交流平台存在于课内,也存在于课外,这个平台应该建立在平等、尊重与互助的基础上。高尔基说:为了美好的生活,必须让每一个人都成为生活的、平等的、完全的主人。我们也要让每个学生在师生共建的交流平台中拥有主人意识。

特级教师董一红①老师认为,教学就是思想交流,就是自由对话,这需要教师与学生共同搭建一个互动交流的平台。

## 谈 谈 姓 名

师:上课。前天啊,我们已经见过面了,还记得我吗?

生:记得。

师:那我要考考你们了,谁还记得,我姓什么,叫什么?

生:你姓董,名叫一红。

师:谢谢大家记住了我。(板书:董一红)今天我们一起来谈谈姓名这个话题。(板书:谈谈姓名)好,先从我谈起。我姓董,当然就带有我们董家家族的印记。你们猜,我出生的时候,我的爸爸妈妈为什么给我取名为"一红"呢?

生:你的爸爸妈妈希望你成为一个大红人。(众生笑)

生:你的爸爸妈妈希望你脸色红润。

师:哦,希望我永远年轻美丽。

生:我猜,你的爸爸妈妈希望你能一炮走红。(众生笑)

生:"满园春色关不住,一枝红杏出墙来",你的爸爸妈妈希望你长得漂亮一些。

(众生大笑)

师:你能用上诗句来表达你的想法,真不错。

生:红色表示爱国的颜色,希望你做个爱国的人。

---

① 董一红,小学语文特级教师,江苏省优秀教育工作者,市学科带头人,南通市第一梯队名师培养对象,南通高等师范学校客座讲师。

生：可能是你的爸爸妈妈希望你一生平平安安、红红火火。（众生笑）

师：同学们说得都有道理。小时候，爸爸妈妈告诉我，红色代表革命，代表胜利，代表成功。爸爸妈妈希望我学业、事业有成，"万绿丛中一点红"，我挺喜欢这个名字的，所以，这个名字就一直用到今天。听到四（1）班同学的发言，我才知道，原来我名字中有这么丰富的含义。还真得谢谢同学们，谢谢大家！（生鼓掌）

师：同学们，咱们思考问题，就要像刚才那样敢想，从不同的角度去想，要有自己的想法，记住了吗？

【资料来源：王笑君，王建明. 名师是怎样炼成的［M］. 南京：江苏教育出版社，2011：25.】

这堂课是由董一红老师让学生评说自己姓名开始的，让学生在无拘束、无压力、无负担的情况下自由言说，不仅拉近了教师和学生之间的心理距离，而且让学生在"安全"的语境里打开了话匣子，同时把本课的课题轻松引出，可谓一石三鸟。这样个性化的交流平台是许多教师追求的教学愿景。这节课董老师做得最精彩的地方就是构建了平等交流的平台，消除了学生戒备和羞涩的心理。

那么，该如何搭建一个优质的师生交流互动平台？

## 一、优化外显的班级环境

班级环境是指班级师生共享的，以学生为主题的学习、生活环境，包括主观的班级环境和客观的班级环境。客观的班级环境是学生学习最直接、最重要的影响源之一。它包括：教室墙面装饰布置、门窗、黑板、课桌、图书角的布置等教室的空间环境和物质环境。①

班级环境应该是师生互动发展、快乐的和谐地。人本主义心理学家强调个人的行为主要取决于他对世界的直觉和看法。外显的班级环境对主观的直觉有一定的影响，班级为学生营造的学习环境和生活环境以及班级管理环境，能够增添生活和学习的乐趣，培养学生正确的审美观。

外显的班级环境是师生交流互动平台的载体，是学生形成健全人格的主阵地。它

---

① 李德善. 神奇的教育场：打造特色班级文化创新艺术［M］. 重庆：西南师范大学出版社，2011：41.

承载着班级的主题教育活动,通过内容丰富的主题活动将抽象的道理、空洞的说教具体化、形象化、生动化,充分激发班级精神的潜能,开展丰富多彩的班级活动,充实学生的学习生活,丰富学生的精神世界。

在优化外显的班级环境的过程中,教师需要充分尊重学生的主体地位,放手让学生大胆设想、安排,自己则以合作者的身份与他们共同商讨,提出参考意见,不过分干预,不把自己的想法强加于学生,让学生通过团结协作的方式,与教师共同搭建成长的文化家园。

### 二、实现内隐和谐互动

师生交流互动平台中内隐的和谐互动以情感为基石,教师的关心、同学的友谊、民主的气氛、集体的鼓励是建立平台的积极动力。班级是培养学生良好道德情感的场所,而"爱"是培养班级情感文化建设的核心,教师和学生都是构建班级情感文化的主体,教师更是班级情感文化建设的引导者。别林斯基说过:"爱,是教育的工具和媒介。"爱也是情感文化的核心。教师了解、尊重学生的情感,关心、爱护每一个学生,平等、真诚地对待每一个学生,理解、宽容学生的无心之过,让学生在师爱的温暖中产生积极健康的情感,形成良好的和谐互动氛围。

江苏省优秀教育工作者薛法根老师认为,内隐的和谐互动有时候就是那么简简单单的一个细节,但是这个小细节是发乎于对学生的情感,更是不断地重复、坚持的过程。他在文章《校长手记(2):重复一万遍》中提到一件让他颇觉有趣的事情:

一阵急促而沉重的脚步声从教学楼的走廊里传来,伴随着叽叽喳喳的笑语声,四五个三四年级的孩子向办公区奔来。孩子就是孩子,一出班级的大门,一离老师的视线,便旁若无人地边跑边笑。我静静地站着,用手指竖在唇边,作出轻声的姿势——"嘘"!跑在最前面的那个小男孩顿时收住了脚步,回头向他的同伴做了一个和我一样的动作。这群孩子便放慢脚步,轻轻地走了进来。涨得通红的脸上满是兴奋,"校长好!校长好!"我微笑着点了点头。宁静,依然。

就这一个简单的姿势,简单的一声"嘘"就实现了师生间的和谐互动。薛老师指出:"什么是好的教育?就是当孩子需要教育的时候,你及时地给了他教育,而他却感受不到是在受教育。那一个'嘘声'的动作,远胜于厉声的喝止或者委婉的批评。学生都知道要保持安静,不要打扰别人的学习和休息,但是何时、何地要这样做,没有人告诉他。于是,懂了的道理却无法转为文明的行为。当我们看到孩子大声喧哗时,只要适时地做个'嘘声'的动作,就于无形中解决问题了。问题是,你要对着无数个孩子,做无数个这样的动作,且不断地重复,再重复,直至每个孩子都养成了这样的自觉。而这个重复再重复的过程,就是教育的过程。"①

在和谐互动中,我们需要让学生的精神不断丰富,他们旺盛的精力、浓厚的兴趣、广泛的爱好被引导到健康发展的轨道上。人与人之间丰富的沟通碰撞,使他们学习的领域扩大了,机会增多了,从而有效地激发了求知欲,这对促进学生的身心发展大有裨益。②

### 三、构建长效的交流互动机制

教育最有效的教育方法不是说教,而是形成使人向上、向善的积极氛围。风气是无形的力量,它能引导人、陶冶人、教化人,塑造美好的人格。学生和教师通过构建交流互动机制共同学习和生活,养成行为规范,积累社会经验,逐步培养个人在集体中的角色意识、责任意识、平等意识、合作意识和竞争意识。

长效的交流互动机制能让学生形成相对稳定的思想作风、情感态度、行为方式、思维方式以及情感、态度、价值观。这样的机制由若干既自成体系又互相联系、互相制约的要素组成,这些要素的协调组织和方式决定着交流的运行轨迹,我们也可以理解为实现文化育人的目标。比如公告栏。公告栏在交流互动中不仅是展示学生作业的平台,还是发挥互动交流的地方。

日程公告栏。可包括日程安排、步骤程序、课堂作业、临时通知、菜单、生日和其他的零碎信息。学生有需要可以随时参考公告栏。

优秀作品展示公告栏。可以展出你希望学生能参考学习的优秀作品,可以展示一篇精彩的短文或者书写工整干净的数学练习簿,也可以展示学生的艺术作品。

时事公告栏。主要以报道世界大事为主。由于时间有限,很多教师不得不削减用来讨论时事要闻的时间。教师可以把一些关键的新闻和图片放在公告栏,供学生课余时间自己阅读。

---

① 薛法根.校长手记(2):重复一万遍[EB/OL].(2012-03-21)[2012-09-10].
② 李德善.神奇的教育场:打造特色班级文化创新艺术[M].重庆:西南师范大学出版社,2011:69.

课程辅助公告栏。主要展出以课程单元为基础的信息,包括学生的课堂作业,还有一些对于某项课程有益的信息。

但要记住,公告栏是个特别的地方,最好用在一些特殊的领域。作为新教师,你所要担心的不是要把教室布置得多漂亮,更应该看重的是,如何使教室内的每一寸地方都能为你的整体目标服务。你的目的在于:在培养独立、守则和主动的学习者的基础上,构建长效的交流互动机制。①

## 方法四 师生共建的新课程理念

新课程理念是师生共建的生命期待中的科学指导思想,它继承和发扬中华民族的优秀传统,顺应时代的要求,旨在让学生具有正确的世界观、人生观、价值观和责任感;具有创新精神、实践能力、科学和人文素养以及环境意识;具有适应终身学习的基础知识、基本技能和方法;具有健壮的体魄和良好的心理素质,养成健康的审美情趣和生活方式。

这需要教师改变传统的授课模式,让学生形成积极主动的学习态度,倡导学生主动参与、乐于探究、勤于动手、培养学生的实践能力,促进学生的全面发展。特级教师张思明②在他的数学教学里,就充分体现了师生共建的新课程理念,并且让学生感受到数学的鲜活和乐趣。

## 数 学 好 玩

著名数学家陈省身教授为青少年数学爱好者的题词是"数学好玩"。然而,在现实教学中,有多少教师让学生感受到了"数学鲜活""数学好玩"?感受不到数学的鲜活、有趣,学生很难对教学产生浓厚的兴趣和探究的欲望。教师不仅应当让学生感受到数学之美,还应让学生体验到数学有用、可用、能用,数学和现实生活很紧密,数学随处可见,这也是我在数学教学中努力探索的一个方向。

夏天到了,我让学生注意观察市场上所卖的"雷达"牌蚊香,它的俯视外观图是一个中心对称图形,我们也称这片蚊香中对称中心的弦为"直径",经测量最大直径长为

---

① 克里斯顿·纳尔森,吉姆·贝利.教师职业的9个角色[M].刘坤,译.北京:中国青年出版社,2009:13.

② 张思明,中学数学特级教师,北京大学附属中学副校长,享受国务院特殊津贴。

119毫米,最小直径长为106毫米。这一片蚊香可以打开,拆成形状一样、旋转方向相反的两盘蚊香,经过实验发现,该蚊香的燃烧速度约为每小时12厘米。我让学生计算每一盘蚊香大约可以燃烧多长时间,然后帮助蚊香的生产商计算持续燃烧时间分别为4小时、8小时、10小时的蚊香片的最大直径。

再比如几种系鞋带的方法,最典型的是普通系法和军旅鞋系法。我让学生计算这两种系法最后剩下的"头儿"的长度,比较哪种系法剩得短,哪种系法最好。

学生通过画图,利用对称、平行线、直线和折线的长短比较等相关知识不必计算就可以找到答案。

【资料来源:张思明.用心做教育[M].北京:高等教育出版社,2005:63-65.】

这是一种注入了新课程理念的快乐课堂,张思明老师让学生参与到数学教学中来,以亲身的实践获得真知,枯燥的数学开始变得好玩起来。

在新课程理念的引领下,师生关系正在发生着巨大变化,教师不再是知识的权威,而是学科探索的引导者,用实践性的快乐课堂激发学生的学习热情和生命活力。

在师生共建的新课程理念中,教师需要注意什么?

## 一、教师要建立新的观念

在21世纪知识创新的时代,教育显得尤为重要,而教师身上的担子更重了,我们必须树立新的教育观念,以适应新世纪的需要,适应整个教育事业的需要。

### (一)树立新的学生观

每一个学生既是独特性、自主性的存在,又是各种关系相互作用的存在。学生首先是人,需要走向生活的人。新课程认为,学生不是被人塑造和控制、供人驱使和利用的工具,而是有其内在价值的独特存在,学生即目的。

我们必须明确学生是具有生命意识的人,是具有社会意义的人,是具有独立人格的人,而且都具有发展的潜能。教育首先要尊重人,尊重人的生命、需求,尊重人的精神世界,尊重人的个性和差异,让学生焕发出生命的活力。我们还需要将封闭式的教育模式慢慢转变为开放式的社会化教育,让学生认识社会,了解社会。

教育的根本任务应是促进学生的身心健康发展,离开了学生主体性的发展,教育就失去了依托和生命力。每一个学生都是一片有待开发或进一步开垦的土地。教师应把每个学生视为财富,加以挖掘,通过创新教育,把学生存在的多种潜能变成现实。每一个学生的创新潜能都很深厚,关键在于教师怎样去开采、挖掘。教师要真情付出,关爱每一个学生,公平对待学生,不厚此薄彼。对差生要多鼓励,多关怀,相信他们的潜力,帮助他们落到实处,让学生在学习过程中享受成功的快感,增强自信心,使每一个学生的创新潜能得到有效的开发。

同时,提倡重视学生的独立个性,要求从每个学生的实际出发,考虑学生的发展,培养学生独立的人格,发展学生的个性,从而使学生能更自觉、更充分、更主动地提高自身的整体素质。我们更要善于发现每个学生的闪光点,尊重学生的个性,从学生实际出发,因势利导,因材施教,对不同的学生用不同的标准去要求和衡量,使每个学生都能在原有的基础上得到发展,体验成功的快乐。

### (二)树立新的教学观

"教学"是由教师的"教"和学生的"学"组成的,二者不可分割,"教"是维系与促进"学"的所有行为的纽带。在有着共同情感期待的课堂中,教学不是单纯的知识传递,而是组织学生主动学习、实现其情感、态度与价值观发展和变化的过程。

新的教学观只注重学生认知智慧的发展,还应关注人的情感智慧的发展,帮助学生建立完善的精神世界。这就要求学生参与到教学过程中来,教学必须重视培养学生的创新精神和实践能力。教师成为学习活动的组织者、引导者、参与者、合作者、督促者,在确保教学目标不偏离的情况下,与学生一同建立学习共同体。需要明确的是,我们的教育不是对心灵的拷问,更不是让学生赤裸裸地忏悔,而是润物无声,陶冶情操,净化心灵,使学生成长为人格完整的人。

### (三)树立新的教育发展观

马克思主义认为,发展是"事物在规模、结构、程度、性质等方面发生由低级到高级,由旧质到新质的变化过程"。教育发展就是教育在规模、结构、程度、性质等方面由低级到高级,由旧质到新质的变化过程。新的教育发展观的含义是:全体学生的发展,全面和谐的发展,终身持续的发展,个性特长的发展,活泼主动的发展等。

这些发展要求说起来容易可做起来难。李镇西老师认为:常说"不以成败论英雄",但这话在中国似乎从来就未真正做到过。就目前中学教育而言,"成"的标志,从理论上讲,是学生德、智、体的全面发展;但事实上,"成"的唯一标志只是学生的升学分数以及学校的升学率。这使许多有志于教育改革的人,虽然胸怀教育科学与教育民主的顽强信念,却不得不在"升学教育"的铁索桥上冒着"学生考不上大学一切都是白搭"的舆论"弹雨",艰难而又执著地前行!①

李镇西老师给了我们一种全新的教育观,他告诉我们,在升学教育压倒一切时,我们依然要将学生心灵自由与主体人格、独立思考与创新精神放在首位,本着"做人第一""全面发展""发展个性"的教育要义,将教育浪漫主义和现实主义相结合,实现民主教育的发展。

### (四)树立新的教师观

新课程条件下教师角色的变化,教师由重传递向重发展转变;由统一规格教育向差异性教育转变;由重教师的"教"向重学生的"学"转变;由重结果向重过程转变;由单向信息交流向综合信息交流转变;由居高临下向平等融洽转变;由教学模式化向教学个性化转变。立志"不做教书匠"的管建刚就是这样一个拥有新的教师观的教师,他说专业化教师的形象应该具有心灵的力量,具有情谊的关怀,具有人格的熏陶,具有文化的气质,具有实践的智慧。一个教师要具有心灵的力量,那就是在他心灵深处,把自己的人生信念和人生价值锁定于教育,在现实的妥协中始终坚守着教育理想。同时,教师应该是一个内心细腻、情感丰富的人,是先进文化的代表。教育是一项实践性很强的工作,这项工作需要经验的支持,更需要智慧的决断;教育是一种影响,更是一种人格的熏染。教师需要永不停歇的专业化发展,我们更需要静下心来做专业。②

## 二、以新课程理念指导学生学习

新课程理念告诉我们,学生是学习的主人,教师是学习的组织者、引导者和合作者,传统的"学科中心教学"需要转化为"以学生为中心"的教学,这就更突出对学生自主学习的要求。培养学生的自主学习能力,是全面发展的需要。自主学习就是以学生作为学习的主体,通过学生独立的分析、探索、实践、质疑、创造等方法来实现学习目标,而教师是以指导者的身份给予学生帮助,激励学生,促进他们实现自主学习,从教学的权威变成共同探讨的参与者。

---

① 李镇西.我的教育思考——李镇西30年教育感悟精华[M].桂林:漓江出版社,2012:27.
② 管建刚.不做教书匠[M].福州:福建教育出版社,2012:145-146.

我们还要尊重学生,将学习的自由还给学生,这样有利于提高学生的学习兴趣,充分发挥学生的主体作用,引导学生积极主动参与教学过程。俗话说:"授人以鱼,不如授之以渔,授人以鱼只救一时之急,授人以渔则可解一生之需。"我们教给学生知识的同时,更要教给他们学习方法。在新课程理念下,我们需要让学生学会独立思考,使他们享受解决问题的成功喜悦,善于引导学生自己抓住学习中的"大鱼"。

在新课程理念的指导下,教师提高学生的自主学习能力和激发学生的学习动机,需要注意以下三个方面。第一,我们需要在帮助学生理解自己的思维过程上下工夫,这包括帮助他们理解自己的参照框架和消极情绪可能会导致的意义歪曲。也就是说,在不同的情绪状态下,个体的思维活动方式是不同的。第二,我们要提供一个能让学生感受到自己的价值、重要性和充满成人关爱的环境。第三,我们还需要创造机会让学生找到值得认同的榜样角色,并在一种互相支持和关爱的氛围中体验这种良师益友的关系。[1]

### 三、建立新课程思想下的评价机制

新课程理念要求教师从德、智、体、美等方面综合评价学生的发展,培养学生热爱党、热爱社会主义、热爱祖国,诚实守信、助人为乐的高尚道德品质、终身学习的愿望和能力、健壮的体魄、良好的心理素质以及健康的审美情趣。我们需要充分发挥评价的促进发展功能,使评价的过程成为促进教学发展与提高的过程。

加德纳的多元智能理论告诉我们人的智能是多元化的,我们应该更宽泛地看待"智力"这一概念。每个孩子都是独一无二的,都有着聪明之处,也都具有在某些领域成才的能力。没有人是全能,也没有人是全无能。所以,我们应该根据学生不同的智能,给予他们全方位多方面的评价,每学期可以根据学生的不同特点设置不同的奖项,并且针对学生的表现给予评价。为了促进每一个学生的进步,教师应将积极评价的范围扩大。下面的例子是一个小学教师的年度奖项设置,从中可以窥见新课程理念下的激励评价对学生产生的积极影响。

最佳管理星:你们为管理班级尽心尽力,从每一件小事做起,同学和老师都看到你们为班集体的努力,感谢你们!

---

① 徐学福,房慧.让学生做自己的老师[M].重庆:西南师范大学出版社,2011:32.

最佳风采星：你们有你们独特的风采，也许是绘画，也许是乒乓球，也许是文艺活动，也许是出黑板报，继续发挥你们的专长，让风采继续！

最佳文明星：在乖巧可爱的你们身上，老师和同学们看到了严于律己、讲文明、讲礼貌，希望你们继续为同学们做表率。

最具智慧星：我们可以听得见你们智慧的发言，也可以感受到你们智慧的小宇宙里的七彩世界，多读书，将智慧保持延续下去。

最会学习星：你们是会学习的孩子，大家看得到你们的成绩，在今后的日子里再创佳绩吧！

最美写字星：你们认真的写字态度让老师感动，你们漂亮、整洁的作业本让老师心情愉快，相信在不久的将来，你们将超过老师。

最好朗读星：老师和同学喜欢你们声情并茂的朗读，喜欢你们绘声绘色地讲故事，继续加油，让更多的人听见你们的声音。

最佳活动星：每一次的班级活动，老师都可以见到你们积极参与的身影，你们帮助同学和老师，热爱班集体，老师为你们自豪。

最具潜力星：你们具有各方面的潜力，在你们身上老师可以看到一种力量，让我们一同继续挖掘、继续前进，胜利就在前方等待着你们。

最快进步星：你们在各个方面的进步是大家看在眼里的，从优秀到卓越的路上，需要你们再接再厉，创造属于你们自己的奇迹。

希望之星：在过去的日子里，你们或许没有做到最好，但未来的日子有无限可能，老师和同学们都对你们充满希望，加油吧！

······

经过这样一个评选活动，学生获得了老师的积极评价与鼓励，之后的学习，他们拥有了向上的精神，变得自信而坚定，不断朝着新的方向前进。

这就是新课程理念下评价机制的力量。评价机制既应注意对学生统一要求，也要关注个体差异以及对发展的不同需求，为学生有个性、有特色的发展提供一定的空间。对学生评价的内容要多元，既要重视学生的学习成绩，又要重视学生的思想品德以及多方面潜能的发展，注重学生的创新能力和实践能力。

### 四、制定富有约束力的规则

"不以规矩，不能成方圆"。美国明星教师罗恩·克拉克认为，规则是管理班级的依据,制定富有约束力的规则,有助于加强教育力度。[①]

规则1:回答我问题时,总是要说"是的,先生"或"不,先生"。只是点头或用其他"是"或"不是"的表达都不行。

规则2:要知道视线接触的重要性。如果有人在说话,眼睛要一直注视着说话的人;如果有别的人发表意见,则要转过身去,正对着那个人。

规则3:如果有人在课堂上游戏获胜,或做得漂亮,我们要向他表示祝贺。

规则4:不要咂嘴、发啧啧声、转眼珠,或做出对人不敬的手势。

规则5:努力让自己尽可能有条理。

规则6:做最好的自己。

有人问罗恩,这些规则真的能改善学生的行为举止,提高他们的成绩吗?罗恩用他们班的优异成绩回答了所有人。他的55条班规的最终目的就是让学生获得自尊,掌握令他们终生受益的生活技能。

优秀的班集体需要制订切实可行、行之有效的规则,实现从教师、学校的"他律"到学生自我管理的"自律",实现班级管理的民主、平等、自觉。富有约束力的班规,应是师生共同讨论、共同制订、共同遵守的。班规要求每一名学生明确自己的责任和义务,规范、约束和引导每一名学生养成良好的行为和习惯,共同达到目标,共同分享荣誉。

传统的班级管理中,班主任多以说教为主,师生冲突屡见不鲜。我们需要更新教育理念,培养学生的主体性,营造和谐民主的教育氛围。班规的民主制订和执行,会使学生增强独立意识,减轻依赖性,态度更加主动积极,学习也更有成效,更富有创造性。这是建立良好班集体的基础。

## 方法五 特别的爱给特别的学生

苏霍姆林斯基说:对人由衷的关怀,这就是教育才能的血和肉。在我们的教育中,我们会不断遇到那些特别的学生,他们惊人地难以教化,这时候我们要拿出特别的爱给他们,转换心态,把他们当成教育历程中的一个个挑战,要知道将这些孩子教育好,你要具备多种素质,如有运筹帷幄的水平、敏锐的判断力和高效的执行力,甚至还要有

---

[①] 李茂.在与众不同的教室里:8位美国当代名师的精神档案[M].上海:华东师范大学出版社,2012:26.

很好的体力与耐力,但原则和指导思想只有一个,这就是"爱"。如果把这些特别的孩子教好,那将是一件多么有成就感的事情。特级教师王崧舟①教育有暴力倾向的特别学生有很深刻的认识,他的学校里也总有那么一些常以"老大"自居,自以为很"侠义"的孩子,他们有着严重的"哥们儿义气"和"小团体主义"思想,脾气火暴,常与其他同学发生冲突,轻则出口伤人,重则拳脚相加,习惯以武力和粗话来发泄自己的情绪,因而成为学校里的"小霸王"。王崧舟老师在如何对待有暴力倾向的学生这一问题上,有着自己独特的见解。他认为,对有暴力倾向的学生,不能简单地讲道理或处罚,而要从根源处寻找突破口。

# 小霸王变形记

小雷在拱宸桥小学是出了名的"霸王"学生,他不但上学迟到,上课睡觉,而且总是仗着自己身强体壮,欺负其他同学。如果有人敢顶撞他,他就挥拳打人,直到打得这个人服从为止,以至于在学校得了个"黑老大"的称号。

老师曾多次找他谈话,甚至对他提出严重警告,但他却只是撇撇嘴,充耳不闻,有时甚至顶撞老师。

很多班主任对他都束手无策,久而久之谁都不愿意让他待在自己的班级里了。

王崧舟老师知道后,特意把这个学生调到了自己的班里。头几天,小雷还比较老实,因为毕竟是在校长的班里,但没过多久,他就露出了本来"面目"。

一天上政治课,小雷趴在课桌上睡觉,前排一女生在拿文具时不小心碰到他,小雷"嚯"地一下站起来大骂女生,还用手锤了这名女生两拳,吓得女生直哭。政治老师上前阻止,小雷竟然把老师推到一边。在众目睽睽之下,他悠然地趴在桌子上继续睡大觉,就好像什么事都没发生一样。

还有一次,在学校晨会上,政教主任正在对学生进行安全教育,这时队伍旁边有一名学生讲话,小雷跑过去就踢了这名学生一脚。被打学生的班主任发现后,走上前批评了小雷几句。小雷不服气,说这名学生讲话就应该被踢,还激动地威胁说,他要告诉校长开除这名老师,因为这名老师不应该当着学生的面训斥他。

小雷的种种劣迹,伤透了各科老师的心,他们纷纷向校长王崧舟反映,希望学校能

---

① 王崧舟,中学特级教师,国家级学科带头人,全国五一劳动奖章获得者,浙江省小语会副会长,杭州市小语会会长,现任杭州市拱宸桥小学教育集团理事长兼拱宸桥小学校长。

想办法治治这个"害群之马"。

所谓"冰冻三尺,非一日之寒"。王老师纵观小雷的多种行为表现,可以确定他形成这种性格必然有其原因。

要解决问题,就必须找出根源,于是,王老师决定从小雷家庭入手。

通过调查,他了解到小雷的父母都是高级知识分子,在科研单位做行政工作,而且还是部门的领导。刚上学时,父母对小雷寄予了很高的期望,因此要求非常严格,以至于过分关注他的学习成绩,而忽视了对他的身心健康教育。

小雷的学习成绩只要稍不理想,父亲就棍棒相迎,母亲则苦口婆心地规劝。随着时间的推移,小雷渐渐地产生了叛逆情绪。

后来,父母发现小雷的成绩毫无长进,再加上他在学校的种种不良行为,就对他丧失了信心,听之任之,放任自流,唯一的期望就是他不要到社会上做违法犯罪的事。

父母的放任,使小雷对自己产生了自暴自弃的情绪,再加上父亲暴力的影响,小雷逐渐产生了冷酷、有暴力倾向的思想和行为。尤其在缺乏家庭教育和关怀下,他更难以控制自己攻击的冲动行为,导致了心理扭曲和人格变异。

找到了根源,就可以"对症下药"了。在了解了小雷的家庭状况后,王老师明白,造成小雷有暴力倾向的主要原因就来自于他的家庭。

因此,他一方面和小雷的父母沟通,对他们进行家庭教育理论和教育技巧的辅导,提醒他们要主动与儿子沟通,随时发现他进步的方面,适时地给予鼓励和表扬;另一方面,他自己经常与小雷面对面进行交流。经常找他谈心,了解他的思想动向,弄清他打人的原因,及时疏导。

此外,王老师还在学习和生活上多给予小雷关心,一旦他有什么困难或需要,便及时伸出援助之手,培养师生感情,拉近距离。

比如,小雷爱好打篮球,想组织一场篮球赛,王老师立即与体育老师取得联系,让小雷带领球队与外校的学生打了一场篮球赛,以此满足他的愿望。

王老师尽可能地在公众场合肯定他的优点,只要他有一点进步,便及时表扬他,让他既看到自己的优点,又认识到自己的缺点和错误,让他明白自己并非"一无是处"。

但对于小雷违反原则的行为,王老师却从不姑息,他明确地告诉小雷,他的暴力行为对他人造成了很大的危害,并明确指出他要承担相应的道德责任、纪律责任甚至是法律责任。

经过一个学期的心理辅导,小雷的行为有了明显的转变,他不再上学迟到、上课睡觉,成绩也有所提高,而最可喜的是,他很少再有暴力行为。

【资料来源:杨志军.方法总比问题多——名师转变棘手学生的施教艺术[M].重庆:西南师范大学出版社,2008:257-261.本文略有改动】

王老师始终维护学生的尊严,从了解问题的根源入手,并找到学生的闪光点,让学生认识错误的同时,明白自己将要努力的方向。每一个孩子都有一颗向上的心,而他们所表现出来的"特别"往往是对现实的一种无能为力,或者是希望引起他人的注意,教师不妨把教育这些孩子视作上天赐予的重任,勇敢地承担下来,把特别的爱给特别的他们。

## 一、从了解学生开始

詹森·卡姆拉斯是美国年度教师获得者,一生都为捍卫教育公平而教。可他刚刚跨出大学校门时还风华正茂,但他来到这所初中时已显得老态龙钟。

学校的教师跟他谈学校的各种问题,包括经费短缺,以及一些学生面临的社会经济困境。卡姆拉斯回忆说,"有的学生还遭受过暴力"。

但是,从一开始,卡姆拉斯就决定"永远不用负面的因素来预测学生的能力或潜能"。

在执教的第一年,卡姆拉斯努力去了解每一个学生,把他们当成独特的个体,花时间去了解他们是什么样的孩子,他们关心什么,他们作为学习者有什么需求。

他每星期都要和他的学生温达尔下一次棋。"他通常会赢我,我已经尽力了。"卡姆拉斯说。

一盘盘的棋下下来,他了解了这个学生和他的家庭,他努力想办法激励他"在课堂上集中注意力,争取实现自己最大的潜能"。

"我想,第一年执教,我在学习如何把学生吸引住,把他们天性中的激情释放出来,并把它从兴趣爱好转移到课堂学习中。"卡姆拉斯回忆说,"我想利用它来做催化剂。"

温达尔最终在1999年以优秀毕业生的身份从索萨初中毕业。他上高中后,卡姆拉斯还经常帮他辅导数学和科学。后来,温达尔进入了亚特兰大的莫尔豪斯学院读电子工程,成为他家里第一个上大学的人。

"他对我说:'温达尔,你有巨大的潜能'。"到白宫玫瑰园参加卡姆拉斯颁奖典礼的温达尔回忆说,"我说,'我注定会干大事业'。他说,'永远保持这个梦想'。"①

特别的孩子特别需要教师的理解,他们背后有着这样或那样的故事。当学生出现问题,切忌主观武断,简单粗暴。处理问题要言之有据,言之有理,晓之以情,以达到和风细雨润物无声的效果,使动机和效果、手段和目标有机地统一起来。我们需要特别关注学生的心理动向,尊重学生的个性差异,尊重学生作为独立个体存在的现实,努力做学生的良师益友,努力处理好自身与他人的人际关系,主动帮助他人,用健康的身心去影响学生,协调好来自各方面的关系,严于律己,宽以待人,尽量为自己和周围的人创造一个合适的空间。教育的核心和灵魂是育人,要体现以人为本的教育理念。而教师的使命在于了解、发现、唤醒、引导。

## 二、培养特别学生的归属感

特别的孩子总会用他们特别的方法来掩饰他们的恐惧感,他们怕被拒绝,怕被孤立和怕被遗弃。美国临床心理学家安德鲁·费勒在《家有顽童》一书中归纳了几种特别孩子的类型。

第一种:喜欢操控他人,这类孩子喜欢主宰和控制他们,甚至可能欺凌同伴,善于唆使同龄孩子做出格危险的事情。代表人物是美国动画片《小淘气》中的安吉丽卡,狡猾、爱操纵同伴且足智多谋,最爱制造陷阱。

第二种:善于同成人谈判,这种孩子精明得一塌糊涂,但凡你有所松懈就会被他们占据上风,代表人物是淘气鬼丹尼斯,漫画家族里著名的调皮捣蛋鬼,他有让任何成年人都望尘莫及的充沛精力,也有一肚子鬼点子。

第三种:他们常说:"凭什么!"对你所有的教育和要求都要质疑与诡辩,他们会让你片刻都不得安宁,而他们经常不了解自己的真实感受。

第四种:他们拥有超人的斗志,好吹嘘,自尊心极强,一味求胜,有极强的逆反心理。

第五种:他们总是冒险,把自己弄得浑身是伤,会忽然消失,所尝试的事情让我

---

① 李茂.在与众不同的教室里:8位美国当代名师的精神档案[M].上海:华东师范大学出版社,2007:131.

们心惊肉跳，他们不擅长评估风险，太过于高估自己的能力，通常没有提前计划事情的天赋。

第六种：性格模糊，遇事消极，周围发生的事情大都与他无关，经常丢失东西，表现得心不在焉，有时还自我封闭，想要调动他们积极性非常困难。

......

像这样的有着特别性格与行为的孩子并不止这些，但是他们有共同点，偏执难缠又聪明有趣。苏霍姆林斯基说："在每个孩子心中最隐秘的一角，都有一根独特的琴弦，拨动它就会发出特有的音响，要使孩子的心同我讲的话发生共鸣，我自身就需要同孩子的心弦对准音调。"所以，解决学生的问题的最重要因素就是建立一个牢固而积极的情感纽带，让他们找到归属感。

归属感能让这样的学生找到他们的位置，我们需要进入他们的内心，与他们共同感受、共同欢乐、共同倾听，进入他们五彩的世界，了解他们的另一面。想要让这些孩子拥有归属感，"顽童使者"费勒给我们制订了三个步骤：第一，制订培养归属感的策略；第二，养成合作的习惯；第三，明确提出你的期望。[①]

要想获得学生的信任，寻找培养归属感的机会，当学生取得成绩，有了进步时，应当及时给予表扬，勉励其争取更大的进步；受到挫折时，为其分析失败原因，鼓励他不要轻言放弃；生病住院时，给予温暖的问候，让学生知道学校、老师、同学都很关心他；家庭经济困难，呼吁大家都奉献自己的爱心，使学生受感动，能感恩。凡事动之以情，晓之以理，用真情来感动人，相信再硬的石头也会被水滴穿透。

### 三、用爱心与耐心感化他们

有那么一个精神病人，整天啥也不干，就穿一身黑雨衣举着一把花雨伞蹲在院子潮湿黑暗的角落，就那么蹲着，一天一天的不动。架走他他也不挣扎，有机会还穿着那身行头打着花雨伞原位蹲回去，相当执著。很多精神病医师和专家都来看过，折腾了几天连句回答都没有。于是大家都放弃了，说精神病人没救了。一天一个心理学专家去了，他不问什么，只是穿得和病人一样，也打了一把花雨伞跟他蹲在一起。每天都

---

① 安德鲁·费勒.家有顽童——如何把难缠的孩子培养成才[M].夏欣苗，译.海口：南方出版社，2011：113.

是。就这样过了一个星期,终于有一天,那个病人主动开口了。他悄悄地往心理专家这里凑了凑,低声问:"你也是蘑菇?"①

这是一个笑话,不过笑话的背后有真理,如果你有足够的爱心与耐心,精神病人都可以被打动,何况是一个正常的孩子呢? 对待特别的孩子一定要给予他们爱心与耐心,教师应该关注每一个孩子的成长,要真诚地与他们交往,热爱他们,尊重他们,相信每一个孩子都是好样的,我们要从讲台上走下来,和他们做伙伴,做朋友。就算是面对"小魔怪",也要让他们感受到民主、平等,在与他们的互动中,其实"小魔怪"也会变成"小天使"的。

当赞美、信任和期待成为一种正能量时,它就能改善人的行为;当一个人获得另一个人的信任、赞美时,便会感觉获得了社会的支持,从而增强自我价值,变得自信、自尊,获得一种积极向上的动力,并尽力达到对方的期待,以避免对方失望,从而维持这种社会支持的连续性。在面对特别孩子的时候,请记住"皮格玛利翁效应"给我们的启示。

### 四、用心沟通是教育特别学生的有效途径

在与特别学生沟通时,我们除了要有一颗真诚的心,还需要智慧的方法。对特别学生,严厉的要求、苦口婆心的教育,也许可能招致他们情绪的对立、内心的怨恨。教师只有深知学生的心理,找到突破口,用耐心、细心、爱心、诚心去换取学生的理解之心,才能唤醒学生的向上之心。

## 拳头的秘密

"孩子,我们来做个小约定好不好? 当你上课时突然想讲话想唱歌想站起来的时候,你就握紧你的小拳头,等到这个念头消失了再松开,我们来看看,一节课,你需要握几次拳头,好不好?"

"好。"

"这是你和老师的小秘密,你下课的时候就悄悄来告诉老师,你握了几次拳头,好不好?"

---

① 高铭. 天才在左,疯子在右[M]. 武汉:武汉大学出版社,2012:1.

"好。握拳头，这是我们的秘密。"

这个小对话发生在一位老师和一个特别管不住自己的孩子之间，这个男孩特别多动，经常在上课中突然起身，突然唱歌，突然大叫，老师问过他为什么这样，他回答得迷迷糊糊，似乎根本不清楚自己的行为是不对的。

这个男孩曾被判定为轻微的多动症，老师也曾经告诉过他的父母，也给过一些建议。可是家长说是孩子不听教，索性放任自流了。得不到家长的配合，任何一个老师都是很苦恼的。

这个孩子非常聪明，但缺乏家长的关爱。他喜欢笑嘻嘻地跟在老师后面，眼睛里流露出对老师的喜爱，可是就是管不住自己。

必须让他回到正常轨道上来，怎么办？细心的老师发现了一个细节，这个学生在紧张的时候会用小手抓住裤缝，这是一个转移注意力的方法。对，想办法转移他的注意力，于是有了他们之间"握紧拳头"的约定。上课的时候，当他有乱动的苗头时，老师就朝他握握拳头，他感受到了老师的重视和关注，便遵守约定。像这样的孩子，批评并不奏效，需要与他达成一种共识。

我们常常在想：为什么我的话学生不听，为什么学生渐渐关闭心扉？我们应该尊重学生作为人的权利，用"商量"的口吻与学生交流。当学生遇到困难或犯错误时，要给学生以宽容和耐心。请相信，我们只要用心，和学生沟通就不是问题。循循善诱，学生总有一天会接受你的关心和爱抚；设身处地，师生关系自然而然就会融洽和谐。

特别的学生在沟通时需要特别的尊重，每个学生都有得到尊重的权利。就沟通而言，尊重就是让我们走近学生，了解学生，对学生的兴趣、爱好不强加干涉，尊重他们的选择，以平等、民主的态度对待学生，以平等的身份去做学生的朋友，心平气和地与他们谈心聊天，与学生共享欢乐，与他们分担痛苦。师生的沟通应该建立在相互信任、相互理解、平等友爱的基础上，这样才能与学生进行心与心的交流、心与心的沟通，并应用合理的沟通方法博取学生的信任，让这些特别孩子向一般孩子转化。

## 五、用宽容引导他们走向成熟

教师应该耐心而毫无偏见地容忍学生的错误，让学生在宽容的庇佑下，认识到自己的错误,改正自己的错误。

在英国亚皮凡博物馆中,有两幅藏画格外引人注目,一幅是人体骨骼图,另一幅是人体血液循环图。

这两幅画的作者都是一个叫麦克劳德的小学生。麦克劳德从小充满好奇心,凡事总喜欢寻根究底,不找出答案誓不罢休。有一天他突发奇想,想看看狗的内脏到底是什么样的,于是便和几个小伙伴偷偷地套住一只狗,将其宰杀后,把内脏一个一个割离,仔细观察。没想到这只狗正是校长的宠物犬。对这事,校长十分恼火,感到如果不严加惩罚以后还不知道他们会干出什么出格的事。经过反复思考,校长做出了这样的处罚决定:罚麦克劳德画一幅人体骨骼图和一幅血液循环图。知道闯下大祸的麦克劳德决心改过自新,于是按照校长的要求,认真仔细地画好两幅图,大度的校长看后很满意,不但对杀狗之事既往不咎,还大大夸奖了麦克劳德一番。后来,麦克劳德成为一位著名的解剖学家,还与班廷医生一道研究发现了以前人们认为不可医治的糖尿病的胰岛素治疗方法,获得 1923 年诺贝尔生理学与医学奖。

校长对麦克劳德的处罚很特别,以宽容对待错误,既保护了学生的好奇心,还给了他一次学习生理知识的机会。是老校长用他的宽容,将一个"特别学生"教育成日后的诺贝尔奖获得者。

特别学生往往总是给我们惹麻烦,但是他们身上蕴藏着巨大的潜能,也许有着某些方面的天才,这就需要教师用宽容之心慢慢挖掘。

优秀教师孙建锋说:"与这样的孩子相遇,或者说这样的孩子与你相遇是一种缘。太阳普照,但不要求植物都开一样的花,都结一样的果。"我们不应要求学生尽善尽美,但一定要尽我们所能让他们成为完整的人,让他们在爱中成长。师爱如阳光,让我们把阳光播洒在学生的心田,让生命的阳光照亮教育的每一个角落。

## 方法六 享受转化学生情感的喜悦

高尔基说:"谁爱孩子,孩子就爱谁。"只有爱孩子,他才可以教育孩子。教师是一种冗繁重复的工作,有填不完的表格,有备不完的课,还有处理不完的棘手问题,我们有时会倦怠,有时会怀疑,有时会迷茫,难道日子就这样日复一日地度过了?我们在转化学生的时候,也应享受其中成功的喜悦。要知道,当成功渴望像延续生命一样迫切时,工作就不是被动的,而是自动自发的。同理,当学习的渴望,像延续生命一样迫切时,学习就不是被动的,而是自动自发的。享受转化学生情感的过程,就是享受教育的幸福,这也是师生共建的生命期待中重要的一个部分。古希腊教育思想家苏格拉底①说,如果经过教育他们学会了应当怎样做人的话,就能成为最优良、最有用的人,因为他们能够做出极多、极大的业绩来。

## 激发成功的渴望

有位年轻人问苏格拉底,成功的秘诀是什么。苏格拉底要这个年轻人第二天早晨去河边见他。第二天,他们见面了,苏格拉底让这个年轻人陪他一起向河中心走,河水没过他们的脖子时,苏格拉底趁年轻人没防备,一下子把他按入水中。

小伙子拼命挣扎,都被苏格拉底强有力地按住,他的反抗无济于事。直到小伙子被呛得难受时,苏格拉底才猛地松开手。年轻人快速地从水里冒出头来,他来不及说任何话,深深吸了一口气,以缓解憋气的痛苦。

苏格拉底问:"在水里你最需要什么?"年轻人怒气冲冲地回答:"当然是空气!"苏格拉底说:"这就是成功的秘诀。当你渴望成功的欲望,就像你刚才需要空气的愿望那样强烈的时候,你就会成功。"

【资料来源:管建刚.不做教书匠[M].福州:福建教育出版社,2012:27.】

为什么我们有那么多的教育失败的例子?为什么有那么多不肯上进的学生?为什么我们会看不到希望?那是因为我们从情感思想上对我们的目标和我们所期许的成功不像求生那样强烈。我们消极地、被动地等待着孩子的成长,而孩子也消极地、被动地等待着知识的降临,我们都在希望命运之神给我们眷顾,却不牢记天助自助者的箴言。

陶行知说:"爱是一种伟大的力量,没有爱就没有教育。"教师是人类灵魂的工程师,担负着教书育人、传播人类文明、培养合格人才、提高民族素质的重任,这就要求教师自身积极提高思想素质,转变自身的情感思想,这样才能有一颗博大的心灵来包容学生,有一双敏锐的眼睛来抓住每一个教育契机对学生进行教育。

---

① 苏格拉底,著名的古希腊思想家、哲学家、教育家,他和他的学生柏拉图,以及柏拉图的学生亚里士多德被并称为"古希腊三贤",更被后人认为是西方哲学的奠基者。

### 一、从"心"开始，建筑美丽心灵

这是一个真实的事例：一个 9 岁的男孩在大多数人的眼里，他讲文明、懂礼貌、爱学习、尊重师长，却由于一个小小的错误被老师贴上了道德败坏的标签。原来，他的老师给家长打电话没有人接，第二天才联系到家长，等家长到学校的时候，这个老师说了这样一番话："你们家长的电话为什么打不通？你孩子要是做什么坏事，在学校里摔断手脚与我无关，这简直就是一个道德败坏的学生，我没有办法教。"无论这个孩子犯了什么错，道德败坏这四个字是无论如何都不能用在孩子身上的。这样的语言伤害了孩子，也伤害了家长，家长与教师之间的分歧和对立关系已然形成，还谈什么合力，谈什么共建？

然而，我们站在这个老师的角度去想一想，他的口不择言，其实也是一种恨铁不成钢的表现。他也希望孩子成才，当孩子的表现令他失望，当他无法掌控的时候，他的消极心态就占据了主要的地位。

教师也需要修心，孩子的小宇宙里有太多我们不能理解的新鲜事物，我们能不能放下身段，用美好的眼光去看待那一颗颗单纯而又略显复杂的心灵？对于人生刚刚起步的孩子，他们在探索这个世界，他们这条路上既有灿烂的阳光，也有狂风暴雨，既有平坦顺利，也有荆棘挫折。而他们的心理素质还不足以承受这么剧烈的变化。在他们心里，有对家长和老师的依赖，也有对独立、自由的渴望。如果理解了孩子的心思，那么我想我们也就能理解孩子的行为了。

教师对学生的教育行为，应该从"心"出发，让孩子感受到教师是爱他们的，可以是他们心灵的依靠。其实，只要我们做到了这一点，不仅会发现孩子越来越好教，我们的心灵也会越来越美丽。

### 二、与学生建立情感共鸣

师生间的情感共鸣指的是师生在日常行为和生活上达到了灵魂上的和精神上的无限延展和沟通。对事物的看法和理解基本一致，达到配合默契的交往。

对于中小学生来说，他们特别重视与教师的关系，甚至超过与父母的关系。这份情感在很大程度上影响着学生的心理、思想健康的发展，学生对教师不只是"听其言而信其道"，更重要的是"观其行而亲其人"。一个情感把握不好的教师，一个赏罚不公的教师，一个冷漠无情的教师，一个过于严厉的教师，都会使学生的情绪困扰,使学生产生一定的思想包袱。在学生心目中,教师情感是神圣的、特殊的,是其他情感不可替换的。

一位心理学家说:我们往往能从别人的脸上读到自己的表情。学生是善感的,他从教师的眼神、语言、语调中能感受到教师是否喜欢自己,并据此作出相应的反应。我们把学生看成小天使,他们就会做小天使的事;如果把他们看成小魔怪,他们也会做小魔怪的事。教师的眼睛就是学生的镜子,教师的语言就是学生的指挥棒,教师的情感直接影响着学生的行为。教师在与学生交往的过程中如果使用发号施令的语言,如命令、威胁,强加于人、过度专断等,就容易引起学生的反感,学生即使口头上表示顺从,也不容易产生积极行为;教师如果出现傲慢无礼、批评训斥等明显贬损学生的行为,学生就可能出现攻击的心态。

把学生的心灵比作荷叶上的露珠,晶莹剔透而又特别需要小心呵护,稍不小心就会让它滚落、破碎。学生应该被教师接纳和信任,享受到教师爱的温暖,感到自己的价值。学生如果得到教师的支持、体谅和鼓励,就会充满力量,充满信心。教师如果与学生真诚相处、坦诚相待,学生就会相信人世间的真诚和美好,从而喜欢集体生活,对人生充满希望,他们的性格、思想就会获得升华,如助人为乐,追求成就,贡献社会,有远大理想等。

教师最大的享受、最大的快乐就在于自己是学生所需要的,是深受学生尊重和爱戴的。如此,教师就会与学生形成情感共鸣,一同创造幸福。

### 三、知道孩子成长需要什么

在孩子的成长过程中,我们总是想方设法帮助孩子去体验,将全部的经验传授给孩子,可是我们从来没有问过他们需要什么。面对孩子的成长,也许我们应该给他们更多的体验,给他们多一些时空。特级教师李镇西曾经就孩子成长需要什么的问题,提出了他的看法。

## 成长需要什么

*成长需要尊严!*

我们可以没有钱,没有知识,甚至没有朋友,但不可以没有尊严。正处于青春期的孩子,最忌讳父母用一些不顾孩子尊严的话语成天把自己的孩子和别人的孩子作比较。还有,孩子特别不喜欢家长偷听自己的电话,认为这是对孩子一种极度不信任的表现。

成长需要宣泄!

不开心的事情憋在心里久了,会不知不觉变成心理癌细胞,破坏身心健康,我们应该给自己找一种合适的宣泄方法。一个很乖的女孩,在自己出国的前一天晚上对妈妈提出了一个要求:"妈妈,你明天能不能早点回来,我有很多话想跟您说。"妈妈很早回了家,女儿哭着向妈妈控诉:您什么时候冤枉了我,您什么时候说话不算数,您什么时候……最后母女俩哭成了一片。第二天,女儿上飞机前对妈妈说,谢谢您妈妈,我会想您的。女儿没哭,母亲却哭了,没想到平时乖巧听话的孩子心里埋了这么多委屈。

成长需要肯定!

每一个成长中的孩子都希望得到师长的肯定。有一个调皮得让人头疼的孩子,常常被老师批评,从来没有得到过老师的表扬。一天他非常高兴地告诉妈妈:"妈妈,今天老师表扬我了。"妈妈也很高兴,问他:"老师表扬你什么呀?""老师表扬我检讨写得好。"妈妈听了鼻子酸酸的,心里很不是滋味,原来孩子是多么希望得到肯定啊!

成长需要包容!

我们在成长道路上免不了要犯这样那样的错误,当我们犯了错误的时候,最希望的就是得到别人的原谅;同理,当别人犯了错误的时候,我们应该以一颗宽容的心谅解对方。教师对学生更应如此。

【资料来源:李镇西.做最好的家长[M].桂林:漓江出版社,2006:301-302.本文略有改动】

成长需要尊严,需要宣泄,需要肯定和包容。我们不禁要问,在教育过程中,我们能给予多少?教师如果不知道学生需要什么,就无从教育。教师应该多站在孩子的角度考虑问题,不要忘记自己也曾是孩子,也曾经渴望过被了解。孩子的内心是一个神秘而脆弱的世界,他们善于用行动来表达自己的感受;但是并不是所有的行为都能被理解,孩子常常被误会,常常被批评,但是在他们内心深处并不知道自己为什么错了。

别忘了孩子也有孩子的立场,我们应该用发展的眼光来看他们,有意识地保留他们的个性,尽可能地尊重他们。今天的孩子最需要的是什么?是吃、穿、用、玩方面的吗?不是。是知识吗?也不是。今天的孩子可以得到的物质与精神财富已经太多太多,什么才是孩子最需要的？对于今天的孩子来说,他们最需要的是尊重、理解,以及来自教师、父母的真爱。站在孩子的角度思考问题,多些理解,就能化解些许焦虑。这才真正对孩子的成长有利。

## 四、信任的力量能改变学生一生

教育家杜威说:"被人尊重和信任的欲望是人类天性最深刻的冲动。"这种冲动来自重视和满足,它所唤起的意志力、创造力或许会远远超出我们的想象。在教育中,信任的力量更不能被低估。教师应该以一颗理解的心去看待每一位学生,用全面的、发展的眼光看待学生,用欣赏的眼光去寻找他们的闪光点,用平等、仁爱之心给予每个学生信任。

我们来看看李镇西老师面对学生吸烟这个坏习惯,是如何运用信任帮助学生戒除的。

那年我教高一时,发现一个男生吸烟。如果是年轻时,我肯定会大发雷霆,并"勒令"他绝不许再吸烟。可那时我已经是有二十多年班主任经历的老教师了,知道如果苛求学生,他也根本做不到。何况这个学生说他从小学高年级就开始吸烟了,已经习惯了。所以,我耐心地和他谈心,让他真正明白中学生吸烟的坏处,首先不是道德上,而是健康方面的。谈心的过程持续了很长,彼此都很真诚。最后我对他说,我不要求你一次性戒烟,但你自己得给自己订个计划,每天或每周递减吸烟量。他认真想了想,说第二天告诉我。我觉得他这个态度恰恰表明他是认真的,是真诚想改掉吸烟的坏习惯。

第二天,他告诉我,他以前是每周两包烟,现在他打算争取每周一包烟;做到之后,再减量,争取每周半包烟;然后再争取每天一支烟……我同意了。我说:"我不可能每天都守着你,监督你的只能是你的毅力和良心。不过,你如果哪一周做到了你的承诺,就告诉我一声,算是给我报喜。如果没做到,不要紧,第二周重新开始。我相信你!"另外,我告诉他,不要在公共场合吸烟,更不要在班上吸烟,这样影响不好。

计划开始的第一周周末,他很兴奋地告诉我"做到了",那一周他只吸了大半包烟。我也很兴奋地鼓励他:"继续!坚持!"但第二周周末他没来报喜,我知道他没能战胜自己,但我也没找他谈。第三周周末他依然没来报喜,我也依然沉住气等待着,等待着。第三周周末他又来报喜了……就这样,经过大半学期的时间,他终于告别了吸烟的恶习。现在这个学生已经参加工作,一直没吸烟。回校看我时,还对我说:"如果不是高一时李老师帮我,我可能现在还在吸烟呢!"

在帮助学生戒烟的过程中,李镇西老师给予了学生充分的信任,先与学生谈吸烟的危害,然后要求学生用自己的毅力与良心监督自己逐步减量,最后达到戒烟的目的。学生需要教师的爱,但更需要教师的信任。如果他们获得教师的信任,无疑是一种巨大的鞭策和鼓励。教师与学生之间如果能架起信任的桥梁,不管是品学兼优的学生还是后进学生,都会使教育过程变得异彩纷呈。李镇西老师找到了信任这把钥匙,帮助学生打开了通向健康的门。

信任的力量是无穷的,在建设和谐校园的今天,信任更是校园的安全带,能使我们安全而快速地奔向幸福的高速公路。信任能改变学生的一生。

## 智慧点津

## 如何实现师生共建的生命期待

在开始论述之前,我们先来看看莫小米的一篇文章《欢呼美好》:

得到一筐苹果的那天,单位里正好有几名同事带小孩来。

问第一个小孩:吃苹果吗?

她想了好久,摇摇头走了。

问第二个小孩:吃苹果吗?

他有些勉强:吃一个就吃一个。

问第三个小孩:吃苹果吗?

她满脸的不屑:苹果有什么好吃的。

问第四个小孩:吃苹果吗?

她看一眼就欢呼起来:啊,多漂亮的红苹果!

霎时间觉得她无比可爱。

与之相反。有一个由十个中国孩子和十个俄罗斯孩子组成的夏令营,十个中国孩子是北方某省会城市从几十万少年儿童中挑选出来的"小明星",怎么说都应当是很出色的。然而据随营采访的记者回来讲,与异国孩子相比,我们的"小明星"差距很大,不会打排球,登山缺少朝气,唱歌跳舞不如人家……

这些还不足以让人感到奇怪,让人奇怪的是,我们的"小明星"竟然不会欢呼。在举行联欢时,我们演节目,俄罗斯儿童热情鼓掌,欢呼雀跃;而他们的节目尽管十分精彩,我们的"小明星"却几乎没有反应,在老师的带领下,才礼节性地鼓了几下掌。

无论是红苹果还是精彩节目,对美好的东西发出由衷的欢呼,不是孩子的天性吗?这种欢呼,在成人中由于种种原因已日渐稀少,但究竟是为什么,连孩子都不大会欢呼了呢?而且还是些"出色"的孩子!我们坚信,能当场欢呼美好的人,也定能当场鞭挞丑恶。大街上面对坏人坏事的漠然旁观,即始于对美好的漠然。

"对美好的漠然",值得我们每一个教师思考,我们回想一下,现在有多少孩子漠然了,或者换一个更好听的词"理性",可惜这个"理性"是打着引号的,是什么夺走了孩子的天真烂漫,是什么让孩子感受不到生命的快乐?

在长期的教育中,我们总把"懂事"作为孩子的最高评价,而要得到教师的这个最高评价,孩子们有时不得不压抑自己的个性,他们不会尽情欢呼,不敢大声表达自己的真情实感。他们被我们变成容器,不断地将书本上的知识装入却从不思考。从小我们就把"学海无涯苦作舟"这样的话作为座右铭,然而,学海有学海的快乐,当师生拥有生命期待、对未来充满向往、对知识充满渴求的时候,学习就变成了一个愉快的过程,一个享受的过程,一个成长的过程。我们应该教会我们的孩子欢呼美好,欢呼生命,欢呼未来,共同建构一个美好的生命期待。

那么,该如何实现师生共建的生命期待?


## 一、建立绿色的生命价值观

在构建绿色的生命价值观时,我们认识到,教育活动的主体是师生重要的生命经历和对未来的期望,以及为之付出的努力。新的教育理念对教师提出了更新、更高、更严格的要求,我们不仅传授知识与技能,而且要使学生形成积极主动的学习态度,学会学习,形成正确的价值观。在师生共建的绿色生命价值观中,教师赋予学生更多的自由和权利,学生的主观能动性和创造力得到了充分的发挥,校园充满了生气和活力。有教师说,过去总以为自己一定比学生懂得多,现在才发现,学生也教给了我们很多。

绿色的生命价值观,首先是师生共同的精神家园。有生命意义的价值观应该是教师、学生乃至学生家长生命中不可或缺的一部分,我们应该从过度关注分数中解放学生,改变思想,要知道教育的最终目标不完全在于使学生掌握了某种知识,形成了某种技能,发展了某种智力,而更在于使学生相信,他能学会什么,他能创造什么。这就是学生积极的自我意识、健全的人格。

在绿色的价值观中,学生情感的转变是最本质的。体现在每一个教育环节中,健康的情感思想像春雨一样滋润着学生的心灵。我们从生命教育的高度关注学生的生活经验,关注学生的生存状态,关注学生的生命价值,关注学生的心理世界,关注学生独有的文化。

学生的情感、态度与价值观是在师生思想不断交流,创造火花不断迸发的基础上形成的。在情感、态度与价值观形成的过程中,学生兴趣盎然,认识和体验不断加深,对未来的希望也越来越美好。在这个过程里,教师需要满足学生的发展,让学生感受到生命活力的涌动。学生是一个个鲜活的生命体,校园时光是他们生命历程的组成部分,应当焕发生命的活力。生命与生命相互碰撞,用生命来解释生命,用生命来碰撞生命,用生命来补养生命,这才是具有生命活力的情感、态度与价值观。

## 二、用劝诱教导的方式代替威逼利诱

我们可以劝诱教导孩子学习,但是不能用威逼利诱的手段逼迫孩子就范。如果孩子是被动学习,就会竭尽所能在学习上应付敷衍,不肯好好用功。下面一位高中生的讲述就是最好的证明。①

对付老师非常容易。只要你装出努力学习的样子,并且不麻烦他们,他们就会对你放任自由。我早就是精通这一套学校游戏规则的高手了。我知道什么事情可以让老师生气,比如违反纪律或者偷懒。因此,我总是按时到校,从不问一些麻烦问题,而且总是彬彬有礼,当然,我也没被抓到过"偷懒"。

在我放学回家的路上,校长拦住我,问了我一个奇特的问题:"你今天在学校里做了些什么?"我真想老实告诉他:

我为了拿个好分数而去巴结了英语老师。

我假装对社会研究很有兴趣。

我在数学课上偷偷看小说。

---

① 吉诺特.老师怎样和学生说话[M].冯杨,周呈奇,译.海口:海南出版社,2005:176-177.

我在自然科学考试中作弊了。

我趁下课时间做完了家庭作业。

我在上西班牙语课的时候，给我的女朋友写情书。

然而，我只是回答一句："今天可真是忙坏了。"校长就露出了满意的微笑。

苏霍姆林斯基说："要像对待荷叶上的露珠一样，小心翼翼地保护孩子幼小的心灵。"让我们来到孩子们的身边，用赞许的眼神去鼓舞他们，用热情的言语去激励他们，这时，孩子即使失败了，也会很快走出失败的阴影，沉睡的自信和潜能被唤醒，孩子天性中最优美、最灵性的东西会发挥到极致。

我们需要这样的句子来和学生沟通："请说出你自己的……""让我们来一起分享你的……""试一试，再试一试""相信你，你能行……"这样劝诱式的教导，让学生敢想、敢说、敢做，个性尽情展现。在这样交流的过程中，师生分享彼此的思考、见解和知识，交流彼此的情感、观念与理解，其乐融融，享受到交流沟通带来的快乐，得以共同发展。学生不必小心翼翼地"揣摩"教师的想法，教师也不必将自己的观点强塞给学生。

减少对孩子的责骂，减少对孩子不切实际的许愿，用平等言行、真诚态度、和蔼表情、和谐行动将爱传递给学生，对学生产生积极的心理暗示，从而促使学生产生生命期待，朝着新的目标前进。

### 三、绕过学生反感情绪的暗礁

苏霍姆林斯基很爱孩子，很注重对孩子想象力的培养。野外，他兴致勃勃地和孩子们构建"幻想角"——在离学校不远的树木丛生的峡谷里，他们砌起火炉，傍晚时燃起篝火，孩子们把遍布沟坡的树木想象成夜里降到地上来休息的云朵，他们欣赏那串串绛红色的野果，悬挂在树枝上的闪着银光的蛛丝，想象着蛛网捉住了晶莹的露珠。在教室里，苏霍姆林斯基则和孩子们一起布置"童话室"：有支在鸡腿上的神奇小屋，空中有天鹅在飞翔，翅膀上坐着一个小男孩；有隆冬的森林、雪堆，一个小女孩在雪地里蹒跚而行……孩子们在这里产生了无穷无尽的幻想，感到了幻想带给他们的无限快乐，写出了一篇又一篇优美的童话。

苏霍姆林斯基的目的除了让孩子快乐生活以外，还要完成孩子的想象力的培养，完成写作教学的任务。这些都是我们教师在教学中常常遇到的问题，同时也是学生最害怕完成的任务。我们竭尽全力地逼着孩子去想象，不停地布置作业给孩子，希望学生出色。殊不知,我们的做法已经引起了孩子的反感情绪,教学任务也就难以完成。

师生共同成长的生命历程应该是五彩斑斓、生机勃勃、活力无限的,我们应该从关注生命的高度,用发展的、生成的而非静止的、僵化的观点来看待学生。我们不一定非要完全按预定的"教案"进行上课,有时也可以打破预设的"计划",依据学生的学习情况、心理状态、知识需要随时作出富有创意的调整,避免碰到学生情绪的暗礁。在很多情况下,我们的教育并不一帆风顺,常常陷入"山重水复疑无路"的困境中:有时学生无所适从,启而不发,致使教育停滞不前;有的学生破罐子破摔,任由事情恶化,最后不可救药。我们必须绕过学生反感情绪的暗礁,找到解决困境的通道,才能共同进入一个更为广阔的学习新天地,感受到"柳暗花明又一村"的无限惊喜。

## 四、用爱心为学生构筑安全的港湾

在师生共建的生命期待中,我们需要让学生觉得安全,而这份安全是建立在爱心的基础之上。学高为师,德高为范。合格的教师首先要具备的是有一份爱心。爱心能让学生产生安全感,即使失败了也不用害怕,学生与教师沟通的障碍是对批评、谩骂和失败露出的恐惧。消除孩子恐惧的有效方法,就是允许他们犯错误,鼓励他们勇于尝试,并经常与他们讨论失败在生活和学习中的意义,引导他们从失败中吸取教训,从失败中走向成功。我们应让学生知道,犯错并不可怕,犯错就是教训,但不能知错不改,更不能推诿过错。知错能改,善莫大焉。

我们尊重学生,尊重学生的独立人格,即使批评学生,也要对事不对人,一视同仁,让学生心悦诚服、欣然接受。教师若能如此,学生肯定愿意沟通,把他的成功与失败与你交流,把他的快乐、幸福与你分享。

陶行知说:"真正的教育是心心相印的活动,唯独从心里发出来,才能达到心的深处。"爱心对于教师来说,就是从教之基、为师之本。爱是教育的基础,没有爱就没有教育。这不是一句口号,而是一种发乎于内心的真实感受。教师只有具备发自内心的真诚的爱,才能产生高尚的行为,才能成为学生的榜样。

以爱心为基础的尊重,体现为尊重学生的人格,尊重学生的兴趣和个性差异;爱心是实现学生健康成长的出发点,既为学生的当前负责,也为学生的将来负责;公正的爱应是对学生一视同仁,不厚此薄彼。我们需要构建一种与新课程最为合拍的生命场,让无论教师还是学生都要以整体的生命,而不是生命的某一方面、某一部分投入到各种教育活动中——无论是课堂教学，还是课外时间中。去感悟和认同感悟，去关注和感受关注，去启迪和呼应启迪，让生命的活力在师生和谐间得到有效的发挥，让美好的生命期待真正成为师生生活的一部分、生命的一部分。

## 名家锦囊

### 之一：李镇西

要让我们的学生意识到：同在蓝天下，都是大写的人！人与人之间的智力、才能、学习成绩、性格特点、家庭经济情况等存在着客观差别，甚至每一个人都有弱点和缺点，但每个人的尊严和权利都是不容侵犯的，不管用什么名义或用什么方式，都不能损害任何一个人的尊严，都不能剥夺任何一个人的权利！民主是一种生活方式，今天的教师如何对待学生，明天的学生就会如何去对待他人。

### 之二：孙建锋

每个人都是独一无二的，即使双胞胎也并不完全相像。

只要具有爱心地看，你将能够看出每一个人都具有某种其他人所没有的东西。

在对话者的眼里，没有人是更优越的，没有人是更低劣的，也没有人是相等的，每一个人都是独一无二的。

每一个人都是独一无二的呈现，摧毁了整个优越与低劣的概念，相等和不相等的概念，而代之以"独一无二"的新观念。

每个孩子被太阳所接受，被月亮所接受，被树木所接受，被海洋所接受，被大地所接受，教师，您还有什么不能接受的呢？

尊重独一无二，就是尊重个性。

若此，课堂将成为一个具有爱心且令人欢欣鼓舞的地方。

### 之三：魏书生

教师的心灵对学生如果是一个未知的世界，那么就谈不上教学民主。教师应该把自己对人生、对事业、对教学、对语文教改的看法都真诚地和学生倾谈，这样学生才会真诚地、无保留地谈他们的看法。师生在充分信任、理解的基础上探讨问题，才能最大限度地发挥学生的积极性。

# 第六讲　家校联手促情感沟通

苏霍姆林斯基说:良好的学校教育是建立在良好的家庭教育基础上的,没有良好的家庭教育,再好的学校教育也难以获得预期效果。在教育环节中,家校教育的协调非常重要,而当前由于家校沟通出现问题,不少教师和家长的冲突不时发生。家校之间的冲突多半是彼此间缺乏沟通和理解所造成的。其实,从教育孩子的角度来说,教师和家长的目标是一致的,他们都希望孩子向好向上发展。

家庭教育和学校教育是相辅相成的,两者优势互补,对一个人的健康成长不可或缺。家庭中,家长教育孩子学会做人做事;学校中,教师帮助学生积极参与各种教育活动。家庭教育和学校教育成为促进学生健康成长的合力。一个人的成长是家庭、学校、社会共同作用的结果,学校和家庭的密切合作,不仅是促进孩子健康发展的需要,也是学校教育的必然要求。

这一讲,我们主要从情感教育的角度切入,谈谈家校教育沟通的方法与策略。

## 名师故事

## 这才是真正的"开放日"

罗恩·克拉克学校[①]每年都有一次开放日,家长们受邀在学校里度过一整天。这可不是仅一小时的参观,而是从上午 8 时一直到下午 4 时,整整一天。

早上家长和孩子们一起来到学校,事实上他们要花一整天时间去听不同的课,就像平常正常上课一样。他们坐在孩子旁边,也来参与课堂,和孩子一样做老师要求做的事情。作为教师,我们努力让课堂呈现出学生每天所经历的样子,以便于家长对孩子的学习状况有一个准确的了解。同时,我们也会注意让课堂富有趣味性和互动性,

---

① 由全美最佳教师罗恩·克拉克创办。

保证家长愿意和他们的孩子一起参与。

我们要确保家长得到充分体验,即使孩子上体育课,家长也要参加。当一天课程结束后家长们离开时,他们看起来筋疲力尽。罗恩·克拉克学校不是一个普通的学校,大家在课桌上忙忙碌碌,在科学课上给物品充气,玩篮球迷宫,家长已经十分疲惫。但是不管怎样,能够参与到孩子们课堂中的机会是十分宝贵的。

我告诉我们的全体职员,这是一个千载难逢的好机会,可以让每位家长知道我们对孩子的期望是什么,而且我鼓励他们最大限度地利用好这个机会。我们的职员一直都说,这天的开放日不但向家长传递了信息,也使他们紧密地联系在了一起。他们说把家长叫来一起讨论孩子在课堂上的问题,他们感到很好,因为家长了解了情势。

开放日对于任何一所学校的进步都是非常重要的,而且开放日也是罗恩·克拉克学校实现学生成就的最有力的一件武器。

【资料来源:罗恩·克拉克.罗恩老师的奇迹教育[M].李文英,等,译.北京:中信出版社,2012:180-181.】

罗恩·克拉克学校的开放日,推动了学校整体工作向更深层次发展,也赢得了家长和社会的广泛认可。他们通过开放日的活动让家长深入学校,体验学生生活,与教师零距离沟通,让家长对学校教育及孩子在校学习和生活情况有了进一步的了解。

正如罗恩·克拉克所说,这样的活动会让教师"筋疲力尽",可是活动带来的巨大教育效果,是不可估量的。这个活动增进了家庭、学校的互相了解,家长更充分、更切身地了解孩子在学校学习和发展的情况,为家校沟通更流畅打下了良好的基础。

那么,家校该如何联手促情感沟通?

### 方法一 搭建家校沟通"彩虹桥"

魏书生老师是搭建家校沟通"彩虹桥"的大师,他大都采用书信方式,在书信中将需要与家长沟通的教育问题一一罗列,并且提出自己的见解,用写信的方式指出家长在教育中的不妥之处,这样既避免了当面指责的尴尬,又能将问题说清楚,把家长引导到正确的家庭教育方向来。

# 了 解 孩 子

徐莉杰同学的母亲：

您好！您看了莉杰的日记，莉杰知道后，不高兴，说您这是偷看她的日记。您不愿听这个"偷"字，便批评她，莉杰不服气，您一怒之下，把孩子的日记本给撕了。孩子十分伤心，只是哭，这几天也不愿说话，母女间感情上有了一道沟。您也觉得自己做得过分，想跟女儿说自己错了，可又不好意思张口认错。您问我还有没有别的沟通方式，使母女的心离得近一些。

我觉得一种比较好的沟通方式是写信。

亲人之间，天天见面，语言交流，习以为常。偶然相互之间用笔交流，双方都会感到很新鲜，很激动。这等于在你们母女的心灵之间，除了说话的桥梁之外，又架设了一座新桥——书信之桥。

国内外有不少文化素养较高的家庭，都经常用书信这种方式和子女沟通。即使天天见面，也会有些话是不方便说的，写封短信，写个纸条，也会一下子缩短父母和子女之间心的距离。

国外一位母亲，从女儿4岁开始，便给她写信。后来，她们母女在共同生活中，经常用书信交流。她们从写信、读信中获得了无穷的乐趣，获得了巨大的精神力量。母亲从女儿的信中汲取力量，汲取爱，度过了离婚之后艰难的日子，独自把4个孩子一个个养大。

女儿18岁生日之前几周，母亲问她希望得到什么礼物。女儿没有当面说，过了两天交给母亲一封信，下面是其中的主要内容：

不久，我就要到大学过独立生活了。这些年来，严格遵照您所制定的生活规则（除了极少几次例外），我终于进入了成熟期。

作为18岁生日的礼物，我盼着自己从此能作为一个成熟和负责的人而得到对待和尊重，我希望：

1. 晚上可以推迟回家，或者干脆去掉时间限制。

2. 允许在晚上10点后打电话和接电话。

3. 有自己作决定的自由。

4. 在家里被看成一个亲密朋友。

这一次,轮到母亲提供忠告了。那一天,母亲写回信一直写到深夜。

"亲爱的朱莉:

成年并不意味着突然获得随心所欲的'自由',它不过意味着从此要更多地自负其责。如果你认为自己的行为已经能够像成年人那样,我愿意像对待一个成年人一样对待你……"

随后母亲写了作为"礼物"的"建议表",包括要女儿慎重考虑关于推迟回家和晚上打电话的要求,同意她对自己的事有最后决定权。并说,愿意在确实必要时才对她提供告诫。

母亲的信结束时说:

"朱莉,我祝愿你一生欢乐——充溢着爱,同时每个重大决定都能以可靠的价值观为基础。我还希望你进一步发展自己多方面的天赋才能。

祝生日快乐,我的朋友! 妈妈"

朱莉后来离开家上了大学,母亲非常想念女儿,有幸的是,"笔谈"传统仍把母女的心连在一起。女儿从大学里写来的每一封信,都给母亲带来欢乐,带来安慰,带来美好的感受。

读了她们母女之间的信,您不觉得自己也该给女儿写点什么吗?

莉杰正在逐渐长大,十六七岁的孩子内心世界越来越丰富多彩。他们对自己内心世界的变化,一部分愿意袒露,一部分则只想自己欣赏,自己知道。还有的是想等到时机成熟了再告诉别人,告诉父母,让别人大吃一惊,给别人一个惊喜。于是,他们把它写在日记里。这时,您没经过孩子允许,便去看,等于把孩子珍惜的秘密一下都公布出来。孩子生气,说您偷看,都是有道理的。您不该发怒,更不该把孩子的日记撕掉。

您知道自己错了,又不愿当面认错,那就写封信吧。只写两三句话也可以,早上夹在孩子常看的书里,或放在孩子的文具盒里。孩子在学校,看到这信,一定会非常激动,一定会为自己有这样豁达而又高雅的母亲而自豪。

您如果想看莉杰的日记,就应当跟她商量,征得她同意后再看。您可以把您的想法写成信,也可以鼓励莉杰经常给您写信,互相交流看法,沟通感情。如果这样做了,您将会发现,您和莉杰的思想和感情,在这座心灵的桥梁上,可以随便地走来走去了,家庭生活又多了许多乐趣,莉杰的学习也一定会进步得更快。

【资料来源:魏书生. 魏书生与父母对话家庭教育[M]. 南京:河海大学出版社,2005:98.】

魏书生老师的信坦诚、诚恳、平和,相信每一个家长都能从中认识到自己教育出现的问题,并且找到解决问题的方法。不过,书信沟通也有小窍门:与家长沟通的信函,要写得明确畅达、措辞专业、格式规范,不要有语法和拼写错误。书写清楚工整,以便家长能够准确理解信息。尽早提前传递书面沟通,这样家长才能采取行动。在传递书信沟通内容之前,先请一个同事读给你听,看有无改进余地。[①] 家校书信联系应该建立在双方自愿的基础上,是平等的对话,而不是居高临下的斥责。双方应该坦率交流,互相促进。

## 一、教师与家长沟通时产生的问题与应对方法

教师一般最怕这样的家长:从不来学校,对于孩子的事不闻不问;或者三天两头来学校,一点鸡毛蒜皮的事都来找老师理论。在孩子的教育中,教师跟家长沟通非常重要,但是很多教师常常不得要领,这主要是由于不了解家长所致。校访的家长大致可以分为四种类型。

第一种是说话信马由缰。这种家长最常见,事先没有想好向老师了解什么问题,一般表现就是想到什么说什么,问题完全没有指向性,比如有的家长见到老师后一会儿说"这个孩子做作业很慢,贪玩得要命,就是不肯学习",一会儿又说"这孩子没有记性,昨天让他买东西,回家就忘得一干二净",教师还没有说什么,家长可能又跑题了。这些家长的心情,我们完全能理解,他们把老师当成孩子教育中最信任的人,所以将平时的忧虑全部说出;但是叙述紊乱,内容庞杂,教师根本不知道他们到底想要说什么,需要什么帮助,无端浪费了时间。在与这样的家长沟通时,首先,教师要让家长明确本次谈话最需要解决的问题是什么。其次,教师要收回主动权,针对家长最急需解决的问题,提出自己的看法,为家长提供教育孩子的方法。切记,面对这一类家长,要让谈话围绕一个问题展开,这样才能有的放矢,进行有效的沟通。

---

① 克里斯顿·纳尔森,吉姆·贝利.教师职业的 9 个角色[M].刘坤,译.北京:中国青年出版社,2009:145.

第二种是与教师自来熟。有的家长非常热情,也很健谈,对孩子的老师更是亲切无比,称兄道弟,甚至会问教师一些家庭情况、收入情况等,家长的本意或许想通过谈家常拉近与教师的距离,但是这样谈话就会处于一种不自然的状态。这时候,教师需要将话题引到孩子身上,既保持一种尊重的态度,又拿出教师的姿态,把握好谈话的尺度,在热情、友好、尊重的气氛中解决想要解决的问题。

第三种是突然来访。有些家长在发现孩子一些问题时,就忙着来找教师,突然来到学校。但教师要准备上课,只能用很短的时间与家长交流,难以涉及深层次的问题。遇到突然来访的家长,教师如果的确无法抽出时间与之交流,就与家长约好下次交流的时间、地点,待下一次时间充裕、准备充分时,再进行有效的交流。

第四种是"躲避"教师。有些家长一个学期中,除了开家长会时,基本不涉足学校,更别谈深度交流,教师平时根本无从了解学生的校外表现。甚至,有的家长连家长会都不参加。一个班里,总有几个学生的家长几乎从不与教师联系,孩子在家的学习和各种行为,除了孩子上交的作业外,教师根本不了解,作业本也几乎不签字。有些家长的确是工作忙,没有时间与教师联系;也有些家长是认为教师很忙,担心影响教师的工作,不愿主动与教师联系。面对这类家长,教师可以主动通过电话与家长联系,让他们及时了解孩子在学校的表现,也通过家长了解学生在家里的表现,然后对学生进行全方位教育。鼓励家长利用在作业本上签字的机会,将平时遇到的教育问题写在学生的作业本上,与教师进行交流。

当然,家长与教师沟通的问题远远不止这些,教师要摆正位置,充分准备,面对不同类型的家长,合理采用不同的方式,讲究谈话的艺术。

首先,教师的谈话态度要真诚。无论是家访还是接待家长来访,双方都是从关心和教育学生的目的出发的,因此真诚坦率应该是双方交流的基础。在交谈中,教师应谈问题而不告状,不过分夸大学生的缺点和过错。

其次,教师的谈话方式要灵活。语言灵活是指说话人根据不同的对象、不同的场合,确定自己的谈话内容和谈话方式,并且在情况变化时及时调整说话的内容和方式。同时,应该让对方认识到在教育孩子方面,家长与教师的地位是平等的,目的是一致的。

最后,教师的谈话语言要委婉。在与学生家长的交流中,教师要做到和气地对待每一位家长,要尊重家长的平等地位,绝不能训斥或歧视家长。以委婉的语言晓之以理、动之以情,家长大都会乐意参与到孩子教育中。教师没有权利选择孩子的家长,面对形形色色的家长,更需要的是沟通的智慧。

## 二、明确与家长沟通的要素与要求

每位教师都希望自己的学生优秀,同理,每一位家长也希望自己的孩子出色。在教师和家长沟通时,我们要知道无论面对的是什么问题,双方的初衷都是一样,希望孩子向着好的方向发展。任何问题都是可以通过沟通来解决的。

在沟通过程中,教师和家长都应站在对方的角度考虑问题,达到情感认同。家长是家庭教育的主导者,教师是学校教育的主导者,在看待同一个问题的时候,可能因为角度不同而产生分歧,对问题的理解会有不同的看法。要真正达到情感认同,就需要双方放下自己的主观判断,站在对方的角度想一想,设身处地以对方的眼光来看待,以对方的观点来思考,达到心灵的相通和共感,这样教育共识才能达成。

尊重是获得平等交流的基础,教师和家长在沟通中还要注意互相尊重。家长与教师之间不存在地位的高低之分,教师与家长若能够相互信任、相互激励,则会形成友好、愉悦和互相合作的气氛。教师应该以真诚和平等的态度对待学生家长,取得他们的信任,争取他们最好的配合,共同探讨教育学生的最佳方法,以达到共同教育的目的。教师绝对不能因为自己是专业的教育工作者,就以为只有自己才懂教育,只有自己对如何教育学生才有发言权,与家长谈话居高临下,盛气凌人。尤其是不能在学生出差错时,轻率地训斥家长,把学生的错都怪罪到家长的头上。真诚的心灵互动也是教师与家长在沟通中必不可少的。建立在真诚之上的沟通,才能打开心灵之窗。

一个教师到学生家中访问,进门首先拿出一只录音笔,本来听到老师家访有点受宠若惊的家长,满腔的肺腑之言被吓得全都丢到九霄云外,每句话都先在脑子里过一遍,确定无误后才敢说出,半个小时的谈话,家长的后背湿了一大片。谈话之后教师还要家长填表格,怕上面来检查过不了关,家长只得斟酌再三写一些无关痛痒的话。和家长合影后,教师功成圆满告辞回家时,摸着孩子的头喊出了别人家孩子的名字,家长目瞪口呆地看着老师款款离去。

这个故事看似荒唐,但是从某种程度反映了家校沟通的形式化使家访失去了真实意义。教师和家长原本应是教育孩子的合作者,何不从容自然,少一些形式而多一些真诚呢?理解、尊重、真诚是家校沟通中的要素,教师要把对学生的那份浓浓的爱心、耐心和责任心融于沟通中,让家长感受到教师的真心实意,教师所做的一切都是为了孩子能成为优秀的学生,这样才能得到家长的理解、支持和配合。

在家校沟通中,我们还需要树立合作意识。我们不能忽视沟通的双面性。试想,如果家长找教师沟通,而教师往往要么推诿很忙没有时间,要么不积极地配合家长,结果双方不欢而散。假如教师找家长沟通,家长不积极地配合,结果又会怎样呢?我们应该放下教师的"架子",对家长少一些责备,多一些沟通;少一些吩咐,多一些建议,与家长结成教育合作同盟,共同商讨孩子发展的计划,并付诸实施。

在家校沟通中,全面、民主与合作是沟通的前提。教师和家长之间应该通过广泛、全面而深入的交流产生共鸣,从而制订出最适合学生的教育计划,促进学生全面发展。家长和教师双方都是完整的个体,谁也不能控制、操纵对方,或者强行把意志、意见加于对方,而应该是一种民主平等、自由宽容的沟通,这样才能真正找到教育学生的最好方法。

教师是学校教育的主导,家长是家庭教育的主角,应建立以教师主导、家长为主体的协作教育体系,使家校结成教育联盟,促使学生健康发展。教育需要全社会的支持,更需要教师和家长的通力合作。良好的家校联动是帮助学生顺利成长的重要基础。作为教师,应该要有主动与家长沟通的习惯;作为家长,也应该积极与教师沟通。只有大家都真诚地沟通,双方密切配合,学生才会更健康、更和谐地发展。

### 三、掌握与家长沟通的方法与技巧

#### (一)常用方法

家校只有有效沟通,才能更好地达成共识,形成教育合力。如何做到有效沟通呢?

其一,平易近人。作为教师,我们的职业习惯容易造成我们居高临下、好为人师的心理,这样的心理会让我们和家长交流时,不注意倾听,不注意分析学生、家长的特殊情况,而急于抱怨学生、指责家长。教师应该放下高高在上的"架子",以亲和的态度营造一种平等的氛围,使双方在心理和感情上接近、融洽。尤其是当家长来到办公室,教师更应该主动与家长打招呼,并请家长坐下,在轻松的气氛中交流学生的问题。不要担心家长挑战你的权威,因为教育权威的树立不是由"架子"决定,而是由你的教育效果决定的。我们不妨放低姿态,这样沟通才会更加顺畅。

其二,避重就轻。学生是发展中的人,难免会犯错。学生犯错需要请家长配合教育,教师不应该与家长针锋相对,不留情面地指责或谩骂,这样只会使教育效果适得其反。因此,无论学生所犯错误如何严重,教师的语气也要力求缓和。要知道,我们请家长来的目的是解决问题,而不是恶化问题。采用对方能接受的轻缓语气,尽量避免说一些刺激性话语,相信大多数家长都会积极配合学校教育。如果教师言语偏激,无异于火上浇油,不但解决不了问题,反而造成对抗,激化矛盾。

其三,避逆取顺。孩子都是父母心目中的宝贝,没有一个家长喜欢听教师总是诉说孩子的"罪状"。家长与教师所处的角度不同,对同一问题的理解也不尽相同,如果教师一味指责孩子,就容易使家长产生不良和难以接受的情绪。与家长沟通,教师要尽量从家长易于接受的角度切入,避免产生分歧。

其四,以诚感人。教师是学校教育的主导者,在与家长沟通时需要情感投入,这样才能唤起家长的真情,取得家长的信任,家长才会"信其道"。我们要改变一味指责、抱怨、教训的口吻,否则会使家长产生"低人一等"的屈辱感,容易引起家长的反感,影响家长积极主动地寻找解决问题的方法。教师和家长应该相互以诚相待,认真交流,寻求解决办法。

### (二)常用技巧

家校沟通除了选择正确的沟通方法以外,教师还要注意沟通的技巧。

首先,在语言表达方面,要做到委婉和含蓄。人的认知和情感存在一定的差异,有时候"直言不讳"的效果不一定太好,教师应该将话语中的棱角磨去,软化一些。中国有一句古话"和若春风,肃若秋霜,取象于钱,外圆内方",用在教师的语言表达上,应该是恰到好处的。面对家长和学生,则要"和若春风",和气共事;面对问题,则要"肃若秋霜",坚持原则。与人沟通,就应该像古铜钱一样,外圆内方。

其次,在倾听方面,教师要认真倾听家长的需求和心声,这样才能增加对学生家庭情况的了解,获得反馈,才能制定出良好的教育策略。对于很多教师而言,不是不能听,而是不愿听。因此在倾听时,我们需要准备好如下态度:接纳和平等、专注和警觉、鉴赏和学习、执著与冷静、参与与体验,这样的倾听才是真心的倾听。有效地改变教师的倾听方式,让我们从外在的听到内在的听,从抽象的听到具体的听。①

最后,在非语言表达方面,需要用到一些特殊的技巧。如悦耳的语调能准确地表达意思,抑扬顿挫的语调能调节注意力;需要保持与家长的视线接触,发挥无声语言在情感教育中的特殊魅力;还需要注意身体语言的表达,如恰当的表情、手势、体态等都是感染家长的好方法,用微笑面对每一位家长,在家长与学校之间搭建起一座沟通的桥梁。

### 四、注意与家长沟通的事项与方式

家庭和学校是影响孩子发展的两个重要场所,家长和教师应携手合作,充分发挥各种教育资源的作用,当好孩子学习活动的支持者、合作者和引导者,为孩子的健康成长保驾护航。

对教师来说,家长的重要性仅次于学生,家长高兴了,就有了忠实的追随者和拥护者。家长不高兴了,教育工作将充满挑战性。

我们必须承认,要让每个家长都满意是很难的,但可以让每个家长都感到我们很在乎他们。如何做到这点?

第一,与家长成为伙伴。我们要让家长明白,没有他们的帮助我们是无法完成孩子的教育工作的。

第二,不搞突然袭击。不要突然给家长看成绩单或者教师评语,不要在家长对教学内容一无所知的情况下批评孩子的学习。

第三,取得沟通的主动权。告诉家长学生的表现。出现问题时与家长及时沟通,如果等到家长发现问题再打电话给学校,这就陷入被动局面。

第四,欢迎家长参与到教学工作中来。当家长们参与到教学工作中来时,他们就会感觉自己就是学校一员,他们能更好地理解教师所面临的问题,并给予积极配合。

第五,保持信息更新。保持家校之间的信息通畅,不断更新信息,让家长掌握孩子在学校的最新情况。

第六,解释学生成长的阶段。在学期初尽早和学生家长取得联系,向家长解释清楚,孩子在这个年龄段应该达到的要求、同龄人可能会出现的问题,以及学生们需要面

---

① 薛忠英,马凌涛.小学班主任工作[M].北京:开明出版社,2006:159.

对的行为模式的转变。

第七,鼓励家长和教师沟通。和家长保持联系,这样你能更好地完成工作,可以写字条或发送邮件给家长,可以考虑定期把给家长的字条附在学生的作业本上,这样就能够和家长在整个学年里都保持联系了。①

家校沟通交流的方法千千万,而最重要的一点是真诚地面对每一位家长,实事求是为他们解决孩子的教育问题,这才是搭建家校沟通彩虹桥的最扎实的基础。

## 方法二 用学校教育引领家庭教育

怎样的教育才能够促进孩子健康成长? 这是教师和家长需要共同探讨的问题。教育是一项系统工程。学校教育和家庭教育相辅相成,两者在教育学生成才的目标上是一致的。家庭教育是学校教育的基础,学校教育是家庭教育的拓展。注重家庭与学校两者的沟通和协商,让学校教育引领家庭教育,协调学生与家长两代人的关系并引导他们共同成长。合肥市优秀教师薛瑞萍②认为,教师应该用正确的教育观引领家庭教育的脚步。

## 纠正一个错误的观念

尊敬的家长:

您好!

苏霍姆林斯基在《给教师的建议》里指出:30 年的经验使我深信,学生的智力发展取决于良好的阅读能力。

为什么读书使人聪明呢?

美国教育家施道弗告诉我们:阅读时用于眼球移动的时间仅占 5%,其余 95% 的时间用于思维。

根据 20 年的经验,教师得出这样的结论,凡是文理兼修、学习轻松的中学生,都是在小学就养成了良好的阅读习惯,对于课外书籍有着浓厚兴趣的人。人的大脑好比待

---

① 克里斯顿·纳尔森,吉姆·贝利.教师职业的 9 个角色[M].刘坤,译.北京:中国青年出版社,2009:144-145.

② 薛瑞萍,合肥市优秀教师,著有《心平气和的一年级》《给我一个班,我就心满意足了》等。

垦的荒地，广泛的高品位的阅读，使它成为热土，只有在这样的沃野里，才有可能长出参天的智慧之树，结出丰硕的知识之果；仅抠教材的人，他的精神世界无疑是贫瘠的盐碱地。即便现在的考分很高，我们也不敢对他的将来乐观。

有一种常见的错误观念：我的孩子完成"本职工作"已经费力了，还是少读课外书，集中精力务正业的好。

对于这种看法，我们还是听听苏霍姆林斯基的见解吧。

请记住，儿童的学习越困难，他在学习中遇到的似乎无法克服的障碍越多，他就越应当阅读。

正因为功课对于这些孩子来说很艰难，所以我们更要鼓励他们去读自己喜欢的课外书——这就好比让一个在封闭的屋子里干活干久了的人，到鸟语花香的园子里散散步。否则，他们对于学习的理解将是枯燥和无法忍受的。

有些孩子不是不聪明，而是开窍较迟。用教育学家的话说，是思维暂时处于沉睡的状态。那么，怎样唤醒思维，使他们蕴藏着的聪明苏醒过来呢？

最好的方法就是让他们多读有趣的课外书。

当孩子怎么努力也解不出一道别人看来很简单的数学题时，苏霍姆林斯基是这样做的——他说："孩子，放开吧。你先看看这本漫画书，回头再来想。"

加上《基础训练》里的儿歌，学生每天要读3首，能完成任务就很不错了。部分孩子再读"另一本"，关于"另一本"，教师再次强调：内容不能太长，到学期结束，一天能读一篇一两百字的短文就是超级棒了。读书是一辈子的事情，不能性急。对于这些孩子，家长要注意的是——给他们足够的玩耍时间。

今日提示：

一、星期三让孩子把"儿歌"带来，教师要检查朗读情况。

二、后绿框里的字是二类字，只要认识就行，不必让孩子写。因为它们最终是要以一类字课出现的，现在教写，一则加重负担，二则伤害学习兴趣。即便以后统考考到了，扣分了，教师也会告诉学生：犯错的是出题人，我们不理他。

一年级语文教师

10月19日

【资料来源：薛瑞萍.心平气和的一年级[M].长春：长春出版社，2008：137.】

薛瑞萍老师通过专业的分析,让家长明白学生的智力发展取决于良好的阅读能力,当家长明白了这个道理,不用教师再三强调学生需要多读课外书,就自然而然地注重学生的课外阅读了。

但是,很多家长并非如此。一位执教一年级的教师在一次数学测验后,把试卷发给学生,请家长签字。在收回试卷时,他发现试卷上写着两行字,一行是稚嫩的字体:"我不想上学,再也不上学",另一行是家长的笔迹:"你真笨"。由于家长给孩子造成印象,让孩子认为自己不聪明,学习也就越来越差,而家长对此束手无策。还好,这位教师耐心而且细致,他与家长沟通,告诉家长面对孩子的学习要心态回归,回归到孩子学说话、学走路时的心态,没有埋怨,只有鼓励,要用心赏识自己的孩子,找寻孩子的优点,鼓励孩子每一次的进步。家长听取了教师的建议,改变了教育方法,孩子脸上开始露出轻松的笑容,学习也越来越认真。① 教育仅靠学校单方面的力量是难以完成的,需要家庭通力合作。很多家长并不是不教育孩子,而是没有正确的方法,这时候,学校教育就需要引领家庭教育走向科学。

## 一、家长也是教育主体

班集体是三位一体的。学生群体、教师群体、家长群体,都是班集体的重要组成部分。在整体的教育环境中,学生、教师、家长都是教育主体。这就是当代"教育多主体"的观念。新的主体观念让我们应该确立主体与主体之间的民主平等关系,让民主协商、民主讨论成为家校间相互沟通、相互促进的主要方法;而且彼此之间应该有批评与自我批评,不能只是教师批评学生和家长,应该欢迎学生和家长批评教师。

一个班级的家长,是学校教育的资源,教师应该尽可能将资源的使用最大化。家长群体有许多优势,不仅家长之间可以互补,教师和家长之间也可以互补。如果发挥一个班级家长群体的资源优势,对学校教育是非常有利的。

在家庭教育中,家长是教育者。教师把家长作为教育对象还是教育资源,是两种不同的理念。每位家长都在教育自己的孩子,只是他们的教育思想有的不正确,教育方法有时掌握得不够好。作为教师,有责任提高家长的教育素养,优化教育资源,帮助

---

① 吴文菊,孙闻. 小学班主任工作精彩案例[M]. 北京:开明出版社,2007:183.

家长树立正确的教育思想,掌握科学的教育方法。教师应该研究每一位家长的优势与不足,帮助他们扬长补短。①

## 二、家庭教育中塑造的"三颗心"

我们的物质生活水平在迅速提高,但是许多家庭仍停留在以打骂孩子为主的教育方式上,侵犯孩子隐私的现象也司空见惯。从提高教育水平上讲,家庭教育需要一场革命。学校不仅承载着教育孩子的使命,同时,也应该帮助家长塑造正确的教育理念。

国外广泛流传的一首《育儿歌》,描述了孩子成长与环境的关系,并告诫为人父母和师长者,在与孩子的朝夕相处中,注意自己的言谈举止,使孩子在更好的环境中健康成长。"挑剔中成长的孩子学会苛刻,敌意中成长的孩子学会争斗,讥笑中成长的孩子学会羞怯,羞辱中成长的孩子学会自疚,宽容中成长的孩子学会忍让,鼓励中成长的孩子学会自信,称赞中成长的孩子学会信任,公平中成长的孩子学会正义,支持中成长的孩子学会信任,赞同中成长的孩子学会自爱,友爱中成长的孩子常能感受到关怀。"为孩子的健康成长创造一个良好的环境,使他们能茁壮成长,快快乐乐地过好每一天,是一件多么重要的事情!

父母的心境,永远是孩子心灵的指南针,父母积极乐观的人生态度,必然会影响到孩子的心灵,让孩子同样积极乐观。家长在教育孩子的过程中,应该有"三颗心"。

一是"平常心"。有些家长总是用自己孩子的短处与别人孩子的长处相比较,其结果自然是越比越使孩子没有自信心。家长不要做这种不合理的比较,应该用孩子今日的进步去比过去的不足,或者认识到通过努力成绩提高了。能够正确看待自己的孩子,不向孩子提出过高的要求,要保持合理的心理期望,接受孩子的现实表现、现有能力、现有成绩,变高要求为适当指标。

二是"平静心"。家长应该心平气和地对待孩子的成长,能够像农民种庄稼一样,顺其自然,不拔苗助长。当孩子成绩不能提升时,家长能够冷静、不急躁,平静地告诉孩子:一个人要赢得起,也要输得起,前进路上不光是阳光雨露,还会遇到狂风暴雨,要准备承受失败。同时帮助孩子一起解决学习中遇到的困难。

三是"平稳心"。家长应该站在教育发展的高度,以学会求知、学会做事、学会合

---

① 薛忠英,马凌涛. 小学班主任工作[M]. 北京:开明出版社,2006:169.

作、学会生存为航标,把教育的着眼点放在孩子素质的全面发展上,变只求通过考试找前途到以平稳心态通过学习求生存、求发展。如果家长真正能以自己的高屋建瓴,自己的宽宏大度来影响孩子,孩子不但能轻松快乐地成长,而且还能立长志,发愤图强。

### 三、学校教育需要家庭教育的支持

在教育中,家长需要配合学校和教师共同为学生营造健康成长的环境,学生的成长单靠学校和教师的努力是不够好,还需要家庭的配合。有的家长经常会将学校的教育功能无限放大,而忽略家庭教育的影响,严重影响了学生的成长;同时也对学校教育带来了压力和负担,制约了学校教育功能的发挥。

家庭是教育的源头活水,源清才能流净。父母应该给孩子带来希望,并时刻注意自身的榜样示范作用。很多家长说孩子难管,不听话,其实应该从自身出发好好想一想,自己是否给孩子做了一个好榜样。学生的心智发展受家长的潜移默化的影响,家长需要为孩子创建一个良好的家庭环境,更应该以发展的眼光看待孩子的每一次进步。

学校教育需要家庭教育的支持,只有在有效的家庭教育中,教育的功能才能达到最优化和最大化的发挥。家庭教育应立足于"为学生终身发展、终身学习、终生幸福奠基"的发展性、高效性和生命性成长观,以学生未来的发展与幸福为目标,以学生的健康成长为责任,以学生的智慧生成和能力提升为期盼。要消除急功近利和急于求成的浮躁心态,以平静、平常的心态对待学生的学习,指导学生的行为。"家长应配合学校和教师共同为学生的健康成长扎实根基,让科学合理的家庭教育、学校教育和社会教育成为促进学生健康成长的合力。"①

### 方法三 家校合力为教育系上情感丝带

家校合作是教育工作永恒的话题,家庭教育与学校教育配合得好,产生的教育合力就愈大,效果也就愈显著。家庭教育中出现的问题多半属于沟通问题。要想孩子健康茁壮成长,沟通问题的解决首当其冲。如何与孩子进行良好的、健康的、科学的、有

---

① 黄兆全.学校教育需要家庭教育的支持[N].中国教育报,2012-05-25(6).

效的沟通,这成为现代父母必须认真研究和对待的问题。国际著名育儿专家托马斯·费兰①为亲子间的沟通提供了一些很好的方法,很值得我们借鉴。

# 怎样召开家庭会议

家庭会议的实施过程,通常很简单。我提供的只是可供借鉴的方式之一。你可以根据自己家庭的情况,作出相应的调整。妈妈或者爸爸担任会议主席(也可同时担任),负责召集家庭成员参加会议,还要维护会场秩序。当然,如果孩子的年龄稍大一些,而你认为他们有能力主持会议,不妨时不时地由孩子尝试着担任主席一职! 主席负责主持会议进程,还要确保共同通过的章程得到遵守,以及每个人都有机会发言,并且不被其他人中途打断。

会议的议程安排,通常与会议议题有关。每个成员提出渴望解决、需要讨论的问题,然后,由主席负责实施下列步骤:

(1)一个成员描述他(她)想解决的问题。

(2)就此问题,其他成员畅谈个人的想法和感受。

(3)全体与会者各自提出解决方案。人人可以奉献"锦囊妙计",不过,每次只允许一个人发言。

(4)就"最佳解决方案"进行商议。兼顾所有与会者的看法和主张。如果出现较大的分歧,妈妈或者爸爸有最终决定权。

(5)将共同商定的方案写在一张纸上,贴到冰箱门上。或者以"家庭会议记录"的形式记在笔记本上或输入电脑里。

(6)另一个与会者提出他(她)的问题,然后重复上述步骤(2~5)。

初次举行"家庭会议"的时候,根据会议议题得出的解决方案,大多数或许只是实验性的,特别是在议题复杂时、与会者各执己见时。所有的解决方案,有待实践的检验。经过检验,假如结果并不理想,在下次家庭会议上,可以将相关议题二度审议,商讨出更为具体可行、更便于操作的方案。集全家人智慧得到的解决方案,应当具体而实用。毫无疑问,它们也可以具有相当大的灵活性和创造性!

在家庭会议期间,耐心地从头坐到尾不见得是件好玩的事情。你固然希望会议进

---

① 托马斯·费兰,育儿专家,临床心理学家,多年从事儿童教育和"多动症"研究。

程顺利而温馨,如沐春风,但有时可能事与愿违,甚至让人如坐针毡。另外,家庭会议持续的时间过长,就可能吃力不讨好。所以你要尽可能把会议控制在1个小时之内,这样可以确保所有与会者不致神经崩溃。

当初,我在召开家庭会议之前,我的孩子曾经抱怨说:她们的同学怀疑我和妻子的脑袋出了问题。我们听了一笑置之。实际上,真的召开家庭会议时,孩子非常乐意参加。她们态度认真,勇于提出她们的问题和意见。我们目睹了孩子的点滴进步!

在不少家长看来,家庭会议就像是一种悖论。会议可以带来意想不到的收获,又可能让人无比头痛(这是因为你不得不与孩子打交道的缘故)。不管怎样,你应当坚持到底!只有你态度明确而且坚决,大家才更可能与你配合,同舟共济,共同协商出解决方案。另外,在家庭会议上,借着阐述意见的机会,孩子还可以学会某些谈话技巧——这可能使他们终生受益!

【资料来源:王斌兴,吴杰明. 大师谈教育沟通[M]. 重庆:西南师范大学出版社,2009:241-242.】

搭建与孩子沟通的平台,要求建立在平等、尊重的基础之上。如果家长常以教训、指挥为专利,高高在上,那么亲子沟通的效果是可想而知的。通过家庭会议营造和谐融洽的家庭氛围,孩子才会感觉到这个家真正属于自己,是他可以自由表达意愿的天地,是他可以自由成长的空间,是他可以享受亲情和幸福的乐园。他会愿意和父母分享收获,向父母求助,向父母倾诉。只有当孩子在家庭中找到归属感时,他才会将这份归属感带到学校,并用健康的心态面对学习的挑战。教师和家长需要将孩子的教育落到细微处,多想办法努力营造协同教育的融洽气氛,架起一座坚实的家校沟通桥梁,使两股力量有机统一,形成合力,共同奏出家校合力的和谐音符。

## 一、建立家长委员会

《国家中长期教育改革和发展规划纲要(2010—2020年)》要求建立中小学家长委员会,以推进现代学校制度建设。《纲要》在第十三章"建设现代学校制度"中提出:"适应中国国情和时代要求,建设依法治教、自主管理、民主监督、社会参与的现代学校制度,构建政府、学校、社会之间新型关系""建立中小学家长委员会"。家长委员会是形成家校合力的有效途径。家长委员会，顾名思义就是由家长代表成立的组织，作为与学校沟通的桥梁，关注学生的教育。家长委员会是增进教师与学生、家长之间沟通的桥梁。中小学家长委员会是由本校学生家长代表组成的群众性自治组织，代表全体家长参与学校民主管理，支持和监督学校做好教育工作，是学校联系广大学生家长的桥梁和纽带。

教师可以通过家长委员会宣传家庭教育方面的知识、方法，促进家长教育理论水平和教育技能的提高，增强家庭与学校之间的相互了解和联系，保证家庭与学校之间的相互沟通，使家长自觉配合，促进教育目标进一步落实。建设家长委员会，对于建立学校、家庭与社会教育协同机制，提高家长的教育素养和家庭教育水平，具有重要意义。教师是学校教育的主体，家长也有参与权，除个人对学校教育有知情权、参与权、监督权外，还可以通过家长委员会这个平台组织起来，行使集体教育参与权，促进学校民主管理，支持学校教育，提升家庭教育水平。家长委员会作为一个与学校教育机构相对独立、相互制约、相互促进的教育组织机构，有利于形成家校教育合力，为学生的健康成长创造有利条件。

家长委员会应进一步加强学校教育与家庭教育的密切配合，消除教师与学生、家长之间存在的矛盾和对抗。在尊重各自特征的基础上，缩小教师与学生、家长在教育方法以及教育观点等方面的差异，提高家庭和学校参与对方教育活动的积极性，促进相互沟通、协调，产生互补、互动，使教育实现情理交融，最终达到教师与家长彼此协调合作。

通过家校合作，协同教育，最终对学生产生综合性影响，改善学生学习和生活环境，从而促进学生的创新精神、实践能力的发展，为他们的终身发展打下坚实基础。

## 二、开办家长学校

由学校组织开办家长学校，可以传播先进的家庭教育理念，普及科学的家庭教育方法。通过家长学校对家长进行系统的家教知识的培训，使之认识到家庭教育的科学性、重要性，掌握初步的科学育子方法。

家长学校是一种有系统的组织，有固定的场所、有专门的教育纲要，有学历达标的教员、有分层编制的教材，是在国家教育方针指导下开展工作和学习的。家长学校的主要任务是有针对性地、系统地对家长讲授正确的教育理论、教育思想，家庭教育的规律、原则和方法等,让学生家长了解学生的年龄特征和心理发展规律;开展家庭教育问题专题研究,如独生子女教育问题、农村小学生的家庭教育问题等。家长学校的形式可多种多样,可以通过系统教育理论的讲授,让家长和学生同时升级,使家长循序渐进地了解学生的心理发展特点及教育环境等。①

### 三、共同建立多元化的家校评价与激励机制

正确的评价与激励能够促进学生在知识与技能、过程与方法、情感态度与价值观方面的发展,能帮助我们发现学生的潜能,了解学生发展中的需求,并且看到学生的长处,有利于教育有的放矢。

评价与激励机制首先应该是多元化的,其次应该是多方面的,这需要建立在家校合作的基础上。在学习和成长的过程中,学生对自我状况感受最直接,最有发言权,是天然的评价主体。教师对学生的学习状态既有感性认识,又有理性认识,而且对每个学生还有发展性认识,是不可或缺的主体。家长常与孩子生活在一起,是最了解孩子的人,是理所当然的主体。学生、教师和家长都是学生学习和成长的评价主体,三者在评价过程中既各自独立,又相互协作,不能只突出某一个方面。只有三者有机结合,科学互动,才能给予学生合理、公平、公正的评价。

建立多元化评价与激励机制,是教师努力的方向,但需要避免以下一些情况出现。

一是"简单化"评价。就是简单地给孩子的行为"贴标签"。例如,被贴上了"聪明"标签的孩子,会认为自己天生就出色,而且这种优势不会消失,这很可能导致他们在学习中盲目自满,遇到困难总是想依靠那点"聪明"而放弃努力。同样,也千万不要对孩子说出"你真笨"之类的评价,这样的评价将成为他们一生都摆脱不了的"噩梦"。

二是"随意性"评价。孩子表现不足的时候,也是非常需要别人帮助的时候。但是,由于自身观念、方法和性格等原因,在盛怒之下,"笨蛋""蠢货""没出息"等便从家长和教师的口中涌出,殊不知,这些"随意性"评价对孩子将是致命的打击。

三是"片面性"评价。经常只注重考试分数,忽略孩子的其他方面,如健康、心理品质等。其实这是本末倒置的做法,不利于学生的全面发展。

除了避免这些情况的出现外,还要注意评价的艺术性。客观公正地评价孩子能产

---

① 薛忠英,马凌涛.小学班主任工作[M].北京:开明出版社,2006:175.

生事半功倍的效果。对孩子的评价要准确、肯定,倾向鼓励性,这样才能激发孩子的积极心态,在克服不足的同时,拥有坚强的信念。评价还须注重全面性,要实事求是给出中肯的评价,而不能有"一俊遮百丑"的片面化、简单化倾向,要本着激励的原则,鼓励孩子努力向上,把每一次的进步当成新的起点,不断争取更大的进步。

## 方法四 建立校内校外的人文关怀教育模式

关怀教育倡导教育的实践性,重视教师的榜样作用,尊重学生对生命的体验和感受。关怀教育应该渗透到校内校外的每一个教育环节。关承华老师是关怀教育的实践者和倡导者,体现了厚重的人文教育。

## 为学生找回心理上的平衡

"周小南,你脖子怎么了? 为什么会有伤痕?"周小南是我所带的高一重点班学生,长得白白净净,性格温文尔雅,举止文质彬彬,完全没有一般男孩子的顽劣或者粗野。所以在他的脖子上发现了几道明显的抓痕,让我心中一惊——担心他与别人打架了,甚至是受欺负了。

"被我爸爸打的。"

"为什么打你?"

"爸爸对我上高中以后的学习成绩不满意,尤其这次期中考试在班里排在 22 名。"

我愤怒了! 对这位父亲产生了强烈的不满。因为据我了解,周小南的妈妈在国外学习刚刚回到小南身边没多长时间,爸爸平时忙于自己的事业对小南的了解与关照并不是很多,周小南凭借自己的努力考进育英中学重点班,应该说已经很出色了,怎么能为一次考试分数就可以蛮横地对孩子使用武力,而且出手还那么重呢? 除去气愤,我心中更多的是心疼。

"还疼吗?"我动容地问。

"没事了老师,不要紧。"

"下午放学等我一起走,我要去你家家访。"

这是一次事先没有准备的家访,但目的很明确:协调孩子和家长之间的关系,帮助家长摒弃不正确的教育方法和教育手段。

学生放学后,忙完手头的工作已经快 6 点了,我陪着周小南骑车去他家。一路上我给他讲父亲望子成龙的心态,讲妈妈不在身边当爸爸的不容易,让他对父亲多一分理解与宽容。这时候我强烈感受到孩子的善良、大度、单纯,真的很可爱。

到周小南家不一会儿,他爸爸妈妈相继回来了。看到我的突然来访,他们的第一反应是"孩子在学校犯什么错了或者出什么事了"(家长的这种心理定式是长期以来把家访与告状联系在一起的结果)。我首先给家长吃一颗定心丸,解除他们的疑惑:第一,作为班主任我要普遍走访每一个学生的家庭;第二,开学一段时间了,我应该向您汇报一下周小南的在校表现。于是我着重向家长介绍了周小南的踏实、自觉、文明、懂礼貌,有上进心、有集体荣誉感,是一个很让人省心的孩子。说到期中考试成绩,我特别强调了这是年级重点班的22名,也就相当于全年级的22名,应该说还是很不错的。话锋一转,我指向了他的父亲,对他打孩子的粗鲁行为提出了批评。看着周小南脖子上的伤痕,我心疼得难以自控,我哽咽了:"在今天,打孩子本身就是不对的,上高中的孩子还打更不对,而周小南更不是一个该挨打的孩子,我对您提出个请求:起码在我带他的三年里,不允许您再对他使用武力。"我发自肺腑的一番话深深打动了他的父母,妈妈和小南的眼圈都红了,爸爸则连声保证:"以后再也不打了,您放心,再也不打了。"协调孩子与父母关系的目的达到了,纠正家长教育手段的目标也实现了,然后我又把话题转到了周小南的学习上,分析他可挖掘的潜力,制订下一步的学习目标,提出更具体的要求,进一步满足爸爸妈妈的期望,让他们为儿子的优秀而自豪。

这次家访的效果是明显的。

高中三年,周小南的爸爸兑现了自己的承诺,再也没有使用粗暴的教育手段;孩子努力学习,以相当不错的成绩考上了北京的一所重点大学。

用心去观察学生是我的强项,学生在我面前的表情、动作、神态、衣着等稍有异常或者变化,身体不舒服,家庭出现变故、心理产生偏差,等等,都逃不过我的眼睛。我捕捉过许许多多学生的细微变化,进而发现还处在隐藏阶段的问题。老师给予学生主动的问候与呵护,学生会倍感温暖,老师对学生的真情付出,学生都会铭记在心的。教师的高情商在教育和管理学生的工作中会产生不可低估的影响。

【资料来源:关承华.凭什么让学生服你[M].北京:中国青年出版社,2008:140-143.】

关老师对学生的关怀是细微体贴的,她的真情付出不仅存在于校内,而且延续到校外,帮助家长为孩子建立起一个良好的成长环境。校内校外的人文关怀模式,需要家校互动,我们可采取以下几种互动形式:双向互动,在约见家长时,不仅谈学生现状和教学工作,而且咨询学生在家里的表现和家长对待孩子的态度与做法,以增进了解,协同施教;学生中介互动,通过填写书信、留言条、成绩报告单等,让家长全面、重新审视自己的孩子,并确定好新的教育目标,创造家长与学生沟通、教育的机会,并反馈到学校;家长会、家长学校互动,在这样公开集中的场合作一些介绍宣传,传达一些教育新理念和方法技巧,找出家庭与学校之间不能协调的一些问题,谋求共同解决。

### 一、学校主导,创设校园人文环境

学生的人文教育应该是人才培养的重要组成部分,而校园的人文环境也是我们应该关注的要点。校园人文环境就是在校园这个特定的范围内,对应人文认知这一中心任务的一切发展变化的外部条件的综合。

校园人文环境是一个多种要素构成的实体。这些要素包括学校教师集体与个人风貌、年级风貌、班级风气、文化班级、活动组织、校园硬件设施、校园传媒等内容。这些要素不仅密切相关,而且处在不断变化和扩展之中。我们必须本着整体性的原则,用整体性的眼光实现诸要素之间的最佳组合,以提高人文教育的效果。如学科教学中的人文渗透,这些都是人文环境建设的动力。在建设中我们还要坚持自主性原则,让学校、学生、教师对环境建设提出意见,自主选择相关人文内容。教师则可以在分析学生学习基础、年龄特征、兴趣爱好的基础上自主设置校本课程,确立专题,与学生探讨教学内容,评述学校人文环境现状,提出改进措施。学校的总体规划应在确立别具一格的人文环境主题基础上作总体规划,避免完全模仿名校的趋向。

人文化环境的建设不是一朝一夕的事情,应该坚持持续性原则,实施中长期战略规划,尽可能减少对校园生态环境的破坏,提高校园硬件设施的可利用率,降低环境建设成本,保持相关制度的稳定性,维护文化的连续性,创造和支撑健康的人文环境。

学校应该充分利用校园网络、广播、校办刊物等传媒载体,进行整体规划,可定期出一些以人文内容为主的专栏,以体现学校人文特色。在对校内的行政事务、教学事务、学生事务的管理工作中要充分体现出人文气息,尊重被管理者的意见,满足他们的合理需要,使被管理者感受到关爱和呵护,为人文教育提供可靠的制度保证。在制订各项制度时,一定要充分考虑学生的立场,实行人性化管理,而不能靠强迫和压制推动规章制度的执行。

除此之外，我们还可以借用校训或班训，来体现群体人文教育。校训、班训也是一种文化，是一种面向社会的精神标志，可以作为人文环境建设的导航灯。人文意识的提升，既要有教师的不懈努力，又要有学生的主动参与。一方面，教师必须通过各种途径，努力提高自身的人文素养，并在与学生接触的过程中，通过潜移默化的作用发挥对学生的人文影响；另一方面，学生要加强人文知识的学习，主动参与人文环境建设，在实践中提升自己的人文意识。

## 二、家长先行，改善家庭心理环境

家庭作为社会教育的一个基本场所，它的作用是不容忽视的，尤其是对即将形成自己人生观、价值观的孩子，家庭教育就显得尤为重要。家长应该充分利用家庭的各种环境——物质环境、文化环境、心理环境、人际环境等对孩子进行潜移默化的教育，使孩子幼小的心灵受到正确的熏陶。

家庭的物质环境包家庭经济状况，衣、食、住、行的条件等。它们的优劣会在一定程度上影响孩子的发展。一般来说，家庭收入从一定程度上影响了家庭的社会参与度和能提供给孩子的学习条件；父母的职业和文化程度是构成家庭智力环境的基本因素，对孩子智力发育起着不可忽视的作用；住房条件也会对孩子造成一定的影响，整洁有条理的环境会给人以美感，它不仅使孩子感觉心情愉悦，同时还有利于他们从小养成文明的举止与良好的习惯。相反，污浊杂乱的环境，不仅会使孩子心情烦躁、抑郁，而且也容易养成松懈、懒惰的不良习惯。良好的住房条件可以为孩子提供安静明亮的学习场所。

虽然物质环境与孩子的发展紧密相关，但更重要的是精神环境，如果有一个良好的精神环境，父母即使不识字、收入低，也能培养出高素质的孩子。家庭心理环境是由家庭成员的精神生活内容构成的。家庭物质条件好，并不等于心理环境好，从某种意义上讲，家庭心理环境对孩子具有更大的影响。家庭心理环境是由多种因素构成的，如家长的性格、兴趣、才能以及情绪状态等，时刻表现在家庭生活中，影响着家庭心理环境，对孩子起着潜移默化的作用。人人都需要健康的家庭心理环境，而孩子对家庭心理环境的感受和需要，往往比成人更加迫切。

如何创造有利于孩子成长和成才的家庭心理环境？人民大学附属中学校长、特级

教师刘彭芝在一次讲座中,曾经提出十条对家长的建议:①

1.孩子在场,父母不要吵架,这很简单,但是您做得到吗?

2.对每个孩子都要给予同样的爱。现在这个好办,一家就一个孩子。可是实际上你所见到的孩子不见得就是一个。也就是说你带着你的孩子出去以后,旁边又有别的孩子,你对你的孩子什么样,对别的孩子什么样,本身这也是一个教育。

3.父母之间互相谦让、相互谅解。

4.任何时候父母都不要对孩子撒谎。但这点很难,这就要在说话前仔细思考、推敲,而不要随便顺口就乱说。

5.父母与孩子之间要保持亲密无间的关系。

6.孩子的朋友来做客时,父母要表示欢迎。这个也很不容易,有的家长自己忙得不行,而且特别爱干净、爱安静,来个孩子就不欢迎,你要是不欢迎,你的孩子也不能上别人家里去,就缺少了交朋友、与同伴沟通的机会。所以这件事情总结起来容易,做起来并不见得容易。

7.对孩子提出的问题,父母要尽量给予答复。

8.在孩子的朋友面前,父母不要讲孩子的过错。这点也很不容易。

9.注意观察和表扬孩子的优点,不要过分强调孩子的缺点。

10.对孩子的爱要稳定,不要动不动就大发脾气。

父母是孩子接触最多的人,家是培养孩子心理健康的基地。因此,在家庭中,家长应该重视孩子健康心理的塑造,力争使孩子的智力与心理发展同步,避免重智力轻心理的家庭教育,以免使孩子的心理素质造成不健康发展。如果教育方法不当,比如父母溺爱或粗暴打骂,家长本人性格不稳定,家庭不和睦,将会导致孩子出现不同程度的心理问题。

一个家庭的心理环境如何,还取决于家长教育能力的高低和对子女的态度。如果父母教育能力较强,就会及时发现并处理问题。如果家长有健全的品格,爽朗、乐观、豁达,那么这个家庭往往充满欢乐;如果家长对生活充满热爱,兴趣广

---

① 刘彭芝.学校教育与家庭教育的有效融合[EB/OL].(2010-10-05)[2012-09-15],http://edu.qq.com/a/20101005/000047_1.htm.

泛,勤于学习和钻研,那么这个家庭定会充满浓厚的学习气氛;如果家长有音乐、美术方面的才能,那么这个家庭则会充满艺术的气息。无疑,这些对塑造孩子的个性是十分重要的。

现代社会复杂的现象、激烈的竞争、纵横交错的人际关系,对人们的心理承受能力提出了越来越高的要求。我们必须使学生心理承受能力的增长高于社会发展对他们的要求,才有可能避免心理疾病的产生,才能使学生适应现代社会的发展。家长应当根据时代和孩子的年龄特点,创造良好的家庭心理环境,培养孩子良好的个性,发展他们的智能。让孩子在民主、平等的家庭环境中,形成健全的人格。

### 三、家校联手营造人文关怀教育模式

人文关怀教育模式是现代教育教学管理的核心。人文关怀教学模式的内核是以学生为本,把课堂还给学生,把学习的主动权还给学生,让每个学生拥有展示自我的舞台;实施分层次教学,打破一成不变的流水线式教育培养模式,为学生创造适合自身条件的学习环境。

关怀教育模式认为,我们不能通过逻辑论证的方式教导学生遵循某种原则,但我们可以通过教师和家长的关怀来与学生建立起特有关怀关系,让学生在教师和家长的身体力行中,体验到关怀关系,并且让学生在被关怀中学会关怀。

无论是校内还是校外,教师和家长都要充分做好表率,在日常生活和教学活动中做好关怀者的角色,以培养学生的关怀品德。教师在学生的心中是道德的化身,家长在孩子的心中是生活的保护神,如果教师和家长自身的行为违背了伦理道德,那么教育力就难以形成,也无法发挥教育影响力。

人文关怀教育模式,不能只停留于号召家长走进学校、走进课堂的一般性层面,更要求教师和家长带着真情实感去体察孩子的学习生活,从而建立教育共同体,促进孩子的健康发展。

基于此,首先,家长和教师都应该尊重孩子的人格,改变机械式的单向传输形态,让孩子以自主学习的方式进入,保护他们内在的积极性,挖掘并扩展学生的内在潜能,以学生可持续发展为根本,提高学生的综合素质。其次,我们要承认孩子之间的差异,要把每一个孩子当作一个独立完整的人来对待,尊重孩子的人格并接受他们的个体差异,平等对待他们。尊重个性差异,才能更好地激发学习兴趣。

每个孩子都有他精彩活泼的个性,我们只有在感情上接纳他们,才会激起他们更强的学习动机,他们才能以主动的姿态投入到学习活动中来,产生浓厚的兴趣。孩子的个性差异是客观存在的,正是这种差异,丰富了我们生活的世界,使世界五彩缤纷。最后,作为教师和家长,我们更要善待个性差异,这样才能发展孩子的潜能。孩子的差异是不以人的意志为转移,面对这些差异,任何整齐划一的做法都是注定要失败的。正确的选择应该是尊重差异,正确对待差异,把差异当作一种可开发的资源。

当然,在家校联手构建人文关怀教育模式时,必须避免形式主义,也就是形式化的行为训练和机械地重复,无视孩子的自主性。如果这样,人文关怀的教育模式就会变成一种在教师和家长操纵下没有自主判断、没有行为决策自由的模式,也许表面上非常热闹,但实际上无法发觉孩子智慧的力量,更不可能对孩子的心灵有所触动。

**智慧点津**

# 如何通过家校联手促进情感沟通

沟通是人与人之间、人与群体之间思想与感情的传递和反馈的过程,以求思想达成一致和感情的通畅。沟通对于学校管理所具有的功能包括:信息传递、情感交流、控制功能。在家校教育中,沟通非常重要。家长与教师间的沟通,教师与孩子之间的沟通,孩子与家长之间的沟通,等等,都占据着我们教学生活的绝大部分时间。教育的艺术也包含沟通的艺术。家校之间应该联手,通过情感沟通,找到促进孩子成长的金钥匙,实现对其人格和心灵的唤醒。在家校沟通中,情感是驱动力,缺乏情感,沟通就会变成一系列与我们毫无关系的事情。孩子每天醒来,他们带来了他们自己的情感和感受的世界,他们丰富多彩的个性展现在我们面前,他们怀有获取知识的愿望,怀有交流沟通的渴望,而这时家长和教师需要为他们保驾护航。

家校教育的出发点应该是相同的,我们所希望的都是将孩子培养成身心健康且能掌握正确的学习方法,拥有良好学习习惯的人。但很多时候,教师和家长无法进行有效沟通,问题究竟出在哪里?

### 一、家校沟通存在的主要问题

教育孩子需要家校合力,在协调两者的关系时,教师起着至关重要的作用。但要做好这个工作,实属不易。很多教师一提起家长,就摇头叹息,往往对家长的表现不太满意;另一方面,家长同样充满无奈,也有一肚子不得不诉的委屈。在家校沟通中,我们通常遇到如下问题。

其一,**对家校沟通的错误认识。**有些教师错误地认为,与家长沟通就是告诉家长孩子出现的问题,或者是在孩子犯错误时向家长告状,这种方式虽然能引起家长对孩子教育的重视,但是很容易引起家长的反感,这当然无法把家长的力量纳入到教育合力中来。而一些家长也不能正确地理解家校沟通,认为沟通无非就是问问孩子的身体状况、学习情况,往往不重视孩子的心理健康、同伴相处。甚至认为沟通应该是学校的事,与家长无关,学校教育就是教育的全部,家长不必掺和,更不必主动积极地参与到教育管理工作中来。

其二,**家校沟通方式有待于丰富。**家长与学校的沟通主要集中在表层化的参与层次,通常是学校主导着这类活动。这一层次的参与形式主要有家长会、开放日、学生作品展、家长联系簿、家长报告等。虽然现在各校都成立"家委会",但是家长作为学校教育决策参与者参与家校管理,在目前的家校沟通中仍十分少见。

其三,**单向灌输取代双向沟通。**家校沟通方面,很多学校仍然以单向灌输为主,缺少双向沟通。家长会、电话联系和约见家长是教师与家长进行沟通合作的最普遍方式,而在这些沟通方式中,学校对家长只是一味地灌输,很少听取家长的意见或建议,使得家长参与学校教育仍然停留于比较表面化的层面。

其四,**随意性大于针对性。**大多数学校只是在学期初或学期末以班级为单位统一召开一两次家长会,多数是在同一时间,面向全体家长进行。其余时间均是为了解决孩子出现的问题与个别家长进行沟通,随意性较强。由于活动缺乏计划性和系统性,家长不能从活动中学到较系统、较稳固的家庭教育观念、知识和方法,难以形成时间上和效果上的强化。即使给予家长家庭教育知识,家长所获得的也只是一些简单的技能和零碎的知识,无法从根本上形成一套相对完整的家庭教育观念和方法体系。缺乏针对性,无法满足家长的多元化需求。

其五,**学习问题多于成长问题。**如今,教师和家长的主要关注点仍集中在学生的学习问题上,而对学生的成长问题关注较少。虽然大多数的教师和家长都认为学生的健康成长要比单一的学习成绩更为重要,但是在实际沟通中,对学习问题的关注度远比其他方面的关注度高得多,排在家长与学校沟通合作内容末位的往往是学生的身心健康问题。

**其六,家校沟通的时间和空间过于局限。**对于家长而言,虽然乐于与学校沟通,但由于忙于工作,忙起来甚至不能自己亲自接送孩子,很难与教师见面,更抽不出时间与教师保持联系。尽管学校想出了很多好的沟通途径,如亲子活动、家教讲座、家长会等形式,但总有一部分家长很难到学校参加。

面对林林总总的家校沟通问题,家长和教师必须寻找措施来解决。首先,学校与教师密切配合沟通,达成教育标准的共识,建立起一致的、正确的教育观念;其次,创建宽松和谐的家校关系,提高教育工作质量。教师应该尊重、信任家长,与家长建立平等合作的伙伴关系;热情帮助家长不断提高家庭教育水平;学校与家长都要树立正确的教育观念,实现家庭和学校的有效沟通。学校教育与家庭教育协调一致,才能促进学生全面健康成长。


## 二、加强家校沟通中的自我认识

### (一)明确目的

在《爱丽丝漫游奇遇记》中爱丽丝问猫:离开的路在哪里? 猫反问她:你想到哪里去? 爱丽丝说:去哪里都无所谓。猫睿智地说:既然是这样,那么究竟哪一条是离开的路也就无所谓了。

猫和爱丽丝的话其实很有启示意义,在家校沟通时,究竟我们要达到的目的是什么? 在家校沟通的目的上,我们常常存在误区,认为家校沟通的主要目的是让家长配合学校。这是传统教育对两者关系的定位。在这种理念支配下,沟通不是双向交流,而是单向告知,即家长只要记住学校或教师的要求并照此执行就可以了,教师很少询问家长对教育的看法。

### (二)保持平稳的情绪

情绪是重大决定的重要指南。但在家校沟通中,常常会出现情绪失控的情境。家长为了孩子有一个成功的未来而不辞辛苦。当孩子犯错时家长有时会产生不理解的情绪,为何我为了孩子能做到的都做到了,他怎么还是不上进、不听话? 而这个时候,如果教师再对孩子的错误进行指责,那么家长的情绪就容易失控,随之而来,教师也会想,我做的一切都是为了你的孩子,你还不理解我? 一个恶性循环的交流圈就此出现了。

在家校交流中,家长和教师都应该学会控制情绪。当情绪激动时,用冷静的理智取代失控的情绪,把沟通时的消极状态转变为积极状态。

### (三)正确解读信息

人们说,卓越的交流者能够通过思考他人的想法,想象他人的感觉,来把握他人意欲行动的方向。在家校沟通中,我们需要正确解读对方的每一个想法和感觉,这样才能找到家校沟通的方向。

我们需要以灵活的方式认知他人,感觉情绪。有时也需要估测可能发生的情况,以避免陷入困境。对于家长来说,教师所给出的信息一般都是客观公正的,不应加入太多主观色彩去解读。而对于教师来说,家长提供的信息,有时候需要剔除主观色彩,借助客观实际来思考。

## 三、家校沟通采用的主要方式

苏霍姆林斯基说,最完美的教育是学校与家庭的结合。教师在学校做再多的努力,如果得不到家长的配合和支持就会事倍功半。和家长联系、沟通,取得家长的支持和理解,在教育孩子的理念、方法、实际操作上达成共识,形成教育的合力,也是学校教育的一项重要工作。

### (一)传统的沟通方式

传统的沟通方式一般有家长会、家访、电话联系等。这些传统的沟通方式具有感情联络、可操作等优越性。

#### 1. 家长会

家长会是目前最普遍的一种方式,是由学校或教师发起,面向学生、学生家长以及教师的交流、互动,介绍性的会议或活动。它能帮助家长了解学生在校情况,学校的现状和有关政策规定,以及学生将要面对的问题,要与家长联手处理好的事情,如考试等;也是家长和教师进行沟通,互相了解学生在另一半时间和空间里的情况,使家长和教师都能更全面了解学生的有效途径。教师还可借助家长会为家长传递教育理念,引导家长用更恰当的方式教育和管理孩子。

#### 2. 家访

家访是传统家校联系的主要方式,也是班主任开展工作的重要手段。家访是进行个别家庭教育指导的一种常用的有效方式,主要用来解决儿童、青少年的个别的家庭教育问题。教师可以通过家访,更好地了解孩子的家庭教育环境,与家长沟通情况,交流感情,密切联系,商讨共同教育孩子的方式,这种方法比较灵活机动,便于施行,而且指导比较具体,更具有针对性。但需要教师付出大量的时间和精力。

### 3. 电话联系

电话联系能迅速传达教育信息,能解决个别学生的突发事件,有时候一个电话可以达到沟通目的,节约了家长和教师的时间,但受众面比较狭窄。

除了传统的沟通方式外,我们需要创新家校联系的方式,在家庭与学校间搭建更快捷、实时、有效的沟通桥梁。

### (二)新兴沟通方式

随着现代技术的日新月异,家校沟通产生了不少新方式,家庭和学校应该借助新兴的通讯方式,增强家校沟通,突出教育的连贯性、稳定性。

### 1. 家校 QQ 群

家长希望可以多从教师那里了解孩子的学习情况,教师也希望从家长那里了解学生的爱好和习惯,为的都是同一个目的,就是将孩子教育好。然而,传统的沟通方式往往让家长有一个错觉,教师要请家长,都是孩子犯错误的时候,于是家长见老师时很有压力。如果借助 QQ 交流,教师和家长双方不用面对面,所说的话大都经过深思熟虑,所提的意见和建议大都成熟可行,双方沟通的效果自然大大提高。

教师还可以建立 QQ 群,形成一个群体性的网络沟通平台,实现有效的家校互动。教师可以利用群聊、群公告、群邮件,与家长开展实时或非实时的信息交流。在群里,大家畅所欲言,谈孩子在校、在家的表现,及时发现孩子存在的问题,解开孩子的"小心结",使教育更有针对性。如果孩子的学习出现问题,家长直接通过 QQ 请教教师或其他家长,方便快捷。家长之间可以相互交流,相互学习,寻找适合自己孩子的家庭教育方法。

### 2. 教育博客

教师通过开设教育博客,将一些教育方法和教育理念写成文字上传,供家长学习和思考,也可以帮助每一个家庭建立家庭教育博客,形成博客圈,这样,学校教育和家庭教育就被无形的网络连接起来。

教师可以将学校相关信息及时上传到博客圈,并与家长们开展信息交流。博客是一个更加开放的平台,除了教师和家长,社会各界人士都可以看到博客内容,其中,也许就有教育专家、心理专家、热心人等,我们可以邀请他们与我们一同见证孩子们的成长。这是一个开放的温馨的家园,是教师、家长和孩子共同的幸福天地。

### 3. 班级微博

微博作为近几年兴起的新兴交流平台,是一种通过关注机制分享简短实时信息的广播式的社交网络平台。它的关注机制可以将最快捷的实时信息传递到家长手中,而简短的内容,以及快捷的发照片模式适合于教师在繁忙的工作中,将校园里的大小事传递给家长。

微博的内容短小精悍,字数限定为140字左右,不需长篇大论,为教师节省了大量时间。信息共享便捷迅速,可以通过连接网络平台,在任何时间、任何地点即时发布信息,其信息发布速度超过传统纸媒及其他网络媒体,非常方便。建立班级微博,有利于家校互动,做到真正在第一时间了解学生情况。

卢梭说:"植物的形成,由于栽培;人的形成,由于教育。"教育对于人的性格的形成和发展具有重要意义。随着社会发展速度的加快,教育已不再是学校的一己之责,也不再是专门的教育机构能独自担当的责任。家庭和社会在学生教育中的作用日益凸显。只有增强家校合力,才能为深入实施素质教育、促进孩子综合素质的提高创造良好的教育环境。

### 名家锦囊

#### 之一:[美]罗恩·克拉克

倾听双方的声音。家长和教师之间问题中的90%可以通过给彼此机会描述事情的经过而得到解决。孩子们通常会在描述事情经过时避免谈及自己的责任部分,这会造成很大的误解,因为家长很难不完全相信自己孩子的话,他们基本上会把孩子的话当作事实。但是,家长们应该记住,在你对教师表示不满前,要给他们机会说明他们对所发生事情的看法。

#### 之二:李镇西

我经常提醒自己:多站在孩子的角度思考一下!尽管不断地这样提醒我仍然免不了还是要犯同样的错误,但是有这个提醒和没有这个提醒比起来,侵犯孩子心灵的事情还是要少得多。作为教师,我曾说过,一个优秀的教师,一刻也不应该忘记自己曾经是个学生。同样,作为一个家长,我也想说,一个优秀的家长,一刻也不应该忘记自己曾经是个孩子!

### 之三:魏书生

孩子都有情绪偏激的时候,我们大人不也有偏激的时候吗?遇到这种情况,一定要让孩子把话说完,痛痛快快地把心里话都倒出来。对与不对,先不忙着下结论,更不忙着打断孩子的话,急不可待地批评、训斥。

您可以和孩子一起回忆以前那些无拘无束、随随便便谈心交流的日子。您当然还可以诚恳地和孩子一起分析交流停止的原因。最好,您能向孩子承认,您打断孩子的话,不等孩子说完就忙着批评他、训斥他是错误的,这样,孩子心灵的大门一定能重新向您敞开。

这次敞开之后,您就别轻易地上锁了。这倒不是说孩子错了也不批评,也不是要惯着孩子,而是要寻找恰当的时机,用恰当的方式。

我们在向别人倾诉心声的时候,在诉说委屈的时候,不是也不愿意让别人打断自己的话吗?不是更不愿不等我们说完,人家就批评指责吗?"己所不欲,勿施于人",这话也适用于教育自己的孩子。

孩子情绪偏激的时候,您更要耐心听完他想说的所有的话。您觉得当时难以说服他,不妨先努力找出他的话中有道理的部分,并给予肯定。对没道理的话,您可以说:"让妈妈再想一想。"等到孩子情绪稳定了,说不定他就会认识到自己错了;没认识到,您再谈自己的看法也不迟。这样做孩子会从心里更爱您。

父母若能打开孩子心灵的锁,那么,孩子最愿为之敞开心灵之门的第一人,肯定仍然是父母。

# 后　记

## 让孩子心中充满爱

撰写《情感教育的体验与引导》的过程,是一次唤醒我们教育热情的生命之旅。

在一个个不眠之夜,我们寻找案例,查阅资料,在研究名师教育艺术的同时,接受着名师教育思想的洗礼。每一次心灵的触动,都让我们渴望在教育事业上建功和立业;每一个动人的故事,都让我们陡增勇气和力量。那些探索在教育第一线的名师,让我们知道什么是教育,让我们学会如何热爱学生,让我们感受到追寻生命纯真的快乐。

我们应该向那些名师致敬,我们从他们的教书育人中感受到了教育的力量。他们是爱的奠基人,是改变学生命运的支点。学生渴求一滴水,他们就倾其一片海;学生需要一个微笑,他们就敞开火热的胸怀。他们陪孩子同行,与他们一同走向未来。

"教师让学生做任何一件事,都应该使学生察觉到心灵中有一种美感、幸福感、自豪感。这种美感、幸福感和自豪感就能成为学生继续做同类事情的动力源泉。"魏书生老师如是说。他的教学管理与培养学生自觉学习的方法,让我们知道了如何去建造一座连通师生心灵的桥。"挽留青春,珍藏童心;挥洒情感,燃烧思想。从职业到事业,从幻想到理想;手足舞蹈于校园,心灵飞翔于社会。"李镇西老师如是说。他呼唤着每一个教师主动追求并接近真正的教育,给我们提供走入学生心灵的路径,告诉我们教育可以创造奇迹。还有于漪、于永正、李吉林、窦桂梅、张化万、孙建锋、王崧舟、李希贵……响当当的名字后面是一个个动人的教育故事,他们的教育让孩子的心中充满爱。其实,每一个教师都是爱的奠基人,有多少教师在教育的路上从风华正茂走到年老古稀,陪伴着一届届学生走过四季,传递着不朽的真爱。教师用真情与无私打动孩子,让孩子心中有爱;用良知与智慧教育孩子,撑起世界的未来。

本书以"情感教育的体验与引导"为主题,去寻访那些为教育掘一条情感奔涌的生命之河的名师,探寻情感教育的奥秘,用名师的教育故事启迪教育智慧,用名师的教育理念阐述教育经验,为教育行动、教育时机、教育情境提供实践层面上可以借鉴的建议。具体来说,本书从建立情绪机制、创建平衡的生态教学环境、唤醒学生的主体情感、智慧教师的智慧方法、师生共建生命期待以及家校合力中的关怀教育六个方面进行阐述,体察名师解决棘手教育问题的智慧和方法,分析名师挖掘情感奔涌的生命之河的策略和途径,吸取精华,提高自己的教育能力。在这里,我们自由释放自己的教育情怀,充分展示独特的教育智慧。本书主要有以下几个特点。

第一,理论与实践相结合。既直面教育问题,又能深入思考,用实际案例阐明核心思想,特别突出实用性、可操作性。通过对这些经典案例的提炼抽象,把死板的道理活化,让读者充分领会先进、有效的教育方法提供的直接借鉴。

第二,全面与多样结合。本书提供了全面而多样化的教育策略,展示多种解决问题的方法。教师可根据学生特点自由选择,用心研究他们的问题,和孩子站在同一起跑线上,用智慧启迪智慧,用心灵感化心灵,共建有爱的生命。

第三,通俗与深刻结合。书中有深刻的说理,而这些都是建立在平实、借鉴性强、通俗易懂的教育故事上。教学策略中有独特的教育观念、教育智慧,和无所不在的爱心。阅读这本书不仅可以获得许多有效的教育经验,提高教育水平,也可以推动教师的个人生命成长。

肖芙　王林发
2012 年 10 月

# 摆渡者教师书架

| 丛书名称 | 主编或作者 | 书　名 | 定价(元) |
|---|---|---|---|
| 大师背影书系 | 张圣华 | 《陶行知教育名篇》 | 24.90 |
| | | 《陶行知名篇精选》(教师版) | 16.80 |
| | | 《朱自清语文教学经验》 | 15.80 |
| | | 《夏丏尊教育名篇》 | 16.00 |
| | | 《作文入门》 | 11.80 |
| | | 《文章作法》 | 11.80 |
| | | 《蔡元培教育名篇》 | 19.80 |
| | | 《叶圣陶教育名篇》 | 17.80 |
| 教育寻根丛书 | 张圣华 | 《中国人的教育智慧·经典家训版》 | 49.80 |
| | | 《过去的教师》 | 32.80 |
| | | 《追寻近代教育大师》 | 29.80 |
| | | 《中国大教育家》 | 22.80 |
| 杜威教育丛书 | 单中惠 | 《杜威教育名篇》 | 19.80 |
| | | 《杜威学校》 | 25.80 |
| | | 《杜威在华教育讲演》 | 29.80 |
| 班主任工作创新丛书 | 杨九俊 | 《班集体问题诊断与建设方略》 | 19.80 |
| | | 《班主任教育艺术》 | 22.80 |
| | | 《班级活动设计与组织实施》 | 23.80 |
| 新课程教学问题与解决丛书 | 杨九俊 | 《新课程教学组织策略与技术》 | 16.80 |
| | | 《新课程教学现场与教学细节》 | 15.00 |
| | | 《新课程备课新思维》 | 16.80 |
| | | 《新课程教学评价方法与设计》 | 16.80 |
| | | 《新课程说课、听课与评课》 | 16.80 |
| 新课程课堂诊断丛书 | 杨九俊 | 《小学语文课堂诊断》(修订版) | 18.60 |
| | | 《小学数学课堂诊断》(修订版) | 18.60 |
| | | 《小学综合实践活动课堂诊断》 | 23.60 |
| | | 《小学品德与生活(品德与社会)课堂诊断》 | 22.80 |
| 名师经验丛书 | 肖　川 | 《名师备课经验》(语文卷) | 25.80 |
| | | 《名师备课经验》(数学卷) | 25.60 |
| | | 《名师作业设计经验》(语文卷) | 25.00 |
| | | 《名师作业设计经验》(数学卷) | 25.00 |
| 个性化经验丛书 | 华应龙 | 《个性化作业设计经验》(数学卷) | 19.80 |
| | | 《个性化备课经验》(数学卷) | 23.80 |
| | 于永正 | 《个性化作业设计经验》(语文卷) | 20.60 |
| | | 《个性化备课经验》(语文卷) | 23.00 |

| 丛书名称 | 主编或作者 | 书　名 | 定价(元) |
|---|---|---|---|
| 深度课堂丛书 | 《人民教育》编辑部 | 《小学语文模块备课》 | 18.00 |
| | | 《小学数学创新性备课》 | 18.60 |
| 课堂新技巧丛书 | 郑金洲 | 《课堂掌控艺术》 | 17.80 |
| 课改新发现丛书 | 郑金洲 | 《课改新课型》 | 19.80 |
| | | 《学习中的创造》 | 19.80 |
| | | 《多彩的学生评价》 | 26.00 |
| 教师成长锦囊丛书 | 郑金洲 | 《教师反思的方法》 | 15.80 |
| 校本教研亮点丛书 | 胡庆芳 | 《捕捉教师智慧——教师成长档案袋》 | 19.80 |
| | | 《校本教研实践创新》 | 16.80 |
| | | 《校本教研制度创新》 | 19.80 |
| | | 《精彩课堂的预设与生成》 | 18.00 |
| | | 《让孩子灵性成长:青少年野外活动教育创新》 | 20.00 |
| | | 《联片教研模式创新:一题一课一报告》 | 23.00 |
| 美国教育新干线丛书 | 胡庆芳 | 《美国学生课外作业集锦》 | 35.80 |
| 美国中小学读写教学指导译丛 | 胡庆芳　程可拉 | 《教会学生记忆》 | 22.50 |
| | | 《教会学生写作》 | 22.50 |
| | | 《教会学生阅读:方法篇》 | 25.00 |
| | | 《教会学生阅读:策略篇》 | 24.80 |
| 提升教师专业实践力译丛 | 胡庆芳　程可拉 | 《创造有活力的学校》 | 22.50 |
| | | 《有效的课堂管理手册》 | 24.00 |
| | | 《有效的课堂教学手册》 | 32.80 |
| | | 《有效的课堂指导手册》 | 24.80 |
| | | 《有效的教师领导手册》 | 25.00 |
| | | 《提升专业实践力:教学的框架》 | 30.80 |
| | | 《优化测试,优化教学》 | 22.50 |
| | | 《有效的课堂评价手册》 | 26.80 |
| 中小学教师智慧锦囊丛书 | 费希尔 | 《初为人师:教你100招》 | 16.00 |
| | 奥勒顿 | 《把复杂问题变简单——数学教学100招》 | 17.00 |
| | 格里菲思 | 《精彩的语言教学游戏》 | 17.00 |
| | 墨菲 | 《历史教学之巧》 | 18.00 |
| | 沃特金　阿伦菲尔特 | 《100个常用教学技巧》 | 16.00 |
| | 扬 | 《管理学生行为的有效办法》 | 16.00 |
| | 鲍凯特 | 《让学生突然变聪明》 | 17.00 |
| | 库兹 | 《事半功倍教英语》 | 17.00 |
| | 鲍凯特 | 《这样一想就明白——100招教会思考》 | 17.00 |
| | 海恩斯 | 《作文教学的100个绝招》 | 15.00 |
| 教育心理 | 俞国良　宋振韶 | 《现代教师心理健康教育》 | 25.80 |

| 丛书名称 | 主编或作者 | 书　名 | 定价(元) |
|---|---|---|---|
| 教师在研训中成长丛书 | 胡庆芳　林相标 | 《校本培训创新:青年教师的视角》 | 21.80 |
| | | 《教师专业发展:专长的视野》 | 21.60 |
| | | 《听诊英语课堂:教学改进的范例》 | 31.60 |
| | | 《提升教师教学实施能力》 | 22.00 |
| 中小学课堂教学改进丛书 | 胡庆芳　王　洁 | 《改进英语课堂》 | 32.80 |
| | | 《改进科学课堂》 | 26.00 |
| | | 《改进语文课堂》 | 28.00 |
| | | 《改进数学课堂》 | 31.00 |
| | | 《点评课堂:博览教学改进的智慧》 | 28.00 |
| 新课堂教学的理论研究与实践探索丛书 | 刘连基 徐建敏 | 《和谐高效思维对话——新课堂教学的理论研究》 | 36.00 |
| | | 《和谐高效思维对话——新课堂教学的实践探索·小学语文》 | 22.00 |
| | | 《和谐高效思维对话——新课堂教学的实践探索·小学数学》 | 34.00 |
| | | 《和谐高效思维对话——新课堂教学的实践探索·小学英语》 | 29.00 |
| | | 《和谐高效思维对话——新课堂教学的实践探索·小学科学》 | 30.00 |
| | | 《和谐高效思维对话——新课堂教学的实践探索·小学品德》 | 35.00 |
| | | 《和谐高效思维对话——新课堂教学的实践探索·信息技术》 | 31.00 |
| | | 《和谐高效思维对话——新课堂教学的实践探索·初中语文》 | 31.00 |
| | | 《和谐高效思维对话——新课堂教学的实践探索·初中数学》 | 30.00 |
| | | 《和谐高效思维对话——新课堂教学的实践探索·初中英语》 | 31.00 |
| | | 《和谐高效思维对话——新课堂教学的实践探索·初中思想品德》 | 27.00 |
| | | 《和谐高效思维对话——新课堂教学的实践探索·初中物理》 | 28.00 |
| | | 《和谐高效思维对话——新课堂教学的实践探索·初中化学》 | 31.00 |
| | | 《和谐高效思维对话——新课堂教学的实践探索·初中生物》 | 28.00 |

| 丛书名称 | 主编或作者 | 书　名 | 定价(元) |
|---|---|---|---|
| 新课堂教学的理论研究与实践探索丛书 | 刘连基　徐建敏 | 《和谐高效思维对话——新课堂教学的实践探索·初中历史》 | 25.00 |
| | | 《和谐高效思维对话——新课堂教学的实践探索·初中地理》 | 21.00 |
| | | 《和谐高效思维对话——新课堂教学的实践探索·高中地理》 | 23.00 |
| | | 《和谐高效思维对话——新课堂教学的实践探索·高中数学》 | 34.00 |
| | | 《和谐高效思维对话——新课堂教学的实践探索·高中英语》 | 31.00 |
| | | 《和谐高效思维对话——新课堂教学的实践探索·高中思想政治》 | 30.00 |
| | | 《和谐高效思维对话——新课堂教学的实践探索·高中物理》 | 31.00 |
| | | 《和谐高效思维对话——新课堂教学的实践探索·高中生物》 | 27.00 |
| | | 《和谐高效思维对话——新课堂教学的实践探索·高中化学》 | 31.00 |
| | | 《和谐高效思维对话——新课堂教学的实践探索·高中历史》 | 31.00 |
| | | 《和谐高效思维对话——新课堂教学的实践探索·高中语文》 | 28.00 |
| 义务教育课程标准(2011年版)案例式解读丛书 | 杨九诠　李铁安 | 《义务教育课程标准(2011年版)案例式解读·小学语文》 | 32.00 |
| | | 《义务教育课程标准(2011年版)案例式解读·小学数学》 | 34.00 |
| | | 《义务教育课程标准(2011年版)案例式解读·小学英语》 | 32.00 |
| | | 《义务教育课程标准(2011年版)案例式解读·小学品德与生活(社会)》 | 33.00 |
| | | 《义务教育课程标准(2011年版)案例式解读·初中语文》 | 29.00 |
| | | 《义务教育课程标准(2011年版)案例式解读·初中数学》 | 32.00 |
| | | 《义务教育课程标准(2011年版)案例式解读·初中英语》 | 32.00 |
| | | 《义务教育课程标准(2011年版)案例式解读·初中物理》 | 32.00 |

| 丛书名称 | 主编或作者 | 书　名 | 定价(元) |
|---|---|---|---|
| 义务教育课程标准(2011年版)案例式解读丛书 | 杨九诠 李铁安 | 《义务教育课程标准(2011年版)案例式解读·初中化学》 | 32.00 |
| | | 《义务教育课程标准(2011年版)案例式解读·初中地理》 | 34.00 |
| | | 《义务教育课程标准(2011年版)案例式解读·初中历史》 | 30.00 |
| | | 《义务教育课程标准(2011年版)案例式解读·初中思想品德》 | 32.00 |
| | | 《义务教育课程标准(2011年版)案例式解读·初中生物学》 | 32.00 |
| 其他单行本 | 胡庆芳 | 《美国教育360度》 | 15.80 |
| | 徐建敏 管锡基 | 《教师科研有问必答》 | 19.80 |
| | 杨桂青 | 《英美精彩课堂》 | 17.80 |
| | 陶继新 | 《教育先锋者档案》(教师版) | 16.80 |
| | 单中惠 | 《西方教育思想史》 | 59.80 |
| | 孙汉洲 | 《孔子教做人》 | 27.90 |
| | 丰子恺 | 《教师日记》 | 24.80 |
| | 陶　林 | 《家有小豆豆》 | 27.00 |
| | 徐　洁 | 《教师的心灵温度》 | 26.50 |
| | 赵　徽 荆秀红 | 《解密高效课堂》 | 27.00 |
| | 赖配根 | 《新经典课堂》 | 29.00 |
| | 严育洪 | 《这样教书不累人》 | 27.00 |
| | 管锡基 | 《中小学综合实践活动课程资源包》 | 39.80 |
| | 孟繁华 | 《赏识你的学生》 | 29.80 |
| | 申屠待旦 | 《教育新概念——教师成长的密码》 | 27.00 |
| | 严育洪　管国贤 | 《让学生灵性成长》 | 28.00 |

"新课程教学问题与解决丛书"荣获第七届全国高校出版社优秀畅销书一等奖！

《陶行知教育名篇》荣获第八届全国高校出版社优秀畅销书一等奖！

"大师背影书系"荣获第八届全国高校出版社优秀畅销书二等奖！

《名师作业设计经验》（语文卷）、《名师作业设计经验》（数学卷）、《名师备课经验》（语文卷）荣获第17届上海市中小学幼儿园优秀图书三等奖！

《西方教育思想史》荣获全国第二届教育科学优秀成果二等奖（1999）！

在2006年全国教师教育优秀课程资源评审中，"新课程教学问题与解决丛书"中的《新课程教学组织策略与技术》《新课程教学现场与教学细节》《新课程备课新思维》和《新课程说课、听课与评课》被认定为新课程通识课推荐使用课程资源，《陶行知教育名篇》被认定为新课程公共教育学推荐使用课程资源，《课改新课型》被认定为新课程通识课优秀课程资源，《小学语文课堂诊断》被认定为新课程语文课优秀课程资源，《小学数学课堂诊断》被认定为新课程数学课推荐使用课程资源！